I0156031

INDONÉSIO
VOCABULÁRIO

PALAVRAS MAIS ÚTEIS

PORTUGUÊS
INDONÉSIO

Para alargar o seu léxico e apurar
as suas competências linguísticas

9000 palavras

Vocabulário Português-Indonésio - 9000 palavras

Por Andrey Taranov

Os vocabulários da T&P Books destinam-se a ajudar a aprender, a memorizar, e a rever palavras estrangeiras. O dicionário é dividido em temas, cobrindo todas as principais esferas de atividades quotidianas, negócios, ciência, cultura, etc.

O processo de aprendizagem, utilizando os dicionários baseados em temáticas da T&P Books dá-lhe as seguintes vantagens:

- Informação de origem corretamente agrupada predetermina o sucesso em fases subsequentes da memorização de palavras
- Disponibilização de palavras derivadas da mesma raiz, o que permite a memorização de unidades de texto (em vez de palavras separadas)
- Pequenas unidades de palavras facilitam o processo de estabelecimento de vínculos associativos necessários para a consolidação do vocabulário
- O nível de conhecimento da língua pode ser estimado pelo número de palavras aprendidas

T&P Books Publishing
www.tpbooks.com

ISBN: 978-1-78616-507-7

Este livro também está disponível em formato E-book.
Por favor visite www.tpbooks.com ou as principais livrarias on-line.

VOCABULÁRIO INDONÉSIO
palavras mais úteis

Os vocabulários da T&P Books destinam-se a ajudar a aprender, a memorizar, e a rever palavras estrangeiras. O vocabulário contém mais de 9000 palavras de uso comum organizadas tematicamente.

O vocabulário contém as palavras mais comummente usadas

Recomendado como adicional para qualquer curso de línguas

Satisfaz as necessidades dos iniciados e dos alunos avançados de línguas estrangeiras

Conveniente para o uso diário, sessões de revisão e atividades de auto-teste

Permite avaliar o seu vocabulário

Características especias do vocabulário

*   As palavras estão organizadas de acordo com o seu significado, e não por ordem alfabética
*   As palavras são apresentadas em três colunas para facilitar os processos de revisão e auto-teste
*   As palavras compostas são divididas em pequenos blocos para facilitar o processo de aprendizagem
*   O vocabulário oferece uma transcrição simples e adequada de cada palavra estrangeira

O vocabulário contém 256 tópicos incluindo:

Conceitos básicos, Números, Cores, Meses, Estações do ano, Unidades de medida, Roupas & Acessórios, Alimentos & Nutrição, Restaurante, Membros da Família, Parentes, Caráter, Sentimentos, Emoções, Doenças, Cidade, Passeios, Compras, Dinheiro, Casa, Lar, Escritório, Trabalho no Escritório, Importação & Exportação, Marketing, Pesquisa de Emprego, Desportos, Educação, Computador, Internet, Ferramentas, Natureza, Países, Nacionalidades e muito mais ...

TABELA DE CONTEÚDOS

GUIA DE PRONUNCIAÇÃO

Letra	Exemplo indonésio	Alfabeto fonético T&P	Exemplo Português
Aa	zaman	[a]	chamar
Bb	besar	[b]	barril
Cc	kecil, cepat	[ʧ]	Tchau!
Dd	dugaan	[d]	dentista
Ee	segera, mencium	[e], [ə]	mover
Ff	berfungsi	[f]	safári
Gg	juga, lagi	[g]	gosto
Hh	hanya, bahwa	[h]	[h] aspirada
Ii	izin, sebagai ganti	[i], [j]	sinónimo, géiser
Jj	setuju, ijin	[dʒʲ]	tajique
Kk	kemudian, tidak	[k], [ʼ]	kiwi, oclusiva glotal
Ll	dilarang	[l]	libra
Mm	melihat	[m]	magnólia
Nn	berenang	[n], [ŋ]	natureza, alcançar
Oo	toko roti	[oː]	albatroz
Pp	peribahasa	[p]	presente
Qq	Aquarius	[k]	kiwi
Rr	ratu, riang	[r]	[r] vibrante
Ss	sendok, syarat	[s], [ʃ]	sanita, mês
Tt	tamu, adat	[t]	tulipa
Uu	ambulans	[u]	bonita
Vv	renovasi	[v]	fava
Ww	pariwisata	[w]	página web
Xx	boxer	[ks]	perplexo
Yy	banyak, syarat	[j]	géiser
Zz	zamrud	[z]	sésamo

Combinações de letras

aa	maaf	[aʼa]	a+oclusiva glotal
kh	khawatir	[h]	[h] aspirada
th	Gereja Lutheran	[t]	tulipa
-k	tidak	[ʼ]	oclusiva glotal

ABREVIATURAS
usadas no vocabulário

Abreviaturas do Português

adj	-	adjetivo
adv	-	advérbio
anim.	-	animado
conj.	-	conjunção
desp.	-	desporto
etc.	-	etecetra
ex.	-	por exemplo
f	-	nome feminino
f pl	-	feminino plural
fem.	-	feminino
inanim.	-	inanimado
m	-	nome masculino
m pl	-	masculino plural
m, f	-	masculino, feminino
masc.	-	masculino
mat.	-	matemática
mil.	-	militar
pl	-	plural
prep.	-	preposição
pron.	-	pronome
sb.	-	sobre
sing.	-	singular
v aux	-	verbo auxiliar
vi	-	verbo intransitivo
vi, vt	-	verbo intransitivo, transitivo
vr	-	verbo reflexivo
vt	-	verbo transitivo

CONCEITOS BÁSICOS

Conceitos básicos. Parte 1

1. Pronomes

eu	saya, aku	[saja], [aku]
tu	engkau, kamu	[eŋkau], [kamu]
ele, ela	beliau, dia, ia	[beliau], [dia], [ia]
nós	kami, kita	[kami], [kita]
vocês	kalian	[kalian]
você (sing.)	Anda	[anda]
você (pl)	Anda sekalian	[anda sekalian]
eles, elas	mereka	[mereka]

2. Cumprimentos. Saudações. Despedidas

Olá!	Halo!	[halo!]
Bom dia! (formal)	Halo!	[halo!]
Bom dia! (de manhã)	Selamat pagi!	[slamat pagi!]
Boa tarde!	Selamat siang!	[slamat siaŋ!]
Boa noite!	Selamat sore!	[slamat sore!]
cumprimentar (vt)	menyapa	[mənjapa]
Olá!	Hai!	[hey!]
saudação (f)	sambutan, salam	[sambutan], [salam]
saudar (vt)	menyambut	[mənjambut]
Como vai?	Apa kabar?	[apa kabar?]
O que há de novo?	Apa yang baru?	[apa yaŋ baru?]
Adeus! (formal)	Selamat tinggal!	[slamat tiŋgal!],
	Selamat jalan!	[slamat dʒ'alan!]
Até à vista! (informal)	Dadah!	[dadah!]
Até breve!	Sampai bertemu lagi!	[sampaj bərtemu lagi!]
Adeus! (sing.)	Sampai jumpa!	[sampaj dʒ'umpa!]
Adeus! (pl)	Selamat tinggal!	[slamat tiŋgal!]
despedir-se (vr)	berpamitan	[bərpamitan]
Até logo!	Sampai nanti!	[sampaj nanti!]
Obrigado! -a!	Terima kasih!	[tərima kasih!]
Muito obrigado! -a!	Terima kasih banyak!	[tərima kasih banja'!]
De nada	Kembali! Sama-sama!	[kembali!], [sama-sama!]
Não tem de quê	Kembali!	[kembali!]
De nada	Kembali!	[kembali!]
Desculpa! -pe!	Maaf, ...	[ma'af, ...]
desculpar (vt)	memaafkan	[mema'afkan]

desculpar-se (vr)	meminta maaf	[meminta ma'af]
As minhas desculpas	Maafkan saya	[ma'afkan saja]
Desculpe!	Maaf!	[ma'af!]
perdoar (vt)	memaafkan	[mema'afkan]
Não faz mal	Tidak apa-apa!	[tida' apa-apa!]
por favor	tolong	[toloŋ]

Não se esqueça!	Jangan lupa!	[dʒّaŋan lupa!]
Certamente! Claro!	Tentu!	[tentu!]
Claro que não!	Tentu tidak!	[tentu tida'!]
Está bem! De acordo!	Baiklah! Baik!	[bajklah!], [baj'!]
Basta!	Cukuplah!	[ʧukuplah!]

3. Como se dirigir a alguém

Desculpe (para chamar a atenção)	Maaf, ...	[ma'af, ...]
senhor	tuan	[tuan]
senhora	nyonya	[nenja]
rapariga	nona	[nona]
rapaz	nak	[na']
menino	nak, bocah	[nak], [boʧah]
menina	nak	[na']

4. Números cardinais. Parte 1

zero	nol	[nol]
um	satu	[satu]
dois	dua	[dua]
três	tiga	[tiga]
quatro	empat	[empat]

cinco	lima	[lima]
seis	enam	[enam]
sete	tujuh	[tudʒّuh]
oito	delapan	[delapan]
nove	sembilan	[sembilan]

dez	sepuluh	[sepuluh]
onze	sebelas	[sebelas]
doze	dua belas	[dua belas]
treze	tiga belas	[tiga belas]
catorze	empat belas	[empat belas]

quinze	lima belas	[lima belas]
dezasseis	enam belas	[enam belas]
dezassete	tujuh belas	[tudʒّuh belas]
dezoito	delapan belas	[delapan belas]
dezanove	sembilan belas	[sembilan belas]

| vinte | dua puluh | [dua puluh] |
| vinte e um | dua puluh satu | [dua puluh satu] |

| vinte e dois | dua puluh dua | [dua puluh dua] |
| vinte e três | dua puluh tiga | [dua puluh tiga] |

trinta	tiga puluh	[tiga puluh]
trinta e um	tiga puluh satu	[tiga puluh satu]
trinta e dois	tiga puluh dua	[tiga puluh dua]
trinta e três	tiga puluh tiga	[tiga puluh tiga]

quarenta	empat puluh	[empat puluh]
quarenta e um	empat puluh satu	[empat puluh satu]
quarenta e dois	empat puluh dua	[empat puluh dua]
quarenta e três	empat puluh tiga	[empat puluh tiga]

cinquenta	lima puluh	[lima puluh]
cinquenta e um	lima puluh satu	[lima puluh satu]
cinquenta e dois	lima puluh dua	[lima puluh dua]
cinquenta e três	lima puluh tiga	[lima puluh tiga]

sessenta	enam puluh	[enam puluh]
sessenta e um	enam puluh satu	[enam puluh satu]
sessenta e dois	enam puluh dua	[enam puluh dua]
sessenta e três	enam puluh tiga	[enam puluh tiga]

setenta	tujuh puluh	[tudʒ'uh puluh]
setenta e um	tujuh puluh satu	[tudʒ'uh puluh satu]
setenta e dois	tujuh puluh dua	[tudʒ'uh puluh dua]
setenta e três	tujuh puluh tiga	[tudʒ'uh puluh tiga]

oitenta	delapan puluh	[delapan puluh]
oitenta e um	delapan puluh satu	[delapan puluh satu]
oitenta e dois	delapan puluh dua	[delapan puluh dua]
oitenta e três	delapan puluh tiga	[delapan puluh tiga]

noventa	sembilan puluh	[sembilan puluh]
noventa e um	sembulan puluh satu	[sembulan puluh satu]
noventa e dois	sembilan puluh dua	[sembilan puluh dua]
noventa e três	sembilan puluh tiga	[sembilan puluh tiga]

5. Números cardinais. Parte 2

cem	seratus	[seratus]
duzentos	dua ratus	[dua ratus]
trezentos	tiga ratus	[tiga ratus]
quatrocentos	empat ratus	[empat ratus]
quinhentos	lima ratus	[lima ratus]

seiscentos	enam ratus	[enam ratus]
setecentos	tujuh ratus	[tudʒ'uh ratus]
oitocentos	delapan ratus	[delapan ratus]
novecentos	sembilan ratus	[sembilan ratus]

mil	seribu	[seribu]
dois mil	dua ribu	[dua ribu]
De quem são ...?	tiga ribu	[tiga ribu]

dez mil	sepuluh ribu	[sepuluh ribu]
cem mil	seratus ribu	[seratus ribu]
um milhão	juta	[dʒʲuta]
mil milhões	miliar	[miliar]

6. Números ordinais

primeiro	pertama	[pərtama]
segundo	kedua	[kedua]
terceiro	ketiga	[ketiga]
quarto	keempat	[keempat]
quinto	kelima	[kelima]

sexto	keenam	[keenam]
sétimo	ketujuh	[ketudʒʲuh]
oitavo	kedelapan	[kedelapan]
nono	kesembilan	[kesembilan]
décimo	kesepuluh	[kesepuluh]

7. Números. Frações

fração (f)	pecahan	[petʃahan]
um meio	seperdua	[seperdua]
um terço	sepertiga	[sepertiga]
um quarto	seperempat	[seperempat]

um oitavo	seperdelapan	[seperdelapan]
um décimo	sepersepuluh	[sepersepuluh]
dois terços	dua pertiga	[dua pərtiga]
três quartos	tiga perempat	[tiga perempat]

8. Números. Operações básicas

subtração (f)	pengurangan	[pəŋuraŋan]
subtrair (vi, vt)	mengurangkan	[məŋuraŋkan]
divisão (f)	pembagian	[pembagian]
dividir (vt)	membagi	[membagi]

adição (f)	penambahan	[penambahan]
somar (vt)	menambahkan	[mənambahkan]
adicionar (vt)	menambahkan	[mənambahkan]
multiplicação (f)	pengalian	[peŋalian]
multiplicar (vt)	mengalikan	[məŋalikan]

9. Números. Diversos

algarismo, dígito (m)	angka	[aŋka]
número (m)	nomor	[nomor]

numeral (m)	**kata bilangan**	[kata bilaŋan]
menos (m)	**minus**	[minus]
mais (m)	**plus**	[plus]
fórmula (f)	**rumus**	[rumus]
cálculo (m)	**perhitungan**	[pərhituŋan]
contar (vt)	**menghitung**	[məŋhituŋ]
calcular (vt)	**menghitung**	[məŋhituŋ]
comparar (vt)	**membandingkan**	[membandiŋkan]
Quanto, -os, -as?	**Berapa?**	[bərapa?]
soma (f)	**jumlah**	[dʒ'umlah]
resultado (m)	**hasil**	[hasil]
resto (m)	**sisa, baki**	[sisa], [baki]
alguns, algumas …	**beberapa**	[beberapa]
um pouco de …	**sedikit**	[sedikit]
resto (m)	**selebihnya, sisanya**	[selebihnja], [sisanja]
um e meio	**satu setengah**	[satu seteŋah]
dúzia (f)	**lusin**	[lusin]
ao meio	**dua bagian**	[dua bagian]
em partes iguais	**rata**	[rata]
metade (f)	**setengah**	[seteŋah]
vez (f)	**kali**	[kali]

10. Os verbos mais importantes. Parte 1

abrir (vt)	**membuka**	[membuka]
acabar, terminar (vt)	**mengakhiri**	[məŋahiri]
aconselhar (vt)	**menasihati**	[mənasihati]
adivinhar (vt)	**menerka**	[mənerka]
advertir (vt)	**memperingatkan**	[memperiŋatkan]
ajudar (vt)	**membantu**	[membantu]
almoçar (vi)	**makan siang**	[makan siaŋ]
alugar (~ um apartamento)	**menyewa**	[mənjewa]
amar (vt)	**mencintai**	[mentʃintaj]
ameaçar (vt)	**mengancam**	[məŋantʃam]
anotar (escrever)	**mencatat**	[məntʃatat]
apanhar (vt)	**menangkap**	[mənaŋkap]
apressar-se (vr)	**tergesa-gesa**	[tərgesa-gesa]
arrepender-se (vr)	**menyesal**	[mənjesal]
assinar (vt)	**menandatangani**	[mənandataŋani]
atirar, disparar (vi)	**menembak**	[mənembaʔ]
brincar (vi)	**bergurau**	[bərgurau]
brincar, jogar (crianças)	**bermain**	[bərmajn]
buscar (vt)	**mencari …**	[məntʃari …]
caçar (vi)	**berburu**	[bərburu]
cair (vi)	**jatuh**	[dʒ'atuh]
cavar (vt)	**menggali**	[məŋgali]

cessar (vt)	menghentikan	[məŋhentikan]
chamar (~ por socorro)	memanggil	[memaŋgil]
chegar (vi)	datang	[dataŋ]
chorar (vi)	menangis	[mənaŋis]
começar (vt)	memulai, membuka	[memulaj], [membuka]
comparar (vt)	membandingkan	[membandiŋkan]
compreender (vt)	mengerti	[məŋerti]
concordar (vi)	setuju	[setudʒʲu]
confiar (vt)	mempercayai	[mempertʃajaj]
confundir (equivocar-se)	bingung membedakan	[biŋuŋ membedakan]
conhecer (vt)	kenal	[kenal]
contar (fazer contas)	menghitung	[məŋhituŋ]
contar com (esperar)	mengharapkan ...	[məŋharapkan ...]
continuar (vt)	meneruskan	[məneruskan]
controlar (vt)	mengontrol	[məŋontrol]
convidar (vt)	mengundang	[məŋundaŋ]
correr (vi)	lari	[lari]
criar (vt)	menciptakan	[məntʃiptakan]
custar (vt)	berharga	[bərharga]

11. Os verbos mais importantes. Parte 2

dar (vt)	memberi	[memberi]
dar uma dica	memberi petunjuk	[memberi petundʒʲuʔ]
decorar (enfeitar)	menghiasi	[məŋhiasi]
defender (vt)	membela	[membela]
deixar cair (vt)	tercecer	[tərtʃetʃer]
descer (para baixo)	turun	[turun]
desculpar (vt)	memaafkan	[mema'afkan]
desculpar-se (vr)	meminta maaf	[meminta ma'af]
dirigir (~ uma empresa)	memimpin	[memimpin]
discutir (notícias, etc.)	membicarakan	[membitʃarakan]
dizer (vt)	berkata	[bərkata]
duvidar (vt)	ragu-ragu	[ragu-ragu]
encontrar (achar)	menemukan	[mənemukan]
enganar (vt)	menipu	[mənipu]
entrar (na sala, etc.)	masuk, memasuki	[masuk], [memasuki]
enviar (uma carta)	mengirim	[məŋirim]
errar (equivocar-se)	salah	[salah]
escolher (vt)	memilih	[memilih]
esconder (vt)	menyembunyikan	[mənjembunjikan]
escrever (vt)	menulis	[mənulis]
esperar (o autocarro, etc.)	menunggu	[mənuŋgu]
esperar (ter esperança)	berharap	[bərharap]
esquecer (vt)	melupakan	[melupakan]
estar (vi)	sedang	[sedaŋ]
estudar (vt)	mempelajari	[mempeladʒʲari]

exigir (vt)	menuntut	[mənuntut]
existir (vi)	ada	[ada]

explicar (vt)	menjelaskan	[məndʒʲelaskan]
falar (vi)	berbicara	[bərbitʃara]
faltar (clases, etc.)	absen	[absen]
fazer (vt)	membuat	[membuat]
ficar em silêncio	diam	[diam]
gabar-se, jactar-se (vr)	membual	[membual]

gostar (apreciar)	suka	[suka]
gritar (vi)	berteriak	[bərteriaʔ]
guardar (cartas, etc.)	menyimpan	[mənjimpan]
informar (vt)	menginformasikan	[məɲinformasikan]
insistir (vi)	mendesak	[məndesaʔ]
insultar (vt)	menghina	[məŋhina]
interessar-se (vr)	menaruh minat pada ...	[mənaruh minat pada ...]
ir (a pé)	berjalan	[bərdʒʲalan]
ir nadar	berenang	[bərenaŋ]
jantar (vi)	makan malam	[makan malam]

12. Os verbos mais importantes. Parte 3

ler (vt)	membaca	[membatʃa]
libertar (cidade, etc.)	membebaskan	[membebaskan]
matar (vt)	membunuh	[membunuh]
mencionar (vt)	menyebut	[mənjebut]
mostrar (vt)	menunjukkan	[mənundʒʲuʔkan]

mudar (modificar)	mengubah	[məŋubah]
nadar (vi)	berenang	[bərenaŋ]
negar-se a ...	menolak	[mənolaʔ]
objetar (vt)	keberatan	[keberatan]

observar (vt)	mengamati	[məŋamati]
ordenar (mil.)	memerintahkan	[memerintahkan]
ouvir (vt)	mendengar	[məndeŋar]
pagar (vt)	membayar	[membajar]
parar (vi)	berhenti	[bərhenti]

participar (vi)	turut serta	[turut serta]
pedir (comida)	memesan	[memesan]
pedir (um favor, etc.)	meminta	[meminta]
pegar (tomar)	mengambil	[məŋambil]
pensar (vt)	berpikir	[bərpikir]

perceber (ver)	memperhatikan	[memperhatikan]
perdoar (vt)	memaafkan	[memaʔafkan]
perguntar (vt)	bertanya	[bərtanja]
permitir (vt)	mengizinkan	[məɲizinkan]
pertencer a ...	kepunyaan ...	[kepunjaʔan ...]

planear (vt)	merencanakan	[merentʃanakan]
poder (vi)	bisa	[bisa]

possuir (vt)	memiliki	[memiliki]
preferir (vt)	lebih suka	[lebih suka]
preparar (vt)	memasak	[memasaʔ]

prever (vt)	menduga	[mənduga]
prometer (vt)	berjanji	[bərdʒ'andʒi]
pronunciar (vt)	melafalkan	[melafalkan]
propor (vt)	mengusulkan	[məŋusulkan]
punir (castigar)	menghukum	[məŋhukum]

13. Os verbos mais importantes. Parte 4

quebrar (vt)	memecahkan	[memetʃahkan]
queixar-se (vr)	mengeluh	[məŋeluh]
querer (desejar)	mau, ingin	[mau], [iŋin]
recomendar (vt)	merekomendasi	[merekomendasi]
repetir (dizer outra vez)	mengulangi	[məŋulaŋi]

repreender (vt)	memarahi, menegur	[memarahi], [menegur]
reservar (~ um quarto)	memesan	[memesan]
responder (vt)	menjawab	[məndʒ'awab]
rezar, orar (vi)	bersembahyang, berdoa	[bərsembahjaŋ], [bərdoa]
rir (vi)	tertawa	[tərtawa]

roubar (vt)	mencuri	[məntʃuri]
saber (vt)	tahu	[tahu]
sair (~ de casa)	keluar	[keluar]
salvar (vt)	menyelamatkan	[mənjelamatkan]
seguir ...	mengikuti ...	[məŋikuti ...]

sentar-se (vr)	duduk	[duduʔ]
ser (vi)	ialah, adalah	[ialah], [adalah]
ser necessário	dibutuhkan	[dibutuhkan]

sorrir (vi)	tersenyum	[tərsenyum]
subestimar (vt)	meremehkan	[meremehkan]
surpreender-se (vr)	heran	[heran]
tentar (vt)	mencoba	[məntʃoba]

ter (vt)	mempunyai	[mempunjaj]
ter fome	lapar	[lapar]
ter medo	takut	[takut]
ter sede	haus	[haus]

tocar (com as mãos)	menyentuh	[mənjentuh]
tomar o pequeno-almoço	sarapan	[sarapan]
trabalhar (vi)	bekerja	[bekerdʒ'a]
traduzir (vt)	menerjemahkan	[mənerdʒ'emahkan]
unir (vt)	menyatukan	[mənjatukan]

vender (vt)	menjual	[məndʒ'ual]
ver (vt)	melihat	[melihat]
virar (ex. ~ à direita)	membelok	[membeloʔ]
voar (vi)	terbang	[tərbaŋ]

14. Cores

cor (f)	warna	[warna]
matiz (m)	nuansa	[nuansa]
tom (m)	warna	[warna]
arco-íris (m)	pelangi	[pelaɲi]

branco	putih	[putih]
preto	hitam	[hitam]
cinzento	kelabu	[kelabu]

verde	hijau	[hidʒiau]
amarelo	kuning	[kuniŋ]
vermelho	merah	[merah]

azul	biru	[biru]
azul claro	biru muda	[biru muda]
rosa	pink	[pinʔ]
laranja	oranye, jingga	[oranje], [dʒiŋga]
violeta	violet, ungu muda	[violet], [uɲu muda]
castanho	cokelat	[tʃokelat]

| dourado | keemasan | [keemasan] |
| prateado | keperakan | [keperakan] |

bege	abu-abu kecokelatan	[abu-abu ketʃokelatan]
creme	krem	[krem]
turquesa	pirus	[pirus]
vermelho cereja	merah tua	[merah tua]
lilás	ungu	[uɲu]
carmesim	merah lembayung	[merah lembajuŋ]

claro	terang	[teraŋ]
escuro	gelap	[gelap]
vivo	terang	[teraŋ]

de cor	berwarna	[bərwarna]
a cores	warna	[warna]
preto e branco	hitam-putih	[hitam-putih]
unicolor	polos, satu warna	[polos], [satu warna]
multicor	berwarna-warni	[bərwarna-warni]

15. Questões

Quem?	Siapa?	[siapa?]
Que?	Apa?	[apa?]
Onde?	Di mana?	[di mana?]
Para onde?	Ke mana?	[ke mana?]
De onde?	Dari mana?	[dari mana?]
Quando?	Kapan?	[kapan?]
Para quê?	Mengapa?	[məŋapa?]
Porquê?	Mengapa?	[məŋapa?]
Para quê?	Untuk apa?	[untuʔ apa?]

Como?	Bagaimana?	[bagajmana?]
Qual?	Apa? Yang mana?	[apa?], [yaŋ mana?]
Qual? (entre dois ou mais)	Yang mana?	[yaŋ mana?]

A quem?	Kepada siapa? Untuk siapa?	[kepada siapa?], [untu' siapa?]
Sobre quem?	Tentang siapa?	[tentaŋ siapa?]
Do quê?	Tentang apa?	[tentaŋ apa?]
Com quem?	Dengan siapa?	[deŋan siapa?]

| Quanto, -os, -as? | Berapa? | [bərapa?] |
| De quem? | Milik siapa? | [mili' siapa?] |

16. Preposições

com (prep.)	dengan	[deŋan]
sem (prep.)	tanpa	[tanpa]
a, para (exprime lugar)	ke	[ke]
sobre (ex. falar ~)	tentang ...	[tentaŋ ...]
antes de ...	sebelum	[sebelum]
diante de ...	di depan ...	[di depan ...]

sob (debaixo de)	di bawah	[di bawah]
sobre (em cima de)	di atas	[di atas]
sobre (~ a mesa)	di atas	[di atas]
de (vir ~ Lisboa)	dari	[dari]
de (feito ~ pedra)	dari	[dari]

| dentro de (~ dez minutos) | dalam | [dalam] |
| por cima de ... | melalui | [melalui] |

17. Palavras funcionais. Advérbios. Parte 1

Onde?	Di mana?	[di mana?]
aqui	di sini	[di sini]
lá, ali	di sana	[di sana]

| em algum lugar | di suatu tempat | [di suatu tempat] |
| em lugar nenhum | tak ada di mana pun | [ta' ada di mana pun] |

| ao pé de ... | dekat | [dekat] |
| ao pé da janela | dekat jendela | [dekat dʒ'endela] |

Para onde?	Ke mana?	[ke mana?]
para cá	ke sini	[ke sini]
para lá	ke sana	[ke sana]
daqui	dari sini	[dari sini]
de lá, dali	dari sana	[dari sana]

perto	dekat	[dekat]
longe	jauh	[dʒ'auh]
perto de ...	dekat	[dekat]

ao lado de	dekat	[dekat]
perto, não fica longe	tidak jauh	[tida' dʒauh]
esquerdo	kiri	[kiri]
à esquerda	di kiri	[di kiri]
para esquerda	ke kiri	[ke kiri]
direito	kanan	[kanan]
à direita	di kanan	[di kanan]
para direita	ke kanan	[ke kanan]
à frente	di depan	[di depan]
da frente	depan	[depan]
em frente (para a frente)	ke depan	[ke depan]
atrás de ...	di belakang	[di belakaŋ]
por detrás (vir ~)	dari belakang	[dari belakaŋ]
para trás	mundur	[mundur]
meio (m), metade (f)	tengah	[teŋah]
no meio	di tengah	[di teŋah]
de lado	di sisi, di samping	[di sisi], [di sampiŋ]
em todo lugar	di mana-mana	[di mana-mana]
ao redor (olhar ~)	di sekitar	[di sekitar]
de dentro	dari dalam	[dari dalam]
para algum lugar	ke suatu tempat	[ke suatu tempat]
diretamente	terus	[terus]
de volta	kembali	[kembali]
de algum lugar	dari mana pun	[dari mana pun]
de um lugar	dari suatu tempat	[dari suatu tempat]
em primeiro lugar	pertama	[pərtama]
em segundo lugar	kedua	[kedua]
em terceiro lugar	ketiga	[ketiga]
de repente	tiba-tiba	[tiba-tiba]
no início	mula-mula	[mula-mula]
pela primeira vez	untuk pertama kalinya	[untu' pərtama kalinja]
muito antes de ...	jauh sebelum ...	[dʒauh sebelum ...]
de novo, novamente	kembali	[kembali]
para sempre	untuk selama-lamanya	[untu' selama-lamanja]
nunca	tidak pernah	[tida' pərnah]
de novo	lagi, kembali	[lagi], [kembali]
agora	sekarang	[sekaraŋ]
frequentemente	sering, seringkali	[seriŋ], [seriŋkali]
então	ketika itu	[ketika itu]
urgentemente	segera	[segera]
usualmente	biasanya	[biasanja]
a propósito, ...	ngomong-ngomong ...	[ŋomoŋ-ŋomoŋ ...]
é possível	mungkin	[muŋkin]
provavelmente	mungkin	[muŋkin]

talvez	**mungkin**	[muŋkin]
além disso, …	**selain itu …**	[selajn itu …]
por isso …	**karena itu …**	[karena itu …]
apesar de …	**meskipun …**	[meskipun …]
graças a …	**berkat …**	[berkat …]
que (pron.)	**apa**	[apa]
que (conj.)	**bahwa**	[bahwa]
algo	**sesuatu**	[sesuatu]
alguma coisa	**sesuatu**	[sesuatu]
nada	**tidak sesuatu pun**	[tida' sesuatu pun]
quem	**siapa**	[siapa]
alguém (~ teve uma ideia …)	**seseorang**	[seseoraŋ]
alguém	**seseorang**	[seseoraŋ]
ninguém	**tidak seorang pun**	[tida' seoraŋ pun]
para lugar nenhum	**tidak ke mana pun**	[tida' ke mana pun]
de ninguém	**tidak milik siapa pun**	[tida' mili' siapa pun]
de alguém	**milik seseorang**	[mili' seseoraŋ]
tão	**sangat**	[saŋat]
também (gostaria ~ de …)	**juga**	[dʒ'uga]
também (~ eu)	**juga**	[dʒ'uga]

18. Palavras funcionais. Advérbios. Parte 2

Porquê?	**Mengapa?**	[məŋapa?]
por alguma razão	**entah mengapa**	[entah məŋapa]
porque …	**karena …**	[karena …]
por qualquer razão	**untuk tujuan tertentu**	[untu' tudʒ'uan tərtentu]
e (tu ~ eu)	**dan**	[dan]
ou (ser ~ não ser)	**atau**	[atau]
mas (porém)	**tetapi, namun**	[tetapi], [namun]
para (~ a minha mãe)	**untuk**	[untu']
demasiado, muito	**terlalu**	[tərlalu]
só, somente	**hanya**	[hanja]
exatamente	**tepat**	[tepat]
cerca de (~ 10 kg)	**sekitar**	[sekitar]
aproximadamente	**kira-kira**	[kira-kira]
aproximado	**kira-kira**	[kira-kira]
quase	**hampir**	[hampir]
resto (m)	**selebihnya, sisanya**	[selebihnja], [sisanja]
o outro (segundo)	**kedua**	[kedua]
outro	**lain**	[lain]
cada	**setiap**	[setiap]
qualquer	**sebarang**	[sebaraŋ]
muito	**banyak**	[banja']
muitas pessoas	**banyak orang**	[banja' oraŋ]
todos	**semua**	[semua]

em troca de ...	sebagai ganti ...	[sebagaj ganti ...]
em troca	sebagai gantinya	[sebagaj gantinja]
à mão	dengan tangan	[deŋan taŋan]
pouco provável	hampir tidak	[hampir tidaʔ]

provavelmente	mungkin	[muŋkin]
de propósito	sengaja	[seŋadʒia]
por acidente	tidak sengaja	[tidaʔ seŋadʒia]

muito	sangat	[saŋat]
por exemplo	misalnya	[misalnja]
entre	antara	[antara]
entre (no meio de)	di antara	[di antara]
tanto	banyak sekali	[banja' sekali]
especialmente	terutama	[terutama]

Conceitos básicos. Parte 2

19. Opostos

rico	**kaya**	[kaja]
pobre	**miskin**	[miskin]
doente	**sakit**	[sakit]
são	**sehat**	[sehat]
grande	**besar**	[besar]
pequeno	**kecil**	[ketʃil]
rapidamente	**cepat**	[tʃepat]
lentamente	**perlahan-lahan**	[pərlahan-lahan]
rápido	**cepat**	[tʃepat]
lento	**lambat**	[lambat]
alegre	**riang**	[riaŋ]
triste	**sedih**	[sedih]
juntos	**bersama**	[bərsama]
separadamente	**terpisah**	[tərpisah]
em voz alta (ler ~)	**dengan keras**	[deŋan keras]
para si (em silêncio)	**dalam hati**	[dalam hati]
alto	**tinggi**	[tiŋgi]
baixo	**rendah**	[rendah]
profundo	**dalam**	[dalam]
pouco fundo	**dangkal**	[daŋkal]
sim	**ya**	[ya]
não	**tidak**	[tidaʔ]
distante (no espaço)	**jauh**	[dʒʲauh]
próximo	**dekat**	[dekat]
longe	**jauh**	[dʒʲauh]
perto	**dekat**	[dekat]
longo	**panjang**	[pandʒʲaŋ]
curto	**pendek**	[pendeʔ]
bom, bondoso	**baik hati**	[bajʔ hati]
mau	**jahat**	[dʒʲahat]
casado	**menikah**	[mənikah]

solteiro	bujang	[budʒiaŋ]
proibir (vt)	melarang	[melaraŋ]
permitir (vt)	mengizinkan	[məŋizinkan]
fim (m)	akhir	[ahir]
começo (m)	permulaan	[pərmula'an]
esquerdo	kiri	[kiri]
direito	kanan	[kanan]
primeiro	pertama	[pərtama]
último	terakhir	[tərahir]
crime (m)	kejahatan	[kedʒiahatan]
castigo (m)	hukuman	[hukuman]
ordenar (vt)	memerintahkan	[memerintahkan]
obedecer (vt)	mematuhi	[mematuhi]
reto	lurus	[lurus]
curvo	melengkung	[meleŋkuŋ]
paraíso (m)	surga	[surga]
inferno (m)	neraka	[neraka]
nascer (vi)	lahir	[lahir]
morrer (vi)	mati, meninggal	[mati], [meniŋgal]
forte	kuat	[kuat]
fraco, débil	lemah	[lemah]
idoso	tua	[tua]
jovem	muda	[muda]
velho	tua	[tua]
novo	baru	[baru]
duro	keras	[keras]
mole	lunak	[luna']
tépido	hangat	[haŋat]
frio	dingin	[diŋin]
gordo	gemuk	[gemu']
magro	kurus	[kurus]
estreito	sempit	[sempit]
largo	lebar	[lebar]
bom	baik	[baj']
mau	buruk	[buru']
valente	pemberani	[pemberani]
cobarde	penakut	[penakut]

20. Dias da semana

segunda-feira (f)	Hari Senin	[hari senin]
terça-feira (f)	Hari Selasa	[hari selasa]
quarta-feira (f)	Hari Rabu	[hari rabu]
quinta-feira (f)	Hari Kamis	[hari kamis]
sexta-feira (f)	Hari Jumat	[hari dʒʲumat]
sábado (m)	Hari Sabtu	[hari sabtu]
domingo (m)	Hari Minggu	[hari miŋgu]
hoje	hari ini	[hari ini]
amanhã	besok	[beso']
depois de amanhã	besok lusa	[beso' lusa]
ontem	kemarin	[kemarin]
anteontem	kemarin dulu	[kemarin dulu]
dia (m)	hari	[hari]
dia (m) de trabalho	hari kerja	[hari kerdʒʲa]
feriado (m)	hari libur	[hari libur]
dia (m) de folga	hari libur	[hari libur]
fim (m) de semana	akhir pekan	[ahir pekan]
o dia todo	seharian	[seharian]
no dia seguinte	hari berikutnya	[hari berikutnja]
há dois dias	dua hari lalu	[dua hari lalu]
na véspera	hari sebelumnya	[hari sebelumnja]
diário	harian	[harian]
todos os dias	tiap hari	[tiap hari]
semana (f)	minggu	[miŋgu]
na semana passada	minggu lalu	[miŋgu lalu]
na próxima semana	minggu berikutnya	[miŋgu berikutnja]
semanal	mingguan	[miŋguan]
cada semana	tiap minggu	[tiap miŋgu]
duas vezes por semana	dua kali seminggu	[dua kali semiŋgu]
cada terça-feira	tiap Hari Selasa	[tiap hari selasa]

21. Horas. Dia e noite

manhã (f)	pagi	[pagi]
de manhã	pada pagi hari	[pada pagi hari]
meio-dia (m)	tengah hari	[teŋah hari]
à tarde	pada sore hari	[pada sore hari]
noite (f)	sore, malam	[sore], [malam]
à noite (noitinha)	waktu sore	[waktu sore]
noite (f)	malam	[malam]
à noite	pada malam hari	[pada malam hari]
meia-noite (f)	tengah malam	[teŋah malam]
segundo (m)	detik	[deti']
minuto (m)	menit	[menit]
hora (f)	jam	[dʒʲam]

meia hora (f)	setengah jam	[seteŋah dʒʲam]
quarto (m) de hora	seperempat jam	[seperempat dʒʲam]
quinze minutos	lima belas menit	[lima belas menit]
vinte e quatro horas	siang-malam	[siaŋ-malam]

nascer (m) do sol	matahari terbit	[matahari tərbit]
amanhecer (m)	subuh	[subuh]
madrugada (f)	dini pagi	[dini pagi]
pôr do sol (m)	matahari terbenam	[matahari tərbenam]

de madrugada	pagi-pagi	[pagi-pagi]
hoje de manhã	pagi ini	[pagi ini]
amanhã de manhã	besok pagi	[beso' pagi]

hoje à tarde	sore ini	[sore ini]
à tarde	pada sore hari	[pada sore hari]
amanhã à tarde	besok sore	[beso' sore]

hoje à noite	sore ini	[sore ini]
amanhã à noite	besok malam	[beso' malam]

às três horas em ponto	pukul 3 tepat	[pukul tiga tepat]
por volta das quatro	sekitar pukul 4	[sekitar pukul empat]
às doze	pada pukul 12	[pada pukul belas]

dentro de vinte minutos	dalam 20 menit	[dalam dua puluh menit]
dentro duma hora	dalam satu jam	[dalam satu dʒʲam]
a tempo	tepat waktu	[tepat waktu]

menos um quarto	... kurang seperempat	[... kuraŋ seperempat]
durante uma hora	selama sejam	[selama sedʒʲam]
a cada quinze minutos	tiap 15 menit	[tiap lima belas menit]
as vinte e quatro horas	siang-malam	[siaŋ-malam]

22. Meses. Estações

janeiro (m)	Januari	[dʒʲanuari]
fevereiro (m)	Februari	[februari]
março (m)	Maret	[maret]
abril (m)	April	[april]
maio (m)	Mei	[mei]
junho (m)	Juni	[dʒʲuni]

julho (m)	Juli	[dʒʲuli]
agosto (m)	Augustus	[augustus]
setembro (m)	September	[september]
outubro (m)	Oktober	[oktober]
novembro (m)	November	[november]
dezembro (m)	Desember	[desember]

primavera (f)	musim semi	[musim semi]
na primavera	pada musim semi	[pada musim semi]
primaveril	musim semi	[musim semi]
verão (m)	musim panas	[musim panas]

no verão	**pada musim panas**	[pada musim panas]
de verão	**musim panas**	[musim panas]
outono (m)	**musim gugur**	[musim gugur]
no outono	**pada musim gugur**	[pada musim gugur]
outonal	**musim gugur**	[musim gugur]
inverno (m)	**musim dingin**	[musim diŋin]
no inverno	**pada musim dingin**	[pada musim diŋin]
de inverno	**musim dingin**	[musim diŋin]
mês (m)	**bulan**	[bulan]
este mês	**bulan ini**	[bulan ini]
no próximo mês	**bulan depan**	[bulan depan]
no mês passado	**bulan lalu**	[bulan lalu]
há um mês	**sebulan lalu**	[sebulan lalu]
dentro de um mês	**dalam satu bulan**	[dalam satu bulan]
dentro de dois meses	**dalam 2 bulan**	[dalam dua bulan]
todo o mês	**sepanjang bulan**	[sepandʒian bulan]
um mês inteiro	**sebulan penuh**	[sebulan penuh]
mensal	**bulanan**	[bulanan]
mensalmente	**tiap bulan**	[tiap bulan]
cada mês	**tiap bulan**	[tiap bulan]
duas vezes por mês	**dua kali sebulan**	[dua kali sebulan]
ano (m)	**tahun**	[tahun]
este ano	**tahun ini**	[tahun ini]
no próximo ano	**tahun depan**	[tahun depan]
no ano passado	**tahun lalu**	[tahun lalu]
há um ano	**setahun lalu**	[setahun lalu]
dentro dum ano	**dalam satu tahun**	[dalam satu tahun]
dentro de 2 anos	**dalam 2 tahun**	[dalam dua tahun]
todo o ano	**sepanjang tahun**	[sepandʒian tahun]
um ano inteiro	**setahun penuh**	[setahun penuh]
cada ano	**tiap tahun**	[tiap tahun]
anual	**tahunan**	[tahunan]
anualmente	**tiap tahun**	[tiap tahun]
quatro vezes por ano	**empat kali setahun**	[empat kali setahun]
data (~ de hoje)	**tanggal**	[taŋgal]
data (ex. ~ de nascimento)	**tanggal**	[taŋgal]
calendário (m)	**kalender**	[kalender]
meio ano	**setengah tahun**	[seteŋah tahun]
seis meses	**enam bulan**	[enam bulan]
estação (f)	**musim**	[musim]
século (m)	**abad**	[abad]

23. Tempo. Diversos

tempo (m)	**waktu**	[waktu]
momento (m)	**sekejap**	[sekedʒiap]

instante (m)	saat, waktu	[sa'at], [waktu]
instantâneo	seketika	[seketika]
lapso (m) de tempo	jangka waktu	[dʒ'aŋka waktu]
vida (f)	kehidupan, hidup	[kehidupan], [hidup]
eternidade (f)	keabadiaan	[keabadia'an]
época (f)	zaman	[zaman]
era (f)	era	[era]
ciclo (m)	siklus	[siklus]
período (m)	periode, kurun waktu	[pəriode], [kurun waktu]
prazo (m)	jangka waktu	[dʒ'aŋka waktu]
futuro (m)	masa depan	[masa depan]
futuro	yang akan datang	[yaŋ akan dataŋ]
da próxima vez	lain kali	[lain kali]
passado (m)	masa lalu	[masa lalu]
passado	lalu	[lalu]
na vez passada	terakhir kali	[tərahir kali]
mais tarde	kemudian	[kemudian]
depois	sesudah	[sesudah]
atualmente	sekarang	[sekaraŋ]
agora	saat ini	[sa'at ini]
imediatamente	segera	[segera]
em breve, brevemente	segera	[segera]
de antemão	sebelumnya	[sebelumnja]
há muito tempo	dahulu kala	[dahulu kala]
há pouco tempo	baru-baru ini	[baru-baru ini]
destino (m)	nasib	[nasib]
recordações (f pl)	kenang-kenangan	[kenaŋ-kenaŋan]
arquivo (m)	arsip	[arsip]
durante ...	selama ...	[selama ...]
durante muito tempo	lama	[lama]
pouco tempo	tidak lama	[tida' lama]
cedo (levantar-se ~)	pagi-pagi	[pagi-pagi]
tarde (deitar-se ~)	terlambat	[tərlambat]
para sempre	untuk selama-lamanya	[untu' selama-lamanja]
começar (vt)	memulai	[memulaj]
adiar (vt)	menunda	[mənunda]
simultaneamente	serentak	[serenta']
permanentemente	tetap	[tetap]
constante (ruído, etc.)	terus menerus	[terus menerus]
temporário	sementara	[sementara]
às vezes	kadang-kadang	[kadaŋ-kadaŋ]
raramente	jarang	[dʒ'araŋ]
frequentemente	sering, seringkali	[seriŋ], [seriŋkali]

24. Linhas e formas

quadrado (m)	bujur sangkar	[budʒ'ur saŋkar]
quadrado	persegi	[pərsegi]

círculo (m)	lingkaran	[liŋkaran]
redondo	bundar	[bundar]
triângulo (m)	segi tiga	[segi tiga]
triangular	segi tiga	[segi tiga]
oval (f)	oval	[oval]
oval	oval	[oval]
retângulo (m)	segi empat	[segi empat]
retangular	siku-siku	[siku-siku]
pirâmide (f)	piramida	[piramida]
rombo, losango (m)	rombus	[rombus]
trapézio (m)	trapesium	[trapesium]
cubo (m)	kubus	[kubus]
prisma (m)	prisma	[prisma]
circunferência (f)	lingkar	[liŋkar]
esfera (f)	bulatan	[bulatan]
globo (m)	bola	[bola]
diâmetro (m)	diameter	[diameter]
raio (m)	radius, jari-jari	[radius], [dʒ|ari-dʒ|ari]
perímetro (m)	perimeter	[perimeter]
centro (m)	pusat	[pusat]
horizontal	horizontal, mendatar	[horizontal], [mendatar]
vertical	vertikal, tegak lurus	[vertikal], [tegaʼ lurus]
paralela (f)	sejajar	[sedʒ|adʒ|ar]
paralelo	sejajar	[sedʒ|adʒ|ar]
linha (f)	garis	[garis]
traço (m)	garis	[garis]
reta (f)	garis lurus	[garis lurus]
curva (f)	garis lengkung	[garis leŋkuŋ]
fino (linha ~a)	tipis	[tipis]
contorno (m)	kontur	[kontur]
interseção (f)	titik potong	[titiʼ potoŋ]
ângulo (m) reto	sudut siku-siku	[sudut siku-siku]
segmento (m)	segmen	[segmen]
setor (m)	sektor	[sektor]
lado (de um triângulo, etc.)	segi	[segi]
ângulo (m)	sudut	[sudut]

25. Unidades de medida

peso (m)	berat	[berat]
comprimento (m)	panjang	[pandʒ|aŋ]
largura (f)	lebar	[lebar]
altura (f)	ketinggian	[ketiŋgian]
profundidade (f)	kedalaman	[kedalaman]
volume (m)	volume, isi	[volume], [isi]
área (f)	luas	[luas]
grama (m)	gram	[gram]
miligrama (m)	miligram	[miligram]

quilograma (m)	kilogram	[kilogram]
tonelada (f)	ton	[ton]
libra (453,6 gramas)	pon	[pon]
onça (f)	ons	[ons]

metro (m)	meter	[meter]
milímetro (m)	milimeter	[milimeter]
centímetro (m)	sentimeter	[sentimeter]
quilómetro (m)	kilometer	[kilometer]
milha (f)	mil	[mil]

polegada (f)	inci	[intʃi]
pé (304,74 mm)	kaki	[kaki]
jarda (914,383 mm)	yard	[yard]

| metro (m) quadrado | meter persegi | [meter pərsegi] |
| hectare (m) | hektar | [hektar] |

litro (m)	liter	[liter]
grau (m)	derajat	[deradʒⁱat]
volt (m)	volt	[volt]
ampere (m)	ampere	[ampere]
cavalo-vapor (m)	tenaga kuda	[tenaga kuda]

quantidade (f)	kuantitas	[kuantitas]
um pouco de ...	sedikit ...	[sedikit ...]
metade (f)	setengah	[setəŋah]
dúzia (f)	lusin	[lusin]
peça (f)	buah	[buah]

| dimensão (f) | ukuran | [ukuran] |
| escala (f) | skala | [skala] |

mínimo	minimal	[minimal]
menor, mais pequeno	terkecil	[tərketʃil]
médio	sedang	[sedaŋ]
máximo	maksimal	[maksimal]
maior, mais grande	terbesar	[tərbesar]

26. Recipientes

boião (m) de vidro	gelas	[gelas]
lata (~ de cerveja)	kaleng	[kaleŋ]
balde (m)	ember	[ember]
barril (m)	tong	[toŋ]

bacia (~ de plástico)	baskom	[baskom]
tanque (m)	tangki	[taŋki]
cantil (m) de bolso	pelples	[pelples]
bidão (m) de gasolina	jeriken	[dʒⁱeriken]
cisterna (f)	tangki	[taŋki]

| caneca (f) | mangkuk | [maŋkuʔ] |
| chávena (f) | cangkir | [tʃaŋkir] |

pires (m)	alas cangkir	[alas ʧaŋkir]
copo (m)	gelas	[gelas]
taça (f) de vinho	gelas anggur	[gelas aŋgur]
panela, caçarola (f)	panci	[panʧi]

| garrafa (f) | botol | [botol] |
| gargalo (m) | leher | [leher] |

jarro, garrafa (f)	karaf	[karaf]
jarro (m) de barro	kendi	[kendi]
recipiente (m)	wadah	[wadah]
pote (m)	pot	[pot]
vaso (m)	vas	[vas]

frasco (~ de perfume)	botol	[botol]
frasquinho (ex. ~ de iodo)	botol kecil	[botol ketʃil]
tubo (~ de pasta dentífrica)	tabung	[tabuŋ]

saca (ex. ~ de açúcar)	karung	[karuŋ]
saco (~ de plástico)	kantong	[kantoŋ]
maço (m)	bungkus	[buŋkus]

caixa (~ de sapatos, etc.)	kotak, kardus	[kotak], [kardus]
caixa (~ de madeira)	kotak	[kotaʔ]
cesta (f)	bakul	[bakul]

27. Materiais

material (m)	bahan	[bahan]
madeira (f)	kayu	[kaju]
de madeira	kayu	[kaju]

| vidro (m) | kaca | [katʃa] |
| de vidro | kaca | [katʃa] |

| pedra (f) | batu | [batu] |
| de pedra | batu | [batu] |

| plástico (m) | plastik | [plastiʔ] |
| de plástico | plastik | [plastiʔ] |

| borracha (f) | karet | [karet] |
| de borracha | karet | [karet] |

| tecido, pano (m) | kain | [kain] |
| de tecido | kain | [kain] |

| papel (m) | kertas | [kertas] |
| de papel | kertas | [kertas] |

cartão (m)	karton	[karton]
de cartão	karton	[karton]
polietileno (m)	polietilena	[polietilena]
celofane (m)	selofana	[selofana]

| linóleo (m) | linoleum | [linoleum] |
| contraplacado (m) | kayu lapis | [kaju lapis] |

porcelana (f)	porselen	[porselen]
de porcelana	porselen	[porselen]
barro (f)	tanah liat	[tanah liat]
de barro	gerabah	[gerabah]
cerâmica (f)	keramik	[kerami']
de cerâmica	keramik	[kerami']

28. Metais

metal (m)	logam	[logam]
metálico	logam	[logam]
liga (f)	aloi, lakur	[aloy], [lakur]

ouro (m)	emas	[emas]
de ouro	emas	[emas]
prata (f)	perak	[pera']
de prata	perak	[pera']

ferro (m)	besi	[besi]
de ferro	besi	[besi]
aço (m)	baja	[badʒ'a]
de aço	baja	[badʒ'a]
cobre (m)	tembaga	[tembaga]
de cobre	tembaga	[tembaga]

alumínio (m)	aluminium	[aluminium]
de alumínio	aluminium	[aluminium]
bronze (m)	perunggu	[pəruŋgu]
de bronze	perunggu	[pəruŋgu]

latão (m)	kuningan	[kuniŋan]
níquel (m)	nikel	[nikel]
platina (f)	platinum	[platinum]
mercúrio (m)	air raksa	[air raksa]
estanho (m)	timah	[timah]
chumbo (m)	timbal	[timbal]
zinco (m)	seng	[seŋ]

O SER HUMANO

O ser humano. O corpo

29. Humanos. Conceitos básicos

ser (m) humano	manusia	[manusia]
homem (m)	laki-laki, pria	[laki-laki], [pria]
mulher (f)	perempuan, wanita	[perempuan], [wanita]
criança (f)	anak	[ana']
menina (f)	anak perempuan	[ana' perempuan]
menino (m)	anak laki-laki	[ana' laki-laki]
adolescente (m)	remaja	[remadʒia]
velho (m)	lelaki tua	[lelaki tua]
velha, anciã (f)	perempuan tua	[perempuan tua]

30. Anatomia humana

organismo (m)	organisme	[organisme]
coração (m)	jantung	[dʒiantuŋ]
sangue (m)	darah	[darah]
artéria (f)	arteri, pembuluh darah	[arteri], [pembuluh darah]
veia (f)	vena	[vena]
cérebro (m)	otak	[ota']
nervo (m)	saraf	[saraf]
nervos (m pl)	saraf	[saraf]
vértebra (f)	ruas	[ruas]
coluna (f) vertebral	tulang belakang	[tulaŋ belakaŋ]
estômago (m)	lambung	[lambuŋ]
intestinos (m pl)	usus	[usus]
intestino (m)	usus	[usus]
fígado (m)	hati	[hati]
rim (m)	ginjal	[gindʒial]
osso (m)	tulang	[tulaŋ]
esqueleto (m)	skelet, rangka	[skelet], [raŋka]
costela (f)	tulang rusuk	[tulaŋ rusu']
crânio (m)	tengkorak	[teŋkora']
músculo (m)	otot	[otot]
bíceps (m)	bisep	[bisep]
tríceps (m)	trisep	[trisep]
tendão (m)	tendon	[tendon]
articulação (f)	sendi	[sendi]

pulmões (m pl)	paru-paru	[paru-paru]
órgãos (m pl) genitais	kemaluan	[kemaluan]
pele (f)	kulit	[kulit]

31. Cabeça

cabeça (f)	kepala	[kepala]
cara (f)	wajah	[wadʒ'ah]
nariz (m)	hidung	[hiduŋ]
boca (f)	mulut	[mulut]

olho (m)	mata	[mata]
olhos (m pl)	mata	[mata]
pupila (f)	pupil, biji mata	[pupil], [bidʒi mata]
sobrancelha (f)	alis	[alis]
pestana (f)	bulu mata	[bulu mata]
pálpebra (f)	kelopak mata	[kelopa' mata]

língua (f)	lidah	[lidah]
dente (m)	gigi	[gigi]
lábios (m pl)	bibir	[bibir]
maçãs (f pl) do rosto	tulang pipi	[tulaŋ pipi]
gengiva (f)	gusi	[gusi]
palato (m)	langit-langit mulut	[laŋit-laŋit mulut]

narinas (f pl)	lubang hidung	[lubaŋ hiduŋ]
queixo (m)	dagu	[dagu]
mandíbula (f)	rahang	[rahaŋ]
bochecha (f)	pipi	[pipi]

testa (f)	dahi	[dahi]
têmpora (f)	pelipis	[pelipis]
orelha (f)	telinga	[teliŋa]
nuca (f)	tengkuk	[teŋku']
pescoço (m)	leher	[leher]
garganta (f)	tenggorok	[teŋgoro']

cabelos (m pl)	rambut	[rambut]
penteado (m)	tatanan rambut	[tatanan rambut]
corte (m) de cabelo	potongan rambut	[potoŋan rambut]
peruca (f)	wig, rambut palsu	[wig], [rambut palsu]

bigode (m)	kumis	[kumis]
barba (f)	janggut	[dʒ'angut]
usar, ter (~ barba, etc.)	memelihara	[memelihara]
trança (f)	kepang	[kepaŋ]
suíças (f pl)	brewok	[brewo']

ruivo	merah pirang	[merah piraŋ]
grisalho	beruban	[bəruban]
calvo	botak, plontos	[botak], [plontos]
calva (f)	botak	[bota']
rabo-de-cavalo (m)	ekor kuda	[ekor kuda]
franja (f)	poni rambut	[poni rambut]

32. Corpo humano

mão (f)	**tangan**	[taŋan]
braço (m)	**lengan**	[leŋan]
dedo (m)	**jari**	[dʒˈari]
dedo (m) do pé	**jari**	[dʒˈari]
polegar (m)	**jempol**	[dʒˈempol]
dedo (m) mindinho	**jari kelingking**	[dʒˈari keliŋkiŋ]
unha (f)	**kuku**	[kuku]
punho (m)	**kepalan tangan**	[kepalan taŋan]
palma (f) da mão	**telapak**	[telapaʔ]
pulso (m)	**pergelangan**	[pərgelaŋan]
antebraço (m)	**lengan bawah**	[leŋan bawah]
cotovelo (m)	**siku**	[siku]
ombro (m)	**bahu**	[bahu]
perna (f)	**kaki**	[kaki]
pé (m)	**telapak kaki**	[telapaʔ kaki]
joelho (m)	**lutut**	[lutut]
barriga (f) da perna	**betis**	[betis]
anca (f)	**paha**	[paha]
calcanhar (m)	**tumit**	[tumit]
corpo (m)	**tubuh**	[tubuh]
barriga (f)	**perut**	[perut]
peito (m)	**dada**	[dada]
seio (m)	**payudara**	[pajudara]
lado (m)	**rusuk**	[rusuʔ]
costas (f pl)	**punggung**	[puŋguŋ]
região (f) lombar	**pinggang bawah**	[piŋgaŋ bawah]
cintura (f)	**pinggang**	[piŋgaŋ]
umbigo (m)	**pusar**	[pusar]
nádegas (f pl)	**pantat**	[pantat]
traseiro (m)	**pantat**	[pantat]
sinal (m)	**tanda lahir**	[tanda lahir]
sinal (m) de nascença	**tanda lahir**	[tanda lahir]
tatuagem (f)	**tato**	[tato]
cicatriz (f)	**parut luka**	[parut luka]

Vestuário & Acessórios

33. Roupa exterior. Casacos

roupa (f)	pakaian	[pakajan]
roupa (f) exterior	pakaian luar	[pakajan luar]
roupa (f) de inverno	pakaian musim dingin	[pakajan musim diŋin]
sobretudo (m)	mantel	[mantel]
casaco (m) de peles	mantel bulu	[mantel bulu]
casaco curto (m) de peles	jaket bulu	[dʒⁱaket bulu]
casaco (m) acolchoado	jaket bulu halus	[dʒⁱaket bulu halus]
casaco, blusão (m)	jaket	[dʒⁱaket]
impermeável (m)	jas hujan	[dʒⁱas hudʒⁱan]
impermeável	kedap air	[kedap air]

34. Vestuário de homem & mulher

camisa (f)	kemeja	[kemedʒⁱa]
calças (f pl)	celana	[tʃelana]
calças (f pl) de ganga	celana jins	[tʃelana dʒins]
casaco (m) de fato	jas	[dʒⁱas]
fato (m)	setelan	[setelan]
vestido (ex. ~ vermelho)	gaun	[gaun]
saia (f)	rok	[roʔ]
blusa (f)	blus	[blus]
casaco (m) de malha	jaket wol	[dʒⁱaket wol]
casaco, blazer (m)	jaket	[dʒⁱaket]
T-shirt, camiseta (f)	baju kaus	[badʒⁱu kaus]
calções (Bermudas, etc.)	celana pendek	[tʃelana pendeʔ]
fato (m) de treino	pakaian olahraga	[pakajan olahraga]
roupão (m) de banho	jubah mandi	[dʒⁱubah mandi]
pijama (m)	piyama	[piyama]
suéter (m)	sweter	[sweter]
pulôver (m)	pulover	[pulover]
colete (m)	rompi	[rompi]
fraque (m)	jas berbuntut	[dʒⁱas berbuntut]
smoking (m)	jas malam	[dʒⁱas malam]
uniforme (m)	seragam	[seragam]
roupa (f) de trabalho	pakaian kerja	[pakajan kerdʒⁱa]
fato-macaco (m)	baju monyet	[badʒⁱu monjet]
bata (~ branca, etc.)	jas	[dʒⁱas]

35. Vestuário. Roupa interior

roupa (f) interior	pakaian dalam	[pakajan dalam]
cuecas boxer (f pl)	celana dalam lelaki	[tʃelana dalam lelaki]
cuecas (f pl)	celana dalam wanita	[tʃelana dalam wanita]
camisola (f) interior	singlet	[siŋlet]
peúgas (f pl)	kaus kaki	[kaus kaki]
camisa (f) de noite	baju tidur	[badʒɨu tidur]
sutiã (m)	beha	[beha]
meias longas (f pl)	kaus kaki selutut	[kaus kaki selutut]
meia-calça (f)	pantihos	[pantihos]
meias (f pl)	kaus kaki panjang	[kaus kaki pandʒɨaŋ]
fato (m) de banho	baju renang	[badʒɨu renaŋ]

36. Adereços de cabeça

chapéu (m)	topi	[topi]
chapéu (m) de feltro	topi bulat	[topi bulat]
boné (m) de beisebol	topi bisbol	[topi bisbol]
boné (m)	topi pet	[topi pet]
boina (f)	baret	[baret]
capuz (m)	kerudung kepala	[keruduŋ kepala]
panamá (m)	topi panama	[topi panama]
gorro (m) de malha	topi rajut	[topi radʒɨut]
lenço (m)	tudung kepala	[tuduŋ kepala]
chapéu (m) de mulher	topi wanita	[topi wanita]
capacete (m) de proteção	topi baja	[topi badʒɨa]
bibico (m)	topi lipat	[topi lipat]
capacete (m)	helm	[helm]
chapéu-coco (m)	topi bulat	[topi bulat]
chapéu (m) alto	topi tinggi	[topi tiŋgi]

37. Calçado

calçado (m)	sepatu	[sepatu]
botinas (f pl)	sepatu bot	[sepatu bot]
sapatos (de salto alto, etc.)	sepatu wanita	[sepatu wanita]
botas (f pl)	sepatu lars	[sepatu lars]
pantufas (f pl)	pantofel	[pantofel]
ténis (m pl)	sepatu tenis	[sepatu tenis]
sapatilhas (f pl)	sepatu kets	[sepatu kets]
sandálias (f pl)	sandal	[sandal]
sapateiro (m)	tukang sepatu	[tukaŋ sepatu]
salto (m)	tumit	[tumit]

par (m)	sepasang	[sepasaŋ]
atacador (m)	tali sepatu	[tali sepatu]
apertar os atacadores	mengikat tali	[məŋikat tali]
calçadeira (f)	sendok sepatu	[sendo' sepatu]
graxa (f) para calçado	semir sepatu	[semir sepatu]

38. Têxtil. Tecidos

algodão (m)	katun	[katun]
de algodão	katun	[katun]
linho (m)	linen	[linen]
de linho	linen	[linen]

seda (f)	sutra	[sutra]
de seda	sutra	[sutra]
lã (f)	wol	[wol]
de lã	wol	[wol]

veludo (m)	beledu	[beledu]
camurça (f)	suede	[suede]
bombazina (f)	korduroi	[korduroy]

náilon (m)	nilon	[nilon]
de náilon	nilon	[nilon]
poliéster (m)	poliester	[poliester]
de poliéster	poliester	[poliester]

couro (m)	kulit	[kulit]
de couro	kulit	[kulit]
pele (f)	kulit berbulu	[kulit bərbulu]
de peles, de pele	bulu	[bulu]

39. Acessórios pessoais

luvas (f pl)	sarung tangan	[saruŋ taŋan]
mitenes (f pl)	sarung tangan	[saruŋ taŋan]
cachecol (m)	selendang	[selendaŋ]

óculos (m pl)	kacamata	[katʃamata]
armação (f) de óculos	bingkai	[biŋkaj]
guarda-chuva (m)	payung	[pajuŋ]
bengala (f)	tongkat jalan	[toŋkat dʒʲalan]
escova (f) para o cabelo	sikat rambut	[sikat rambut]
leque (m)	kipas	[kipas]

gravata (f)	dasi	[dasi]
gravata-borboleta (f)	dasi kupu-kupu	[dasi kupu-kupu]
suspensórios (m pl)	bretel	[bretel]
lenço (m)	sapu tangan	[sapu taŋan]

| pente (m) | sisir | [sisir] |
| travessão (m) | jepit rambut | [dʒʲepit rambut] |

gancho (m) de cabelo	harnal	[harnal]
fivela (f)	gesper	[gesper]
cinto (m)	sabuk	[sabuʔ]
correia (f)	tali tas	[tali tas]
mala (f)	tas	[tas]
mala (f) de senhora	tas tangan	[tas taŋan]
mochila (f)	ransel	[ransel]

40. Vestuário. Diversos

moda (f)	mode	[mode]
na moda	modis	[modis]
estilista (m)	perancang busana	[pərantʃaŋ busana]
colarinho (m), gola (f)	kerah	[kerah]
bolso (m)	saku	[saku]
de bolso	saku	[saku]
manga (f)	lengan	[leŋan]
alcinha (f)	tali kait	[tali kait]
braguilha (f)	golbi	[golbi]
fecho (m) de correr	ritsleting	[ritsletiŋ]
fecho (m), colchete (m)	kancing	[kantʃiŋ]
botão (m)	kancing	[kantʃiŋ]
casa (f) de botão	lubang kancing	[lubaŋ kantʃiŋ]
soltar-se (vr)	terlepas	[tərlepas]
coser, costurar (vi)	menjahit	[məndʒʲahit]
bordar (vt)	membordir	[membordir]
bordado (m)	bordiran	[bordiran]
agulha (f)	jarum	[dʒʲarum]
fio (m)	benang	[benaŋ]
costura (f)	setik	[setiʔ]
sujar-se (vr)	kena kotor	[kena kotor]
mancha (f)	bercak	[bertʃaʔ]
engelhar-se (vr)	kumal	[kumal]
rasgar (vt)	merobek	[merobeʔ]
traça (f)	ngengat	[ŋeŋat]

41. Cuidados pessoais. Cosméticos

pasta (f) de dentes	pasta gigi	[pasta gigi]
escova (f) de dentes	sikat gigi	[sikat gigi]
escovar os dentes	menggosok gigi	[məŋgoso' gigi]
máquina (f) de barbear	pisau cukur	[pisau tʃukur]
creme (m) de barbear	krim cukur	[krim tʃukur]
barbear-se (vr)	bercukur	[bərtʃukur]
sabonete (m)	sabun	[sabun]

champô (m)	sampo	[sampo]
tesoura (f)	gunting	[guntiŋ]
lima (f) de unhas	kikir kuku	[kikir kuku]
corta-unhas (m)	pemotong kuku	[pemotoŋ kuku]
pinça (f)	pinset	[pinset]
cosméticos (m pl)	kosmetik	[kosmetiʔ]
máscara (f) facial	masker	[masker]
manicura (f)	manikur	[manikur]
fazer a manicura	melakukan manikur	[melakukan manikur]
pedicure (f)	pedi	[pedi]
mala (f) de maquilhagem	tas kosmetik	[tas kosmetiʔ]
pó (m)	bedak	[bedaʔ]
caixa (f) de pó	kotak bedak	[kotaʔ bedaʔ]
blush (m)	perona pipi	[pərona pipi]
perfume (m)	parfum	[parfum]
água (f) de toilette	minyak wangi	[minjaʔ waŋi]
loção (f)	losion	[losjon]
água-de-colónia (f)	kolonye	[kolone]
sombra (f) de olhos	pewarna mata	[pewarna mata]
lápis (m) delineador	pensil alis	[pensil alis]
máscara (f), rímel (m)	celak	[ʧelaʔ]
batom (m)	lipstik	[lipstiʔ]
verniz (m) de unhas	kuteks, cat kuku	[kuteks], [ʧat kuku]
laca (f) para cabelos	semprotan rambut	[semprotan rambut]
desodorizante (m)	deodoran	[deodoran]
creme (m)	krim	[krim]
creme (m) de rosto	krim wajah	[krim waʤ'ah]
creme (m) de mãos	krim tangan	[krim taŋan]
creme (m) antirrugas	krim antikerut	[krim antikerut]
creme (m) de dia	krim siang	[krim siaŋ]
creme (m) de noite	krim malam	[krim malam]
de dia	siang	[siaŋ]
da noite	malam	[malam]
tampão (m)	tampon	[tampon]
papel (m) higiénico	kertas toilet	[kertas toylet]
secador (m) elétrico	pengering rambut	[peŋeriŋ rambut]

42. Joalheria

joias (f pl)	perhiasan	[perhiasan]
precioso	mulia, berharga	[mulia], [bərharga]
marca (f) de contraste	tanda kadar	[tanda kadar]
anel (m)	cincin	[ʧinʧin]
aliança (f)	cincin kawin	[ʧinʧin kawin]
pulseira (f)	gelang	[gelaŋ]
brincos (m pl)	anting-anting	[antiŋ-antiŋ]

colar (m)	kalung	[kaluŋ]
coroa (f)	mahkota	[mahkota]
colar (m) de contas	kalung manik-manik	[kaluŋ maniʔ-maniʔ]

diamante (m)	berlian	[bərlian]
esmeralda (f)	zamrud	[zamrud]
rubi (m)	batu mirah delima	[batu mirah delima]
safira (f)	nilakandi	[nilakandi]
pérola (f)	mutiara	[mutiara]
âmbar (m)	batu amber	[batu amber]

43. Relógios de pulso. Relógios

relógio (m) de pulso	arloji	[arloʤi]
mostrador (m)	piringan jam	[piriŋan ʤⁱam]
ponteiro (m)	jarum	[ʤⁱarum]
bracelete (f) em aço	rantai arloji	[rantaj arloʤi]
bracelete (f) em couro	tali arloji	[tali arloʤi]

pilha (f)	baterai	[bateraj]
descarregar-se	mati	[mati]
trocar a pilha	mengganti baterai	[məŋganti bateraj]
estar adiantado	cepat	[ʧepat]
estar atrasado	terlambat	[tərlambat]

relógio (m) de parede	jam dinding	[ʤⁱam dindiŋ]
ampulheta (f)	jam pasir	[ʤⁱam pasir]
relógio (m) de sol	jam matahari	[ʤⁱam matahari]
despertador (m)	weker	[weker]
relojoeiro (m)	tukang jam	[tukaŋ ʤⁱam]
reparar (vt)	mereparasi, memperbaiki	[mereparasi], [memperbajki]

Alimentação. Nutrição

44. Comida

carne (f)	daging	[dagiŋ]
galinha (f)	ayam	[ajam]
frango (m)	anak ayam	[ana' ajam]
pato (m)	bebek	[bebe']
ganso (m)	angsa	[aŋsa]
caça (f)	binatang buruan	[binataŋ buruan]
peru (m)	kalkun	[kalkun]
carne (f) de porco	daging babi	[dagiŋ babi]
carne (f) de vitela	daging anak sapi	[dagiŋ ana' sapi]
carne (f) de carneiro	daging domba	[dagiŋ domba]
carne (f) de vaca	daging sapi	[dagiŋ sapi]
carne (f) de coelho	kelinci	[kelintʃi]
chouriço, salsichão (m)	sosis	[sosis]
salsicha (f)	sosis	[sosis]
bacon (m)	bakon	[beykon]
fiambre (f)	ham, daging kornet	[ham], [dagiŋ kornet]
presunto (m)	ham	[ham]
patê (m)	pasta	[pasta]
fígado (m)	hati	[hati]
carne (f) moída	daging giling	[dagiŋ giliŋ]
língua (f)	lidah	[lidah]
ovo (m)	telur	[telur]
ovos (m pl)	telur	[telur]
clara (f) do ovo	putih telur	[putih telur]
gema (f) do ovo	kuning telur	[kuniŋ telur]
peixe (m)	ikan	[ikan]
mariscos (m pl)	makanan laut	[makanan laut]
crustáceos (m pl)	krustasea	[krustasea]
caviar (m)	caviar	[kaviar]
caranguejo (m)	kepiting	[kepitiŋ]
camarão (m)	udang	[udaŋ]
ostra (f)	tiram	[tiram]
lagosta (f)	lobster berduri	[lobster bərduri]
polvo (m)	gurita	[gurita]
lula (f)	cumi-cumi	[tʃumi-tʃumi]
esturjão (m)	ikan sturgeon	[ikan sturdʒʲen]
salmão (m)	salmon	[salmon]
halibute (m)	ikan turbot	[ikan turbot]
bacalhau (m)	ikan kod	[ikan kod]

cavala, sarda (f)	ikan kembung	[ikan kembuŋ]
atum (m)	tuna	[tuna]
enguia (f)	belut	[belut]
truta (f)	ikan forel	[ikan forel]
sardinha (f)	sarden	[sarden]
lúcio (m)	ikan pike	[ikan paik]
arenque (m)	ikan haring	[ikan hariŋ]
pão (m)	roti	[roti]
queijo (m)	keju	[kedʒiu]
açúcar (m)	gula	[gula]
sal (m)	garam	[garam]
arroz (m)	beras, nasi	[beras], [nasi]
massas (f pl)	makaroni	[makaroni]
talharim (m)	mi	[mi]
manteiga (f)	mentega	[məntega]
óleo (m) vegetal	minyak nabati	[minja' nabati]
óleo (m) de girassol	minyak bunga matahari	[minja' buŋa matahari]
margarina (f)	margarin	[margarin]
azeitonas (f pl)	buah zaitun	[buah zajtun]
azeite (m)	minyak zaitun	[minja' zajtun]
leite (m)	susu	[susu]
leite (m) condensado	susu kental	[susu kental]
iogurte (m)	yogurt	[yogurt]
nata (f) azeda	krim asam	[krim asam]
nata (f) do leite	krim, kepala susu	[krim], [kepala susu]
maionese (f)	mayones	[majones]
creme (m)	krim	[krim]
grãos (m pl) de cereais	menir	[menir]
farinha (f)	tepung	[tepuŋ]
enlatados (m pl)	makanan kalengan	[makanan kaleŋan]
flocos (m pl) de milho	emping jagung	[empiŋ dʒiagun]
mel (m)	madu	[madu]
doce (m)	selai	[selaj]
pastilha (f) elástica	permen karet	[pərmen karet]

45. Bebidas

água (f)	air	[air]
água (f) potável	air minum	[air minum]
água (f) mineral	air mineral	[air mineral]
sem gás	tanpa gas	[tanpa gas]
gaseificada	berkarbonasi	[bərkarbonasi]
com gás	bergas	[bərgas]
gelo (m)	es	[es]

com gelo	dengan es	[deŋan es]
sem álcool	tanpa alkohol	[tanpa alkohol]
bebida (f) sem álcool	minuman ringan	[minuman riŋan]
refresco (m)	minuman penygar	[minuman penigar]
limonada (f)	limun	[limun]
bebidas (f pl) alcoólicas	minoman beralkohol	[minoman beralkohol]
vinho (m)	anggur	[aŋgur]
vinho (m) branco	anggur putih	[aŋgur putih]
vinho (m) tinto	anggur merah	[aŋgur merah]
licor (m)	likeur	[likeur]
champanhe (m)	sampanye	[sampanje]
vermute (m)	vermouth	[vermut]
uísque (m)	wiski	[wiski]
vodka (f)	vodka	[vodka]
gim (m)	jin, jenewer	[dʒin], [dʒˈenewer]
conhaque (m)	konyak	[konjaʔ]
rum (m)	rum	[rum]
café (m)	kopi	[kopi]
café (m) puro	kopi pahit	[kopi pahit]
café (m) com leite	kopi susu	[kopi susu]
cappuccino (m)	cappuccino	[kaputʃino]
café (m) solúvel	kopi instan	[kopi instan]
leite (m)	susu	[susu]
coquetel (m)	koktail	[koktajl]
batido (m) de leite	susu kocok	[susu kotʃoʔ]
sumo (m)	jus	[dʒˈus]
sumo (m) de tomate	jus tomat	[dʒˈus tomat]
sumo (m) de laranja	jus jeruk	[dʒˈus dʒˈeruʔ]
sumo (m) fresco	jus peras	[dʒˈus peras]
cerveja (f)	bir	[bir]
cerveja (f) clara	bir putih	[bir putih]
cerveja (f) preta	bir hitam	[bir hitam]
chá (m)	teh	[teh]
chá (m) preto	teh hitam	[teh hitam]
chá (m) verde	teh hijau	[teh hidʒˈau]

46. Vegetais

legumes (m pl)	sayuran	[sajuran]
verduras (f pl)	sayuran hijau	[sajuran hidʒˈau]
tomate (m)	tomat	[tomat]
pepino (m)	mentimun, ketimun	[məntimun], [ketimun]
cenoura (f)	wortel	[wortel]
batata (f)	kentang	[kentaŋ]
cebola (f)	bawang	[bawaŋ]

alho (m)	bawang putih	[bawaŋ putih]
couve (f)	kol	[kol]
couve-flor (f)	kembang kol	[kembaŋ kol]
couve-de-bruxelas (f)	kol Brussels	[kol brusels]
brócolos (m pl)	brokoli	[brokoli]
beterraba (f)	ubi bit merah	[ubi bit merah]
beringela (f)	terung, terong	[teruŋ], [teroŋ]
curgete (f)	labu siam	[labu siam]
abóbora (f)	labu	[labu]
nabo (m)	turnip	[turnip]
salsa (f)	peterseli	[peterseli]
funcho, endro (m)	adas sowa	[adas sowa]
alface (f)	selada	[selada]
aipo (m)	seledri	[seledri]
espargo (m)	asparagus	[asparagus]
espinafre (m)	bayam	[bajam]
ervilha (f)	kacang polong	[katʃaŋ poloŋ]
fava (f)	kacang-kacangan	[katʃaŋ-katʃaŋan]
milho (m)	jagung	[dʒʲaguŋ]
feijão (m)	kacang buncis	[katʃaŋ buntʃis]
pimentão (m)	cabai	[tʃabaj]
rabanete (m)	radis	[radis]
alcachofra (f)	artisyok	[artiʃoʔ]

47. Frutos. Nozes

fruta (f)	buah	[buah]
maçã (f)	apel	[apel]
pera (f)	pir	[pir]
limão (m)	jeruk sitrun	[dʒʲeruʔ sitrun]
laranja (f)	jeruk manis	[dʒʲeruʔ manis]
morango (m)	stroberi	[stroberi]
tangerina (f)	jeruk mandarin	[dʒʲeruʔ mandarin]
ameixa (f)	plum	[plum]
pêssego (m)	persik	[persiʔ]
damasco (m)	aprikot	[aprikot]
framboesa (f)	buah frambus	[buah frambus]
ananás (m)	nanas	[nanas]
banana (f)	pisang	[pisaŋ]
melancia (f)	semangka	[semaŋka]
uva (f)	buah anggur	[buah aŋgur]
ginja (f)	buah ceri asam	[buah tʃeri asam]
cereja (f)	buah ceri manis	[buah tʃeri manis]
meloa (f)	melon	[melon]
toranja (f)	jeruk Bali	[dʒʲeruʔ bali]
abacate (m)	avokad	[avokad]
papaia (f)	pepaya	[pepaja]

| manga (f) | mangga | [maŋga] |
| romã (f) | buah delima | [buah delima] |

groselha (f) vermelha	redcurrant	[redkaren]
groselha (f) preta	blackcurrant	[ble'karen]
groselha (f) espinhosa	buah arbei hijau	[buah arbei hidʒiau]
mirtilo (m)	buah bilberi	[buah bilberi]
amora silvestre (f)	beri hitam	[beri hitam]

uvas (f pl) passas	kismis	[kismis]
figo (m)	buah ara	[buah ara]
tâmara (f)	buah kurma	[buah kurma]

amendoim (m)	kacang tanah	[katʃaŋ tanah]
amêndoa (f)	badam	[badam]
noz (f)	buah walnut	[buah walnut]
avelã (f)	kacang hazel	[katʃaŋ hazel]
coco (m)	buah kelapa	[buah kelapa]
pistáchios (m pl)	badam hijau	[badam hidʒiau]

48. Pão. Bolaria

pastelaria (f)	kue-mue	[kue-mue]
pão (m)	roti	[roti]
bolacha (f)	biskuit	[biskuit]

chocolate (m)	cokelat	[tʃokelat]
de chocolate	cokelat	[tʃokelat]
rebuçado (m)	permen	[pərmen]
bolo (cupcake, etc.)	kue	[kue]
bolo (m) de aniversário	kue tar	[kue tar]

| tarte (~ de maçã) | pai | [pai] |
| recheio (m) | inti | [inti] |

doce (m)	selai buah utuh	[selaj buah utuh]
geleia (f) de frutas	marmelade	[marmelade]
waffle (m)	wafel	[wafel]
gelado (m)	es krim	[es krim]
pudim (m)	puding	[pudiŋ]

49. Pratos cozinhados

prato (m)	masakan, hidangan	[masakan], [hidaŋan]
cozinha (~ portuguesa)	masakan	[masakan]
receita (f)	resep	[resep]
porção (f)	porsi	[porsi]

salada (f)	salada	[salada]
sopa (f)	sup	[sup]
caldo (m)	kaldu	[kaldu]
sandes (f)	roti lapis	[roti lapis]

ovos (m pl) estrelados	telur mata sapi	[telur mata sapi]
hambúrguer (m)	hamburger	[hamburger]
bife (m)	bistik	[bistiʔ]
conduto (m)	lauk	[lauʔ]
espaguete (m)	spageti	[spageti]
puré (m) de batata	kentang tumbuk	[kentaŋ tumbuʔ]
pizza (f)	piza	[piza]
papa (f)	bubur	[bubur]
omelete (f)	telur dadar	[telur dadar]
cozido em água	rebus	[rebus]
fumado	asap	[asap]
frito	goreng	[goreŋ]
seco	kering	[keriŋ]
congelado	beku	[beku]
em conserva	marinade	[marinade]
doce (açucarado)	manis	[manis]
salgado	asin	[asin]
frio	dingin	[diŋin]
quente	panas	[panas]
amargo	pahit	[pahit]
gostoso	enak	[enaʔ]
cozinhar (em água a ferver)	merebus	[merebus]
fazer, preparar (vt)	memasak	[memasaʔ]
fritar (vt)	menggoreng	[məŋgoreŋ]
aquecer (vt)	memanaskan	[memanaskan]
salgar (vt)	menggarami	[məŋgarami]
apimentar (vt)	membubuh merica	[membubuh meritʃa]
ralar (vt)	memarut	[memarut]
casca (f)	kulit	[kulit]
descascar (vt)	mengupas	[məŋupas]

50. Especiarias

sal (m)	garam	[garam]
salgado	asin	[asin]
salgar (vt)	menggarami	[məŋgarami]
pimenta (f) preta	merica	[meritʃa]
pimenta (f) vermelha	cabai merah	[tʃabaj merah]
mostarda (f)	mustar	[mustar]
raiz-forte (f)	lobak pedas	[lobaʔ pedas]
condimento (m)	bumbu	[bumbu]
especiaria (f)	rempah-rempah	[rempah-rempah]
molho (m)	saus	[saus]
vinagre (m)	cuka	[tʃuka]
anis (m)	adas manis	[adas manis]
manjericão (m)	selasih	[selasih]

cravo (m)	cengkih	[tʃeŋkih]
gengibre (m)	jahe	[dʒˈahe]
coentro (m)	ketumbar	[ketumbar]
canela (f)	kayu manis	[kaju manis]

sésamo (m)	wijen	[widʒˈen]
folhas (f pl) de louro	daun salam	[daun salam]
páprica (f)	cabai	[tʃabaj]
cominho (m)	jintan	[dʒintan]
açafrão (m)	kuma-kuma	[kuma-kuma]

51. Refeições

| comida (f) | makanan | [makanan] |
| comer (vt) | makan | [makan] |

pequeno-almoço (m)	makan pagi, sarapan	[makan pagi], [sarapan]
tomar o pequeno-almoço	sarapan	[sarapan]
almoço (m)	makan siang	[makan siaŋ]
almoçar (vi)	makan siang	[makan siaŋ]
jantar (m)	makan malam	[makan malam]
jantar (vi)	makan malam	[makan malam]

| apetite (m) | nafsu makan | [nafsu makan] |
| Bom apetite! | Selamat makan! | [selamat makan!] |

| abrir (~ uma lata, etc.) | membuka | [membuka] |
| derramar (vt) | menumpahkan | [mənumpahkan] |

ferver (vi)	mendidih	[məndidih]
ferver (vt)	mendidihkan	[məndidihkan]
fervido	masak	[masaʔ]

| arrefecer (vt) | mendinginkan | [məndiŋinkan] |
| arrefecer-se (vr) | mendingin | [məndiŋin] |

| sabor, gosto (m) | rasa | [rasa] |
| gostinho (m) | nuansa rasa | [nuansa rasa] |

fazer dieta	berdiet	[berdiet]
dieta (f)	diet, pola makan	[diet], [pola makan]
vitamina (f)	vitamin	[vitamin]
caloria (f)	kalori	[kalori]

| vegetariano (m) | vegetarian | [vegetarian] |
| vegetariano | vegetarian | [vegetarian] |

gorduras (f pl)	lemak	[lemaʔ]
proteínas (f pl)	protein	[protein]
carboidratos (m pl)	karbohidrat	[karbohidrat]

fatia (~ de limão, etc.)	irisan	[irisan]
pedaço (~ de bolo)	potongan	[potoŋan]
migalha (f)	remah	[remah]

52. Por a mesa

colher (f)	sendok	[sendoʔ]
faca (f)	pisau	[pisau]
garfo (m)	garpu	[garpu]
chávena (f)	cangkir	[ʧaŋkir]
prato (m)	piring	[piriŋ]
pires (m)	alas cangkir	[alas ʧaŋkir]
guardanapo (m)	serbet	[serbet]
palito (m)	tusuk gigi	[tusuʔ gigi]

53. Restaurante

restaurante (m)	restoran	[restoran]
café (m)	warung kopi	[waruŋ kopi]
bar (m), cervejaria (f)	bar	[bar]
salão (m) de chá	warung teh	[waruŋ teh]
empregado (m) de mesa	pelayan lelaki	[pelajan lelaki]
empregada (f) de mesa	pelayan perempuan	[pelajan perempuan]
barman (m)	pelayan bar	[pelajan bar]
ementa (f)	menu	[menu]
lista (f) de vinhos	daftar anggur	[daftar aŋgur]
reservar uma mesa	memesan meja	[memesan medʒʲa]
prato (m)	masakan, hidangan	[masakan], [hidaŋan]
pedir (vt)	memesan	[memesan]
fazer o pedido	memesan	[memesan]
aperitivo (m)	aperitif	[aperitif]
entrada (f)	makanan ringan	[makanan riŋan]
sobremesa (f)	hidangan penutup	[hidaŋan penutup]
conta (f)	bon	[bon]
pagar a conta	membayar bon	[membajar bon]
dar o troco	memberikan uang kembalian	[memberikan uaŋ kembalian]
gorjeta (f)	tip	[tip]

Família, parentes e amigos

54. Informação pessoal. Formulários

nome (m)	nama, nama depan	[nama], [nama depan]
apelido (m)	nama keluarga	[nama keluarga]
data (f) de nascimento	tanggal lahir	[taŋgal lahir]
local (m) de nascimento	tempat lahir	[tempat lahir]
nacionalidade (f)	kebangsaan	[kebaŋsa'an]
lugar (m) de residência	tempat tinggal	[tempat tiŋgal]
país (m)	negara, negeri	[negara], [negeri]
profissão (f)	profesi	[profesi]
sexo (m)	jenis kelamin	[dʒ'enis kelamin]
estatura (f)	tinggi badan	[tiŋgi badan]
peso (m)	berat	[berat]

55. Membros da família. Parentes

mãe (f)	ibu	[ibu]
pai (m)	ayah	[ajah]
filho (m)	anak lelaki	[ana' lelaki]
filha (f)	anak perempuan	[ana' pərempuan]
filha (f) mais nova	anak perempuan bungsu	[ana' pərempuan buŋsu]
filho (m) mais novo	anak lelaki bungsu	[ana' lelaki buŋsu]
filha (f) mais velha	anak perempuan sulung	[ana' pərempuan suluŋ]
filho (m) mais velho	anak lelaki sulung	[ana' lelaki suluŋ]
irmão (m)	saudara lelaki	[saudara lelaki]
irmão (m) mais velho	kakak lelaki	[kaka' lelaki]
irmão (m) mais novo	adik lelaki	[adi' lelaki]
irmã (f)	saudara perempuan	[saudara pərempuan]
irmã (f) mais velha	kakak perempuan	[kaka' pərempuan]
irmã (f) mais nova	adik perempuan	[adi' pərempuan]
primo (m)	sepupu lelaki	[sepupu lelaki]
prima (f)	sepupu perempuan	[sepupu pərempuan]
mamã (f)	mama, ibu	[mama], [ibu]
papá (m)	papa, ayah	[papa], [ajah]
pais (pl)	orang tua	[oraŋ tua]
criança (f)	anak	[ana']
crianças (f pl)	anak-anak	[ana'-ana']
avó (f)	nenek	[nene']
avô (m)	kakek	[kake']

neto (m)	cucu laki-laki	[ʧuʧu laki-laki]
neta (f)	cucu perempuan	[ʧuʧu pərempuan]
netos (pl)	cucu	[ʧuʧu]

tio (m)	paman	[paman]
tia (f)	bibi	[bibi]
sobrinho (m)	keponakan laki-laki	[keponakan laki-laki]
sobrinha (f)	keponakan perempuan	[keponakan pərempuan]

sogra (f)	ibu mertua	[ibu mertua]
sogro (m)	ayah mertua	[ajah mertua]
genro (m)	menantu laki-laki	[mənantu laki-laki]
madrasta (f)	ibu tiri	[ibu tiri]
padrasto (m)	ayah tiri	[ajah tiri]

criança (f) de colo	bayi	[baji]
bebé (m)	bayi	[baji]
menino (m)	bocah cilik	[boʧah ʧili']

mulher (f)	istri	[istri]
marido (m)	suami	[suami]
esposo (m)	suami	[suami]
esposa (f)	istri	[istri]

casado	menikah, beristri	[mənikah], [bəristri]
casada	menikah, bersuami	[mənikah], [bərsuami]
solteiro	bujang	[budʒiaŋ]
solteirão (m)	bujang	[budʒiaŋ]
divorciado	bercerai	[bərʧeraj]
viúva (f)	janda	[dʒianda]
viúvo (m)	duda	[duda]

parente (m)	kerabat	[kerabat]
parente (m) próximo	kerabat dekat	[kerabat dekat]
parente (m) distante	kerabat jauh	[kerabat dʒiauh]
parentes (m pl)	kerabat, sanak saudara	[kerabat], [sana' saudara]

órfão (m), órfã (f)	yatim piatu	[yatim piatu]
tutor (m)	wali	[wali]
adotar (um filho)	mengadopsi	[məŋadopsi]
adotar (uma filha)	mengadopsi	[məŋadopsi]

56. Amigos. Colegas de trabalho

amigo (m)	sahabat	[sahabat]
amiga (f)	sahabat	[sahabat]
amizade (f)	persahabatan	[pərsahabatan]
ser amigos	bersahabat	[bərsahabat]

amigo (m)	teman	[teman]
amiga (f)	teman	[teman]
parceiro (m)	mitra	[mitra]
chefe (m)	atasan	[atasan]
superior (m)	atasan	[atasan]

proprietário (m)	pemilik	[pemili']
subordinado (m)	bawahan	[bawahan]
colega (m)	kolega	[kolega]

conhecido (m)	kenalan	[kenalan]
companheiro (m) de viagem	rekan seperjalanan	[rekan seperdʒalanan]
colega (m) de classe	teman sekelas	[teman sekelas]

vizinho (m)	tetangga	[tetaŋga]
vizinha (f)	tetangga	[tetaŋga]
vizinhos (pl)	para tetangga	[para tetaŋga]

57. Homem. Mulher

mulher (f)	perempuan, wanita	[pərempuan], [wanita]
rapariga (f)	gadis	[gadis]
noiva (f)	mempelai perempuan	[mempelaj pərempuan]

bonita	cantik	[ʧanti']
alta	tinggi	[tiŋgi]
esbelta	ramping	[rampiŋ]
de estatura média	pendek	[pende']

| loura (f) | orang berambut pirang | [oraŋ bərambut piraŋ] |
| morena (f) | orang berambut cokelat | [oraŋ bərambut ʧokelat] |

de senhora	wanita	[wanita]
virgem (f)	perawan	[pərawan]
grávida	hamil	[hamil]

homem (m)	laki-laki, pria	[laki-laki], [pria]
louro (m)	orang berambut pirang	[oraŋ bərambut piraŋ]
moreno (m)	orang berambut cokelat	[oraŋ bərambut ʧokelat]
alto	tinggi	[tiŋgi]
de estatura média	pendek	[pende']

rude	kasar	[kasar]
atarracado	kekar	[kekar]
robusto	tegap	[tegap]
forte	kuat	[kuat]
força (f)	kekuatan	[kekuatan]

gordo	gemuk	[gemu']
moreno	berkulit hitam	[bərkulit hitam]
esbelto	ramping	[rampiŋ]
elegante	anggun	[aŋgun]

58. Idade

idade (f)	umur	[umur]
juventude (f)	usia muda	[usia muda]
jovem	muda	[muda]

| mais novo | lebih muda | [lebih muda] |
| mais velho | lebih tua | [lebih tua] |

jovem (m)	pemuda	[pemuda]
adolescente (m)	remaja	[remadʒⁱa]
rapaz (m)	cowok	[tʃowoʔ]

| velho (m) | lelaki tua | [lelaki tua] |
| velhota (f) | perempuan tua | [pərempuan tua] |

adulto	dewasa	[dewasa]
de meia-idade	paruh baya	[paruh baja]
idoso, de idade	lansia	[lansia]
velho	tua	[tua]

reforma (f)	pensiun	[pensiun]
reformar-se (vr)	pensiun	[pensiun]
reformado (m)	pensiunan	[pensiunan]

59. Crianças

criança (f)	anak	[anaʔ]
crianças (f pl)	anak-anak	[anaʔ-anaʔ]
gémeos (m pl)	kembar	[kembar]

berço (m)	buaian	[buajan]
guizo (m)	ocehan	[otʃehan]
fralda (f)	popok	[popoʔ]

chupeta (f)	dot	[dot]
carrinho (m) de bebé	kereta bayi	[kereta baji]
jardim (m) de infância	taman kanak-kanak	[taman kanaʔ-kanaʔ]
babysitter (f)	pengasuh anak	[peŋasuh anaʔ]

infância (f)	masa kanak-kanak	[masa kanaʔ-kanaʔ]
boneca (f)	boneka	[boneka]
brinquedo (m)	mainan	[majnan]
jogo (m) de armar	alat permainan bongkah	[alat pərmajnan boŋkah]

bem-educado	beradab	[bəradab]
mal-educado	biadab	[biadab]
mimado	manja	[mandʒⁱa]

ser travesso	nakal	[nakal]
travesso, traquinas	nakal	[nakal]
travessura (f)	kenakalan	[kenakalan]
criança (f) travessa	anak nakal	[anaʔ nakal]

| obediente | patuh | [patuh] |
| desobediente | tidak patuh | [tidaʔ patuh] |

dócil	penurut	[penurut]
inteligente	pandai, pintar	[pandaj], [pintar]
menino (m) prodígio	anak ajaib	[anaʔ adʒⁱajb]

60. Casais. Vida de família

beijar (vt)	mencium	[mənʧium]
beijar-se (vr)	berciuman	[bərʧiuman]
família (f)	keluarga	[keluarga]
familiar	keluarga	[keluarga]
casal (m)	pasangan	[pasaŋan]
matrimónio (m)	pernikahan	[pərnikahan]
lar (m)	rumah tangga	[rumah taŋga]
dinastia (f)	dinasti	[dinasti]

encontro (m)	kencan	[kenʧan]
beijo (m)	ciuman	[ʧiuman]

amor (m)	cinta	[ʧinta]
amar (vt)	mencintai	[mənʧintaj]
amado, querido	kekasih	[kekasih]

ternura (f)	kelembutan	[kelembutan]
terno, afetuoso	lembut	[lembut]
fidelidade (f)	kesetiaan	[kesetia'an]
fiel	setia	[setia]
cuidado (m)	perhatian	[pərhatian]
carinhoso	penuh perhatian	[penuh pərhatian]

recém-casados (m pl)	pengantin baru	[peŋantin baru]
lua de mel (f)	bulan madu	[bulan madu]
casar-se (com um homem)	menikah, bersuami	[mənikah], [bərsuami]
casar-se (com uma mulher)	menikah, beristri	[mənikah], [bəristri]

boda (f)	pernikahan	[pərnikahan]
bodas (f pl) de ouro	pernikahan emas	[pərnikahan emas]
aniversário (m)	hari jadi, HUT	[hari dʒʲadi], [ha-u-te]

amante (m)	pria idaman lain	[pria idaman lajn]
amante (f)	wanita idaman lain	[wanita idaman lajn]

adultério (m)	perselingkuhan	[pərseliŋkuhan]
cometer adultério	berselingkuh dari ...	[bərseliŋkuh dari ...]
ciumento	cemburu	[ʧemburu]
ser ciumento	cemburu	[ʧemburu]
divórcio (m)	perceraian	[pərʧerajan]
divorciar-se (vr)	bercerai	[bərʧeraj]

brigar (discutir)	bertengkar	[bərteŋkar]
fazer as pazes	berdamai	[bərdamaj]
juntos	bersama	[bərsama]
sexo (m)	seks	[seks]

felicidade (f)	kebahagiaan	[kebahagia'an]
feliz	berbahagia	[bərbahagia]
infelicidade (f)	kemalangan	[kemalaŋan]
infeliz	malang	[malaŋ]

Caráter. Sentimentos. Emoções

61. Sentimentos. Emoções

sentimento (m)	perasaan	[pərasa'an]
sentimentos (m pl)	perasaan	[pərasa'an]
sentir (vt)	merasa	[merasa]
fome (f)	kelaparan	[kelaparan]
ter fome	lapar	[lapar]
sede (f)	kehausan	[kehausan]
ter sede	haus	[haus]
sonolência (f)	kantuk	[kantu']
estar sonolento	mengantuk	[məŋantu']
cansaço (m)	rasa lelah	[rasa lelah]
cansado	lelah	[lelah]
ficar cansado	lelah	[lelah]
humor (m)	suasana hati	[suasana hati]
tédio (m)	kebosanan	[kebosanan]
aborrecer-se (vr)	bosan	[bosan]
isolamento (m)	kesendirian	[kesendirian]
isolar-se	menyendiri	[mənjendiri]
preocupar (vt)	membuat khawatir	[membuat hawatir]
preocupar-se (vr)	khawatir	[hawatir]
preocupação (f)	kekhawatiran	[kehawatiran]
ansiedade (f)	kegelisahan	[kegelisahan]
preocupado	prihatin	[prihatin]
estar nervoso	gugup, gelisah	[gugup], [gelisah]
entrar em pânico	panik	[pani']
esperança (f)	harapan	[harapan]
esperar (vt)	berharap	[bərharap]
certeza (f)	kepastian	[kepastian]
certo	pasti	[pasti]
indecisão (f)	ketidakpastian	[ketidakpastian]
indeciso	tidak pasti	[tida' pasti]
ébrio, bêbado	mabuk	[mabu']
sóbrio	sadar, tidak mabuk	[sadar], [tida' mabu']
fraco	lemah	[lemah]
feliz	berbahagia	[bərbahagia]
assustar (vt)	menakuti	[mənakuti]
fúria (f)	kemarahan	[kemarahan]
ira, raiva (f)	kemarahan	[kemarahan]
depressão (f)	depresi	[depresi]
desconforto (m)	ketidaknyamanan	[ketidaknjamanan]

conforto (m)	**kenyamanan**	[kenjamanan]
arrepender-se (vr)	**menyesal**	[mənjesal]
tristeza (f)	**kekesalan**	[kekesalan]

vergonha (f)	**rasa malu**	[rasa malu]
alegria (f)	**kegirangan**	[kegiraŋan]
entusiasmo (m)	**antusiasme**	[antusiasme]
entusiasta (m)	**antusias**	[antusias]
mostrar entusiasmo	**memperlihatkan antusiasme**	[memperlihatkan antusiasme]

62. Caráter. Personalidade

caráter (m)	**watak**	[wataʔ]
falha (f) de caráter	**kepincangan**	[kepintʃaŋan]
mente (f)	**otak**	[otaʔ]
razão (f)	**akal**	[akal]

consciência (f)	**nurani**	[nurani]
hábito (m)	**kebiasaan**	[kebiasaʔan]
habilidade (f)	**kemampuan, bakat**	[kemampuan], [bakat]
saber (~ nadar, etc.)	**dapat**	[dapat]

paciente	**sabar**	[sabar]
impaciente	**tidak sabar**	[tidaʔ sabar]
curioso	**ingin tahu**	[iŋin tahu]
curiosidade (f)	**rasa ingin tahu**	[rasa iŋin tahu]

modéstia (f)	**kerendahan hati**	[kerendahan hati]
modesto	**rendah hati**	[rendah hati]
imodesto	**tidak tahu malu**	[tidaʔ tahu malu]

preguiça (f)	**kemalasan**	[kemalasan]
preguiçoso	**malas**	[malas]
preguiçoso (m)	**pemalas**	[pemalas]

astúcia (f)	**kelicikan**	[kelitʃikan]
astuto	**licik**	[litʃiʔ]
desconfiança (f)	**ketidakpercayaan**	[ketidakpertʃajaʔan]
desconfiado	**tidak percaya**	[tidaʔ pərtʃaja]

generosidade (f)	**kemurahan hati**	[kemurahan hati]
generoso	**murah hati**	[murah hati]
talentoso	**berbakat**	[bərbakat]
talento (m)	**bakat**	[bakat]

corajoso	**berani**	[bərani]
coragem (f)	**keberanian**	[keberanian]
honesto	**jujur**	[dʒʲudʒʲur]
honestidade (f)	**kejujuran**	[kedʒʲudʒʲuran]

prudente	**berhati-hati**	[bərhati-hati]
valente	**berani**	[bərani]
sério	**serius**	[serius]

severo	keras	[keras]
decidido	tegas	[tegas]
indeciso	ragu-ragu	[ragu-ragu]
tímido	malu	[malu]
timidez (f)	sifat pemalu	[sifat pemalu]

confiança (f)	kepercayaan	[kepertʃaja'an]
confiar (vt)	percaya	[pərtʃaja]
crédulo	mudah percaya	[mudah pərtʃaja]

sinceramente	ikhlas	[ihlas]
sincero	ikhlas	[ihlas]
sinceridade (f)	keikhlasan	[keihlasan]
aberto	terbuka	[tərbuka]

calmo	tenang	[tenaŋ]
franco	terus terang	[terus təraŋ]
ingénuo	naif	[naif]
distraído	lalai	[lalaj]
engraçado	lucu	[lutʃu]

ganância (f)	kerakusan	[kerakusan]
ganancioso	rakus	[rakus]
avarento	pelit, kikir	[pelit], [kikir]
mau	jahat	[dʒ'ahat]
teimoso	keras kepala, degil	[keras kepala], [degil]
desagradável	tidak menyenangkan	[tida' menjenaŋkan]

egoísta (m)	egois	[egois]
egoísta	egoistis	[egoistis]
cobarde (m)	penakut	[penakut]
cobarde	penakut	[penakut]

63. O sono. Sonhos

dormir (vi)	tidur	[tidur]
sono (m)	tidur	[tidur]
sonho (m)	mimpi	[mimpi]
sonhar (vi)	bermimpi	[bərmimpi]
sonolento	mengantuk	[məŋantu']

cama (f)	ranjang	[randʒ'aŋ]
colchão (m)	kasur	[kasur]
cobertor (m)	selimut	[selimut]
almofada (f)	bantal	[bantal]
lençol (m)	seprai	[sepraj]

insónia (f)	insomnia	[insomnia]
insone	tanpa tidur	[tanpa tidur]
sonífero (m)	obat tidur	[obat tidur]
tomar um sonífero	meminum obat tidur	[meminum obat tidur]

| estar sonolento | mengantuk | [məŋantu'] |
| bocejar (vi) | menguap | [məŋuap] |

ir para a cama	tidur	[tidur]
fazer a cama	menyiapkan ranjang	[mənjiapkan randʒian]
adormecer (vi)	tertidur	[tərtidur]
pesadelo (m)	mimpi buruk	[mimpi buruʔ]
ronco (m)	dengkuran	[deŋkuran]
roncar (vi)	berdengkur	[bərdeŋkur]
despertador (m)	weker	[weker]
acordar, despertar (vt)	membangunkan	[membaŋunkan]
acordar (vi)	bangun	[baŋun]
levantar-se (vr)	bangun	[baŋun]
lavar-se (vr)	mencuci muka	[məntʃutʃi muka]

64. Humor. Riso. Alegria

humor (m)	humor	[humor]
sentido (m) de humor	rasa humor	[rasa humor]
divertir-se (vr)	bersukaria	[bərsukaria]
alegre	riang, gembira	[riaŋ], [gembira]
alegria (f)	keriangan, kegembiraan	[keriaŋan], [kegembira'an]
sorriso (m)	senyuman	[senyuman]
sorrir (vi)	tersenyum	[tərsenyum]
começar a rir	tertawa	[tərtawa]
rir (vi)	tertawa	[tərtawa]
riso (m)	gelak tawa	[gela' tawa]
anedota (f)	anekdot, lelucon	[anekdot], [lelutʃon]
engraçado	lucu	[lutʃu]
ridículo	lucu	[lutʃu]
brincar, fazer piadas	bergurau	[bərgurau]
piada (f)	lelucon	[lelutʃon]
alegria (f)	kegembiraan	[kegembira'an]
regozijar-se (vr)	bergembira	[bərgembira]
alegre	gembira	[gembira]

65. Discussão, conversação. Parte 1

comunicação (f)	komunikasi	[komunikasi]
comunicar-se (vr)	berkomunikasi	[bərkomunikasi]
conversa (f)	pembicaraan	[pembitʃara'an]
diálogo (m)	dialog	[dialog]
discussão (f)	diskusi	[diskusi]
debate (m)	perdebatan	[pərdebatan]
debater (vt)	berdebat	[bərdebat]
interlocutor (m)	lawan bicara	[lawan bitʃara]
tema (m)	topik, tema	[topik], [tema]
ponto (m) de vista	sudut pandang	[sudut pandaŋ]

| opinião (f) | opini, pendapat | [opini], [pendapat] |
| discurso (m) | pidato, tuturan | [pidato], [tuturan] |

discussão (f)	pembicaraan	[pembitʃara'an]
discutir (vt)	membicarakan	[membitʃarakan]
conversa (f)	pembicaraan	[pembitʃara'an]
conversar (vi)	berbicara	[bərbitʃara]
encontro (m)	pertemuan	[pərtemuan]
encontrar-se (vr)	bertemu	[bərtemu]

provérbio (m)	peribahasa	[pəribahasa]
ditado (m)	peribahasa	[pəribahasa]
adivinha (f)	teka-teki	[teka-teki]
dizer uma adivinha	memberi teka-teki	[memberi teka-teki]
senha (f)	kata sandi	[kata sandi]
segredo (m)	rahasia	[rahasia]

juramento (m)	sumpah	[sumpah]
jurar (vi)	bersumpah	[bərsumpah]
promessa (f)	janji	[dʒ'andʒi]
prometer (vt)	berjanji	[bərdʒ'andʒi]

conselho (m)	nasihat	[nasihat]
aconselhar (vt)	menasihati	[mənasihati]
seguir o conselho	mengikuti nasihat	[məŋikuti nasihat]
escutar (~ os conselhos)	mendengar ...	[məndeŋar ...]

novidade, notícia (f)	berita	[berita]
sensação (f)	sensasi	[sensasi]
informação (f)	data, informasi	[data], [informasi]
conclusão (f)	kesimpulan	[kesimpulan]
voz (f)	suara	[suara]
elogio (m)	pujian	[pudʒian]
amável	ramah	[ramah]

palavra (f)	kata	[kata]
frase (f)	frasa	[frasa]
resposta (f)	jawaban	[dʒ'awaban]

| verdade (f) | kebenaran | [kebenaran] |
| mentira (f) | kebohongan | [kebohoŋan] |

pensamento (m)	pikiran	[pikiran]
ideia (f)	ide	[ide]
fantasia (f)	fantasi	[fantasi]

66. Discussão, conversação. Parte 2

estimado	terhormat	[tərhormat]
respeitar (vt)	menghormati	[məŋhormati]
respeito (m)	penghormatan	[peŋhormatan]
Estimado ..., Caro ...	Yth. ... (Yang Terhormat)	[yaŋ tərhormat]
apresentar (vt)	memperkenalkan	[memperkenalkan]
travar conhecimento	berkenalan	[bərkenalan]

intenção (f)	niat	[niat]
tencionar (vt)	berniat	[bərniat]
desejo (m)	pengharapan	[peŋharapan]
desejar (ex. ~ boa sorte)	mengharapkan	[məŋharapkan]

surpresa (f)	keheranan	[keheranan]
surpreender (vt)	mengherankan	[məŋherankan]
surpreender-se (vr)	heran	[heran]

dar (vt)	memberi	[memberi]
pegar (tomar)	mengambil	[məŋambil]
devolver (vt)	mengembalikan	[məŋembalikan]
retornar (vt)	mengembalikan	[məŋembalikan]

desculpar-se (vr)	meminta maaf	[meminta ma'af]
desculpa (f)	permintaan maaf	[pərminta'an ma'af]
perdoar (vt)	memaafkan	[mema'afkan]

falar (vi)	berbicara	[bərbitʃara]
escutar (vt)	mendengarkan	[məndeŋarkan]
ouvir até o fim	mendengar	[məndeŋar]
compreender (vt)	mengerti	[məŋerti]

mostrar (vt)	menunjukkan	[mənundʒⁱu'kan]
olhar para ...	melihat ...	[melihat ...]
chamar (dizer em voz alta o nome)	memanggil	[memaŋgil]
distrair (vt)	mengganggu	[məŋgaŋgu]
perturbar (vt)	mengganggu	[məŋgaŋgu]
entregar (~ em mãos)	menyampaikan	[mənjampajkan]

pedido (m)	permintaan	[pərminta'an]
pedir (ex. ~ ajuda)	meminta	[meminta]
exigência (f)	tuntutan	[tuntutan]
exigir (vt)	menuntut	[mənuntut]

chamar nomes (vt)	mengejek	[məŋedʒⁱe']
zombar (vt)	mencemooh	[məntʃemooh]
zombaria (f)	cemoohan	[tʃemoohan]
alcunha (f)	nama panggilan	[nama paŋgilan]

insinuação (f)	isyarat	[iʃarat]
insinuar (vt)	mengisyaratkan	[məŋiʃaratkan]
subentender (vt)	berarti	[bərarti]

descrição (f)	penggambaran	[peŋgambaran]
descrever (vt)	menggambarkan	[məŋgambarkan]
elogio (m)	pujian	[pudʒian]
elogiar (vt)	memuji	[memudʒi]

desapontamento (m)	kekecewaan	[keketʃewa'an]
desapontar (vt)	mengecewakan	[məŋetʃewakan]
desapontar-se (vr)	kecewa	[ketʃewa]

suposição (f)	dugaan	[duga'an]
supor (vt)	menduga	[mənduga]

| advertência (f) | peringatan | [pəriŋatan] |
| advertir (vt) | memperingatkan | [memperiŋatkan] |

67. Discussão, conversação. Parte 3

| convencer (vt) | meyakinkan | [meyakinkan] |
| acalmar (vt) | menenangkan | [mənenaŋkan] |

silêncio (o ~ é de ouro)	kebisuan	[kebisuan]
ficar em silêncio	membisu	[membisu]
sussurrar (vt)	berbisik	[bərbisiʔ]
sussurro (m)	bisikan	[bisikan]

| francamente | terus terang | [terus təraŋ] |
| a meu ver ... | menurut saya ... | [mənurut saja ...] |

detalhe (~ da história)	detail, perincian	[detajl], [pərintʃian]
detalhado	mendetail	[məndetajl]
detalhadamente	dengan mendetail	[deŋan mendetajl]

| dica (f) | petunjuk | [petundʒʲuʔ] |
| dar uma dica | memberi petunjuk | [memberi petundʒʲuʔ] |

olhar (m)	melihat	[melihat]
dar uma vista de olhos	melihat	[melihat]
fixo (olhar ~)	kaku	[kaku]
piscar (vi)	berkedip	[bərkedip]
pestanejar (vt)	mengedipkan mata	[məŋedipkan mata]
acenar (com a cabeça)	mengangguk	[məŋaŋguʔ]

suspiro (m)	desah	[desah]
suspirar (vi)	mendesah	[məndesah]
estremecer (vi)	tersentak	[tərsentaʔ]
gesto (m)	gerak tangan	[geraʔ taŋan]
tocar (com as mãos)	menyentuh	[mənjentuh]
agarrar (~ pelo braço)	memegang	[memegaŋ]
bater de leve	menepuk	[mənepuʔ]

Cuidado!	Awas! Hati-hati!	[awas!], [hati-hati!]
A sério?	Sungguh?	[suŋguh?]
Tem certeza?	Kamu yakin?	[kamu yakin?]
Boa sorte!	Semoga behasil!	[semoga behasil!]
Compreendi!	Begitu!	[begitu!]
Que pena!	Sayang sekali!	[sajaŋ sekali!]

68. Acordo. Recusa

consentimento (~ mútuo)	persetujuan	[pərsetudʒʲuan]
consentir (vi)	setuju, ijin	[setudʒʲu], [idʒin]
aprovação (f)	persetujuan	[pərsetudʒʲuan]
aprovar (vt)	menyetujui	[mənjetudʒʲui]
recusa (f)	penolakan	[penolakan]

negar-se (vt)	menolak	[mənolaʔ]
Está ótimo!	Bagus!	[bagus!]
Muito bem!	Baiklah! Baik!	[bajklah!], [bajʔ!]
Está bem! De acordo!	Baiklah! Baik!	[bajklah!], [bajʔ!]

proibido	larangan	[laraŋan]
é proibido	dilarang	[dilaraŋ]
é impossível	mustahil	[mustahil]
incorreto	salah	[salah]

rejeitar (~ um pedido)	menolak	[mənolaʔ]
apoiar (vt)	mendukung	[məndukuŋ]
aceitar (desculpas, etc.)	menerima	[mənerima]

confirmar (vt)	mengonfirmasi	[məŋonfirmasi]
confirmação (f)	konfirmasi	[konfirmasi]
permissão (f)	izin	[izin]
permitir (vt)	mengizinkan	[məŋizinkan]
decisão (f)	keputusan	[keputusan]
não dizer nada	membisu	[membisu]

condição (com uma ~)	syarat	[ʃarat]
pretexto (m)	alasan, dalih	[alasan], [dalih]
elogio (m)	pujian	[pudʒian]
elogiar (vt)	memuji	[memudʒi]

69. Sucesso. Boa sorte. Insucesso

êxito, sucesso (m)	sukses, berhasil	[sukses], [bərhasil]
com êxito	dengan sukses	[deŋan sukses]
bem sucedido	sukses, berhasil	[sukses], [bərhasil]

sorte (fortuna)	keberuntungan	[keberuntuŋan]
Boa sorte!	Semoga behasil!	[semoga behasil!]
de sorte	beruntung	[bəruntuŋ]
sortudo, felizardo	beruntung	[bəruntuŋ]

fracasso (m)	kegagalan	[kegagalan]
pouca sorte (f)	kesialan	[kesialan]
azar (m), má sorte (f)	kesialan	[kesialan]

| mal sucedido | gagal | [gagal] |
| catástrofe (f) | gagal total | [gagal total] |

orgulho (m)	kebanggaan	[kebaŋgaʔan]
orgulhoso	bangga	[baŋga]
estar orgulhoso	bangga	[baŋga]

vencedor (m)	pemenang	[pemenaŋ]
vencer (vi)	menang	[menaŋ]
perder (vt)	kalah	[kalah]
tentativa (f)	percobaan	[pərtʃobaʔan]
tentar (vt)	mencoba	[məntʃoba]
chance (m)	kans, peluang	[kans], [peluaŋ]

70. Conflitos. Emoções negativas

grito (m)	teriakan	[təriakan]
gritar (vi)	berteriak	[bərteria']
começar a gritar	berteriak	[bərteria']
discussão (f)	pertengkaran	[pərteŋkaran]
discutir (vt)	bertengkar	[bərteŋkar]
escândalo (m)	pertengkaran	[pərteŋkaran]
criar escândalo	bertengkar	[bərteŋkar]
conflito (m)	konflik	[konfli']
mal-entendido (m)	kesalahpahaman	[kesalahpahaman]
insulto (m)	penghinaan	[peŋhina'an]
insultar (vt)	menghina	[məŋhina]
insultado	terhina	[tərhina]
ofensa (f)	perasaan tersinggung	[pərasa'an tərsiŋguŋ]
ofender (vt)	menyinggung	[mənjiŋguŋ]
ofender-se (vr)	tersinggung	[tərsiŋguŋ]
indignação (f)	kemarahan	[kemarahan]
indignar-se (vr)	marah	[marah]
queixa (f)	komplain, pengaduan	[kompleyn], [peŋaduan]
queixar-se (vr)	mengeluh	[məŋeluh]
desculpa (f)	permintaan maaf	[pərminta'an ma'af]
desculpar-se (vr)	meminta maaf	[meminta ma'af]
pedir perdão	minta maaf	[minta ma'af]
crítica (f)	kritik	[kriti']
criticar (vt)	mengkritik	[məŋkriti']
acusação (f)	tuduhan	[tuduhan]
acusar (vt)	menuduh	[mənuduh]
vingança (f)	dendam	[dendam]
vingar (vt)	membalas dendam	[membalas dendam]
vingar-se (vr)	membalas	[membalas]
desprezo (m)	penghinaan	[peŋhina'an]
desprezar (vt)	benci, membenci	[bentʃi], [membentʃi]
ódio (m)	rasa benci	[rasa bentʃi]
odiar (vt)	membenci	[membentʃi]
nervoso	gugup, grogi	[gugup], [grogi]
estar nervoso	gugup, gelisah	[gugup], [gelisah]
zangado	marah	[marah]
zangar (vt)	membuat marah	[membuat marah]
humilhação (f)	penghinaan	[peŋhina'an]
humilhar (vt)	merendahkan	[merendahkan]
humilhar-se (vr)	merendahkan diri sendiri	[merendahkan diri sendiri]
choque (m)	keterkejutan	[keterkedʒｊutan]
chocar (vt)	mengejutkan	[məŋedʒｊutkan]
aborrecimento (m)	kesulitan	[kesulitan]

desagradável	tidak menyenangkan	[tida' menjenaŋkan]
medo (m)	ketakutan	[ketakutan]
terrível (tempestade, etc.)	dahsyat	[dahʃat]
assustador (ex. história ~a)	menakutkan	[mənakutkan]
horror (m)	horor, ketakutan	[horor], [ketakutan]
horrível (crime, etc.)	buruk, parah	[buruk], [parah]
começar a tremer	gemetar	[gemetar]
chorar (vi)	menangis	[mənaŋis]
começar a chorar	menangis	[mənaŋis]
lágrima (f)	air mata	[air mata]
falta (f)	kesalahan	[kesalahan]
culpa (f)	rasa bersalah	[rasa bərsalah]
desonra (f)	aib	[aib]
protesto (m)	protes	[protes]
stresse (m)	stres	[stres]
perturbar (vt)	mengganggu	[məŋgaŋgu]
zangar-se com …	marah	[marah]
zangado	marah	[marah]
terminar (vt)	menghentikan	[məŋhentikan]
praguejar	menyumpahi	[mənyumpahi]
assustar-se	takut	[takut]
golpear (vt)	memukul	[memukul]
brigar (na rua, etc.)	berkelahi	[bərkelahi]
resolver (o conflito)	menyelesaikan	[mənjelesajkan]
descontente	tidak puas	[tida' puas]
furioso	garam	[garam]
Não está bem!	Tidak baik!	[tida' bai'!]
É mau!	Jelek! Buruk!	[dʒ|ele'!], [buru'!]

Medicina

71. Doenças

doença (f)	penyakit	[penjakit]
estar doente	sakit	[sakit]
saúde (f)	kesehatan	[kesehatan]
nariz (m) a escorrer	hidung meler	[hiduŋ meler]
amigdalite (f)	radang tonsil	[radaŋ tonsil]
constipação (f)	pilek, selesma	[pilek], [selesma]
constipar-se (vr)	masuk angin	[masu' aŋin]
bronquite (f)	bronkitis	[bronkitis]
pneumonia (f)	radang paru-paru	[radaŋ paru-paru]
gripe (f)	flu	[flu]
míope	rabun jauh	[rabun ʤ'auh]
presbita	rabun dekat	[rabun dekat]
estrabismo (m)	mata juling	[mata ʤ'uliŋ]
estrábico	bermata juling	[bərmata ʤ'uliŋ]
catarata (f)	katarak	[katara']
glaucoma (m)	glaukoma	[glaukoma]
AVC (m), apoplexia (f)	stroke	[stroke]
ataque (m) cardíaco	infark	[infar']
enfarte (m) do miocárdio	serangan jantung	[seraŋan ʤ'antuŋ]
paralisia (f)	kelumpuhan	[kelumpuhan]
paralisar (vt)	melumpuhkan	[melumpuhkan]
alergia (f)	alergi	[alergi]
asma (f)	asma	[asma]
diabetes (f)	diabetes	[diabetes]
dor (f) de dentes	sakit gigi	[sakit gigi]
cárie (f)	karies	[karies]
diarreia (f)	diare	[diare]
prisão (f) de ventre	konstipasi, sembelit	[konstipasi], [sembelit]
desarranjo (m) intestinal	gangguan pencernaan	[gaŋuan pentʃarna'an]
intoxicação (f) alimentar	keracunan makanan	[keratʃunan makanan]
intoxicar-se	keracunan makanan	[keratʃunan makanan]
artrite (f)	artritis	[artritis]
raquitismo (m)	rakitis	[rakitis]
reumatismo (m)	rematik	[remati']
arteriosclerose (f)	aterosklerosis	[aterosklerosis]
gastrite (f)	radang perut	[radaŋ pərut]
apendicite (f)	apendisitis	[apendisitis]

| colecistite (f) | radang pundi empedu | [radaŋ pundi empedu] |
| úlcera (f) | tukak lambung | [tuka' lambuŋ] |

sarampo (m)	penyakit campak	[penjakit ʧampa']
rubéola (f)	penyakit campak Jerman	[penjakit ʧampa' dʒⁱerman]
iterícia (f)	sakit kuning	[sakit kuniŋ]
hepatite (f)	hepatitis	[hepatitis]

esquizofrenia (f)	skizofrenia	[skizofrenia]
raiva (f)	rabies	[rabies]
neurose (f)	neurosis	[neurosis]
comoção (f) cerebral	gegar otak	[gegar ota']

cancro (m)	kanker	[kanker]
esclerose (f)	sklerosis	[sklerosis]
esclerose (f) múltipla	sklerosis multipel	[sklerosis multipel]

alcoolismo (m)	alkoholisme	[alkoholisme]
alcoólico (m)	alkoholik	[alkoholi']
sífilis (f)	sifilis	[sifilis]
SIDA (f)	AIDS	[ajds]

tumor (m)	tumor	[tumor]
maligno	ganas	[ganas]
benigno	jinak	[dʒina']

febre (f)	demam	[demam]
malária (f)	malaria	[malaria]
gangrena (f)	gangren	[gaŋren]
enjoo (m)	mabuk laut	[mabu' laut]
epilepsia (f)	epilepsi	[epilepsi]

epidemia (f)	epidemi	[epidemi]
tifo (m)	tifus	[tifus]
tuberculose (f)	tuberkulosis	[tuberkulosis]
cólera (f)	kolera	[kolera]
peste (f)	penyakit pes	[penjakit pes]

72. Sintomas. Tratamentos. Parte 1

sintoma (m)	gejala	[gedʒⁱala]
temperatura (f)	temperatur, suhu	[temperatur], [suhu]
febre (f)	temperatur tinggi	[temperatur tiŋgi]
pulso (m)	denyut nadi	[denyut nadi]

vertigem (f)	rasa pening	[rasa peniŋ]
quente (testa, etc.)	panas	[panas]
calafrio (m)	menggigil	[məŋgigil]
pálido	pucat	[puʧat]

tosse (f)	batuk	[batu']
tossir (vi)	batuk	[batu']
espirrar (vi)	bersin	[bersin]
desmaio (m)	pingsan	[piŋsan]

desmaiar (vi)	jatuh pingsan	[dʒ'atuh piŋsan]
nódoa (f) negra	luka memar	[luka memar]
galo (m)	bengkak	[beŋka']
magoar-se (vr)	terantuk	[tərantu']
pisadura (f)	luka memar	[luka memar]
aleijar-se (vr)	kena luka memar	[kena luka memar]
coxear (vi)	pincang	[pintʃaŋ]
deslocação (f)	keseleo	[keseleo]
deslocar (vt)	keseleo	[keseleo]
fratura (f)	fraktura, patah tulang	[fraktura], [patah tulaŋ]
fraturar (vt)	patah tulang	[patah tulaŋ]
corte (m)	teriris	[təriris]
cortar-se (vr)	teriris	[təriris]
hemorragia (f)	perdarahan	[pərdarahan]
queimadura (f)	luka bakar	[luka bakar]
queimar-se (vr)	menderita luka bakar	[mənderita luka bakar]
picar (vt)	menusuk	[mənusu']
picar-se (vr)	tertusuk	[tərtusu']
lesionar (vt)	melukai	[melukaj]
lesão (m)	cedera	[tʃedera]
ferida (f), ferimento (m)	luka	[luka]
trauma (m)	trauma	[trauma]
delirar (vi)	mengigau	[məŋigau]
gaguejar (vi)	gagap	[gagap]
insolação (f)	sengatan matahari	[seŋatan matahari]

73. Sintomas. Tratamentos. Parte 2

dor (f)	sakit	[sakit]
farpa (no dedo)	selumbar	[selumbar]
suor (m)	keringat	[keriŋat]
suar (vi)	berkeringat	[bərkeriŋat]
vómito (m)	muntah	[muntah]
convulsões (f pl)	kram	[kram]
grávida	hamil	[hamil]
nascer (vi)	lahir	[lahir]
parto (m)	persalinan	[pərsalinan]
dar à luz	melahirkan	[melahirkan]
aborto (m)	aborsi	[aborsi]
respiração (f)	pernapasan	[pərnapasan]
inspiração (f)	tarikan napas	[tarikan napas]
expiração (f)	napas keluar	[napas keluar]
expirar (vi)	mengembuskan napas	[məŋembuskan napas]
inspirar (vi)	menarik napas	[mənari' napas]
inválido (m)	penderita cacat	[penderita tʃatʃat]
aleijado (m)	penderita cacat	[penderita tʃatʃat]

toxicodependente (m)	pecandu narkoba	[petʃandu narkoba]
surdo	tunarungu	[tunaruŋu]
mudo	tunawicara	[tunawitʃara]
surdo-mudo	tunarungu-wicara	[tunaruŋu-witʃara]
louco (adj.)	gila	[gila]
louco (m)	lelaki gila	[lelaki gila]
louca (f)	perempuan gila	[pərempuan gila]
ficar louco	menggila	[məŋgila]
gene (m)	gen	[gen]
imunidade (f)	imunitas	[imunitas]
hereditário	turun-temurun	[turun-temurun]
congénito	bawaan	[bawaʔan]
vírus (m)	virus	[virus]
micróbio (m)	mikroba	[mikroba]
bactéria (f)	bakteri	[bakteri]
infeção (f)	infeksi	[infeksi]

74. Sintomas. Tratamentos. Parte 3

hospital (m)	rumah sakit	[rumah sakit]
paciente (m)	pasien	[pasien]
diagnóstico (m)	diagnosis	[diagnosis]
cura (f)	perawatan	[pərawatan]
tratamento (m) médico	pengobatan medis	[pəŋobatan medis]
curar-se (vr)	berobat	[bərobat]
tratar (vt)	merawat	[merawat]
cuidar (pessoa)	merawat	[merawat]
cuidados (m pl)	pengasuhan	[pəŋasuhan]
operação (f)	operasi, pembedahan	[operasi], [pembedahan]
enfaixar (vt)	membalut	[membalut]
enfaixamento (m)	pembalutan	[pembalutan]
vacinação (f)	vaksinasi	[vaksinasi]
vacinar (vt)	memvaksinasi	[memvaksinasi]
injeção (f)	suntikan	[suntikan]
dar uma injeção	menyuntik	[mənyuntiʔ]
ataque (~ de asma, etc.)	serangan	[seraŋan]
amputação (f)	amputasi	[amputasi]
amputar (vt)	mengamputasi	[məŋamputasi]
coma (f)	koma	[koma]
estar em coma	dalam keadaan koma	[dalam keadaʔan koma]
reanimação (f)	perawatan intensif	[pərawatan intensif]
recuperar-se (vr)	sembuh	[sembuh]
estado (~ de saúde)	keadaan	[keadaʔan]
consciência (f)	kesadaran	[kesadaran]
memória (f)	memori, daya ingat	[memori], [daja iŋat]
tirar (vt)	mencabut	[məntʃabut]

chumbo (m), obturação (f)	tambalan	[tambalan]
chumbar, obturar (vt)	menambal	[mənambal]
hipnose (f)	hipnosis	[hipnosis]
hipnotizar (vt)	menghipnosis	[məŋhipnosis]

75. Médicos

médico (m)	dokter	[dokter]
enfermeira (f)	suster, juru rawat	[suster], [dʒuru rawat]
médico (m) pessoal	dokter pribadi	[dokter pribadi]
dentista (m)	dokter gigi	[dokter gigi]
oculista (m)	dokter mata	[dokter mata]
terapeuta (m)	ahli penyakit dalam	[ahli penjakit dalam]
cirurgião (m)	dokter bedah	[dokter bedah]
psiquiatra (m)	psikiater	[psikiater]
pediatra (m)	dokter anak	[dokter ana']
psicólogo (m)	psikolog	[psikolog]
ginecologista (m)	ginekolog	[ginekolog]
cardiologista (m)	kardiolog	[kardiolog]

76. Medicina. Drogas. Acessórios

medicamento (m)	obat	[obat]
remédio (m)	obat	[obat]
receitar (vt)	meresepkan	[meresepkan]
receita (f)	resep	[resep]
comprimido (m)	pil, tablet	[pil], [tablet]
pomada (f)	salep	[salep]
ampola (f)	ampul	[ampul]
preparado (m)	obat cair	[obat tʃajr]
xarope (m)	sirop	[sirop]
cápsula (f)	pil	[pil]
remédio (m) em pó	bubuk	[bubu']
ligadura (f)	perban	[perban]
algodão (m)	kapas	[kapas]
iodo (m)	iodium	[iodium]
penso (m) rápido	plester obat	[plester obat]
conta-gotas (m)	tetes mata	[tetes mata]
termómetro (m)	termometer	[tərmometər]
seringa (f)	alat suntik	[alat sunti']
cadeira (f) de rodas	kursi roda	[kursi roda]
muletas (f pl)	kruk	[kru']
analgésico (m)	obat bius	[obat bius]
laxante (m)	laksatif, obat pencuci perut	[laksatif], [obat pentʃutʃi pərut]

álcool (m) etílico	spiritus, alkohol	[spiritus], [alkohol]
ervas (f pl) medicinais	tanaman obat	[tanaman obat]
de ervas (chá ~)	herbal	[herbal]

77. Fumar. Produtos tabágicos

tabaco (m)	tembakau	[tembakau]
cigarro (m)	rokok	[roko']
charuto (m)	cerutu	[ʧerutu]
cachimbo (m)	pipa	[pipa]
maço (~ de cigarros)	bungkus	[buŋkus]

fósforos (m pl)	korek api	[kore' api]
caixa (f) de fósforos	kotak korek api	[kota' kore' api]
isqueiro (m)	pemantik	[pemanti']
cinzeiro (m)	asbak	[asba']
cigarreira (f)	selepa	[selepa]

| boquilha (f) | pemegang rokok | [pemegaŋ roko'] |
| filtro (m) | filter | [filter] |

fumar (vi, vt)	merokok	[meroko']
acender um cigarro	menyulut rokok	[mənyulut roko']
tabagismo (m)	merokok	[meroko']
fumador (m)	perokok	[pəroko']

beata (f)	puntung rokok	[puntuŋ roko']
fumo (m)	asap	[asap]
cinza (f)	abu	[abu]

HABITAT HUMANO

Cidade

78. Cidade. Vida na cidade

cidade (f)	kota	[kota]
capital (f)	ibu kota	[ibu kota]
aldeia (f)	desa	[desa]
mapa (m) da cidade	peta kota	[peta kota]
centro (m) da cidade	pusat kota	[pusat kota]
subúrbio (m)	pinggir kota	[piŋgir kota]
suburbano	pinggir kota	[piŋgir kota]
periferia (f)	pinggir	[piŋgir]
arredores (m pl)	daerah sekitarnya	[daerah sekitarnja]
quarteirão (m)	blok	[bloˀ]
quarteirão (m) residencial	blok perumahan	[bloˀ pərumahan]
tráfego (m)	lalu lintas	[lalu lintas]
semáforo (m)	lampu lalu lintas	[lampu lalu lintas]
transporte (m) público	angkot	[aŋkot]
cruzamento (m)	persimpangan	[pərsimpaŋan]
passadeira (f)	penyeberangan	[penjeberaŋan]
passagem (f) subterrânea	terowongan	[tərowoŋan
	penyeberangan	penjeberaŋan]
cruzar, atravessar (vt)	menyeberang	[mənjeberaŋ]
peão (m)	pejalan kaki	[pedʒʲalan kaki]
passeio (m)	trotoar	[trotoar]
ponte (f)	jembatan	[dʒʲembatan]
margem (f) do rio	tepi sungai	[tepi suŋaj]
fonte (f)	air mancur	[air mantʃur]
alameda (f)	jalan kecil	[dʒʲalan ketʃil]
parque (m)	taman	[taman]
bulevar (m)	bulevar, adimarga	[bulevar], [adimarga]
praça (f)	lapangan	[lapaŋan]
avenida (f)	jalan raya	[dʒʲalan raja]
rua (f)	jalan	[dʒʲalan]
travessa (f)	gang	[gaŋ]
beco (m) sem saída	jalan buntu	[dʒʲalan buntu]
casa (f)	rumah	[rumah]
edifício, prédio (m)	gedung	[geduŋ]
arranha-céus (m)	pencakar langit	[pentʃakar laŋit]
fachada (f)	bagian depan	[bagian depan]

telhado (m)	atap	[atap]
janela (f)	jendela	[dʒ'endela]
arco (m)	lengkungan	[leŋkuŋan]
coluna (f)	pilar	[pilar]
esquina (f)	sudut	[sudut]

montra (f)	etalase	[etalase]
letreiro (m)	papan nama	[papan nama]
cartaz (m)	poster	[poster]
cartaz (m) publicitário	poster iklan	[poster iklan]
painel (m) publicitário	papan iklan	[papan iklan]

lixo (m)	sampah	[sampah]
cesta (f) do lixo	tong sampah	[toŋ sampah]
jogar lixo na rua	menyampah	[mənjampah]
aterro (m) sanitário	tempat pemrosesan akhir (TPA)	[tempat pemrosesan ahir]

cabine (f) telefónica	gardu telepon umum	[gardu telepon umum]
candeeiro (m) de rua	tiang lampu	[tiaŋ lampu]
banco (m)	bangku	[baŋku]

polícia (m)	polisi	[polisi]
polícia (instituição)	polisi, kepolisian	[polisi], [kepolisian]
mendigo (m)	pengemis	[peŋemis]
sem-abrigo (m)	tuna wisma	[tuna wisma]

79. Instituições urbanas

loja (f)	toko	[toko]
farmácia (f)	apotek, toko obat	[apotek], [toko obat]
ótica (f)	optik	[opti']
centro (m) comercial	toserba	[toserba]
supermercado (m)	pasar swalayan	[pasar swalajan]

padaria (f)	toko roti	[toko roti]
padeiro (m)	pembuat roti	[pembuat roti]
pastelaria (f)	toko kue	[toko kue]
mercearia (f)	toko pangan	[toko paŋan]
talho (m)	toko daging	[toko dagiŋ]

| loja (f) de legumes | toko sayur | [toko sajur] |
| mercado (m) | pasar | [pasar] |

café (m)	warung kopi	[waruŋ kopi]
restaurante (m)	restoran	[restoran]
bar (m), cervejaria (f)	kedai bir	[kedaj bir]
pizzaria (f)	kedai piza	[kedaj piza]

salão (m) de cabeleireiro	salon rambut	[salon rambut]
correios (m pl)	kantor pos	[kantor pos]
lavandaria (f)	penatu kimia	[penatu kimia]
estúdio (m) fotográfico	studio foto	[studio foto]
sapataria (f)	toko sepatu	[toko sepatu]

livraria (f)	toko buku	[toko buku]
loja (f) de artigos de desporto	toko alat olahraga	[toko alat olahraga]
reparação (f) de roupa	reparasi pakaian	[reparasi pakajan]
aluguer (m) de roupa	rental pakaian	[rental pakajan]
aluguer (m) de filmes	rental film	[rental film]
circo (m)	sirkus	[sirkus]
jardim (m) zoológico	kebun binatang	[kebun binataŋ]
cinema (m)	bioskop	[bioskop]
museu (m)	museum	[museum]
biblioteca (f)	perpustakaan	[pərpustaka'an]
teatro (m)	teater	[teater]
ópera (f)	opera	[opera]
clube (m) noturno	klub malam	[klub malam]
casino (m)	kasino	[kasino]
mesquita (f)	masjid	[masdʒid]
sinagoga (f)	sinagoga, kanisah	[sinagoga], [kanisah]
catedral (f)	katedral	[katedral]
templo (m)	kuil, candi	[kuil], [tʃandi]
igreja (f)	gereja	[geredʒⁱa]
instituto (m)	institut, perguruan tinggi	[institut], [pərguruan tiŋgi]
universidade (f)	universitas	[universitas]
escola (f)	sekolah	[sekolah]
prefeitura (f)	prefektur, distrik	[prefektur], [distri']
câmara (f) municipal	balai kota	[balaj kota]
hotel (m)	hotel	[hotel]
banco (m)	bank	[ban']
embaixada (f)	kedutaan besar	[keduta'an besar]
agência (f) de viagens	kantor pariwisata	[kantor pariwisata]
agência (f) de informações	kantor penerangan	[kantor peneraŋan]
casa (f) de câmbio	kantor penukaran uang	[kantor penukaran uaŋ]
metro (m)	kereta api bawah tanah	[kereta api bawah tanah]
hospital (m)	rumah sakit	[rumah sakit]
posto (m) de gasolina	SPBU, stasiun bensin	[es-pe-be-u], [stasjun bensin]
parque (m) de estacionamento	tempat parkir	[tempat parkir]

80. Sinais

letreiro (m)	papan nama	[papan nama]
inscrição (f)	tulisan	[tulisan]
cartaz, póster (m)	poster	[poster]
sinal (m) informativo	penunjuk arah	[penundʒⁱu' arah]
seta (f)	anak panah	[ana' panah]
aviso (advertência)	peringatan	[pəriŋatan]
sinal (m) de aviso	tanda peringatan	[tanda pəriŋatan]

avisar, advertir (vt)	memperingatkan	[memperiŋatkan]
dia (m) de folga	hari libur	[hari libur]
horário (m)	jadwal	[dʒ'adwal]
horário (m) de funcionamento	jam buka	[dʒam buka]

BEM-VINDOS!	SELAMAT DATANG!	[selamat dataŋ!]
ENTRADA	MASUK	[masuʔ]
SAÍDA	KELUAR	[keluar]

EMPURRE	DORONG	[doroŋ]
PUXE	TARIK	[tariʔ]
ABERTO	BUKA	[buka]
FECHADO	TUTUP	[tutup]

MULHER	WANITA	[wanita]
HOMEM	PRIA	[pria]

DESCONTOS	DISKON	[diskon]
SALDOS	OBRAL	[obral]
NOVIDADE!	BARU!	[baru!]
GRÁTIS	GRATIS	[gratis]

ATENÇÃO!	PERHATIAN!	[pərhatian!]
NÃO HÁ VAGAS	PENUH	[penuh]
RESERVADO	DIRESERVASI	[direservasi]

ADMINISTRAÇÃO	ADMINISTRASI	[administrasi]
SOMENTE PESSOAL AUTORIZADO	KHUSUS STAF	[husus staf]

CUIDADO CÃO FEROZ	AWAS, ANJING GALAK!	[awas], [andʒiŋ galaʔ!]
PROIBIDO FUMAR!	DILARANG MEROKOK!	[dilaraŋ merokoʔ!]
NÃO TOCAR	JANGAN SENTUH!	[dʒ'aŋan sentuh!]

PERIGOSO	BERBAHAYA	[bərbahaja]
PERIGO	BAHAYA	[bahaja]
ALTA TENSÃO	TEGANGAN TINGGI	[tegaŋan tiŋgi]
PROIBIDO NADAR	DILARANG BERENANG!	[dilaraŋ bərenaŋ!]
AVARIADO	RUSAK	[rusaʔ]

INFLAMÁVEL	BAHAN MUDAH TERBAKAR	[bahan mudah terbakar]
PROIBIDO	DILARANG	[dilaraŋ]
ENTRADA PROIBIDA	DILARANG MASUK!	[dilaraŋ masuʔ!]
CUIDADO TINTA FRESCA	AWAS CAT BASAH	[awas tʃat basah]

81. Transportes urbanos

autocarro (m)	bus	[bus]
elétrico (m)	trem	[trem]
troleicarro (m)	bus listrik	[bus listriʔ]
itinerário (m)	trayek	[traeʔ]
número (m)	nomor	[nomor]
ir de ... (carro, etc.)	naik ...	[naiʔ ...]

| entrar (~ no autocarro) | naik | [nai'] |
| descer de … | turun … | [turun …] |

paragem (f)	halte, pemberhentian	[halte], [pemberhentian]
próxima paragem (f)	halte berikutnya	[halte berikutnja]
ponto (m) final	halte terakhir	[halte terahir]
horário (m)	jadwal	[dʒ¦adwal]
esperar (vt)	menunggu	[menuŋgu]

| bilhete (m) | tiket | [tiket] |
| custo (m) do bilhete | harga karcis | [harga karʧis] |

bilheteiro (m)	kasir	[kasir]
controlo (m) dos bilhetes	pemeriksaan tiket	[pemeriksa'an tiket]
revisor (m)	kondektur	[kondektur]

atrasar-se (vr)	terlambat …	[terlambat …]
perder (o autocarro, etc.)	ketinggalan	[ketiŋgalan]
estar com pressa	tergesa-gesa	[tergesa-gesa]

táxi (m)	taksi	[taksi]
taxista (m)	sopir taksi	[sopir taksi]
de táxi (ir ~)	naik taksi	[nai' taksi]
praça (f) de táxis	pangkalan taksi	[paŋkalan taksi]
chamar um táxi	memanggil taksi	[memaŋgil taksi]
apanhar um táxi	menaiki taksi	[menajki taksi]

tráfego (m)	lalu lintas	[lalu lintas]
engarrafamento (m)	kemacetan lalu lintas	[kemaʧetan lalu lintas]
horas (f pl) de ponta	jam sibuk	[dʒ¦am sibu']
estacionar (vi)	parkir	[parkir]
estacionar (vt)	memarkir	[memarkir]
parque (m) de estacionamento	tempat parkir	[tempat parkir]

metro (m)	kereta api bawah tanah	[kereta api bawah tanah]
estação (f)	stasiun	[stasiun]
ir de metro	naik kereta	[nai' kereta
	api bawah tanah	api bawah tanah]

| comboio (m) | kereta api | [kereta api] |
| estação (f) | stasiun kereta api | [stasiun kereta api] |

82. Turismo

monumento (m)	monumen, patung	[monumen], [patuŋ]
fortaleza (f)	benteng	[benteŋ]
palácio (m)	istana	[istana]
castelo (m)	kastil	[kastil]
torre (f)	menara	[menara]
mausoléu (m)	mausoleum	[mausoleum]

arquitetura (f)	arsitektur	[arsitektur]
medieval	abad pertengahan	[abad perteŋahan]
antigo	kuno	[kuno]
nacional	nasional	[nasional]

conhecido	terkenal	[tərkenal]
turista (m)	turis, wisatawan	[turis], [wisatawan]
guia (pessoa)	pemandu wisata	[pemandu wisata]
excursão (f)	ekskursi	[ekskursi]
mostrar (vt)	menunjukkan	[mənundʒⁱuʔkan]
contar (vt)	menceritakan	[məntʃeritakan]

encontrar (vt)	mendapatkan	[məndapatkan]
perder-se (vr)	tersesat	[tərsesat]
mapa (~ do metrô)	denah	[denah]
mapa (~ da cidade)	peta	[peta]

lembrança (f), presente (m)	suvenir	[suvenir]
loja (f) de presentes	toko suvenir	[toko suvenir]
fotografar (vt)	memotret	[memotret]
fotografar-se	berfoto	[bərfoto]

83. Compras

comprar (vt)	membeli	[membeli]
compra (f)	belanjaan	[belandʒⁱaʔan]
fazer compras	berbelanja	[bərbelandʒⁱa]
compras (f pl)	berbelanja	[bərbelandʒⁱa]

| estar aberta (loja, etc.) | buka | [buka] |
| estar fechada | tutup | [tutup] |

calçado (m)	sepatu	[sepatu]
roupa (f)	pakaian	[pakajan]
cosméticos (m pl)	kosmetik	[kosmetiʔ]
alimentos (m pl)	produk makanan	[produʔ makanan]
presente (m)	hadiah	[hadiah]

| vendedor (m) | pramuniaga | [pramuniaga] |
| vendedora (f) | pramuniaga perempuan | [pramuniaga pərempuan] |

caixa (f)	kas	[kas]
espelho (m)	cermin	[tʃermin]
balcão (m)	konter	[konter]
cabine (f) de provas	kamar pas	[kamar pas]

provar (vt)	mengepas	[məŋepas]
servir (vi)	pas, cocok	[pas], [tʃotʃoʔ]
gostar (apreciar)	suka	[suka]

preço (m)	harga	[harga]
etiqueta (f) de preço	label harga	[label harga]
custar (vt)	berharga	[bərharga]
Quanto?	Berapa?	[bərapa?]
desconto (m)	diskon	[diskon]

não caro	tidak mahal	[tidaʔ mahal]
barato	murah	[murah]
caro	mahal	[mahal]

É caro	Ini mahal	[ini mahal]
aluguer (m)	rental, persewaan	[rental], [pərsewaʾan]
alugar (vestidos, etc.)	menyewa	[mənjewa]
crédito (m)	kredit	[kredit]
a crédito	secara kredit	[setʃara kredit]

84. Dinheiro

dinheiro (m)	uang	[uaŋ]
câmbio (m)	pertukaran mata uang	[pərtukaran mata uaŋ]
taxa (f) de câmbio	nilai tukar	[nilaj tukar]
Caixa Multibanco (m)	Anjungan Tunai Mandiri, ATM	[andʒuŋan tunaj mandiri], [a-te-em]
moeda (f)	koin	[koin]

| dólar (m) | dolar | [dolar] |
| euro (m) | euro | [euro] |

lira (f)	lira	[lira]
marco (m)	Mark Jerman	[marʾ dʒˈerman]
franco (m)	franc	[frantʃ]
libra (f) esterlina	poundsterling	[paundsterliŋ]
iene (m)	yen	[yen]

dívida (f)	utang	[utaŋ]
devedor (m)	pengutang	[peŋutaŋ]
emprestar (vt)	meminjamkan	[memindʒˈamkan]
pedir emprestado	meminjam	[memindʒˈam]

banco (m)	bank	[banʾ]
conta (f)	rekening	[rekeniŋ]
depositar (vt)	memasukkan	[memasuʾkan]
depositar na conta	memasukkan ke rekening	[memasuʾkan ke rekeniŋ]
levantar (vt)	menarik uang	[mənariʾ uaŋ]

cartão (m) de crédito	kartu kredit	[kartu kredit]
dinheiro (m) vivo	uang kontan, uang tunai	[uaŋ kontan], [uaŋ tunaj]
cheque (m)	cek	[tʃeʾ]
passar um cheque	menulis cek	[mənulis tʃeʾ]
livro (m) de cheques	buku cek	[buku tʃeʾ]

carteira (f)	dompet	[dompet]
porta-moedas (m)	dompet, pundi-pundi	[dompet], [pundi-pundi]
cofre (m)	brankas	[brankas]

herdeiro (m)	pewaris	[pewaris]
herança (f)	warisan	[warisan]
fortuna (riqueza)	kekayaan	[kekajaʾan]

arrendamento (m)	sewa	[sewa]
renda (f) de casa	uang sewa	[uaŋ sewa]
alugar (vt)	menyewa	[mənjewa]
preço (m)	harga	[harga]
custo (m)	harga	[harga]

soma (f)	jumlah	[dʒjumlah]
gastar (vt)	menghabiskan	[məŋhabiskan]
gastos (m pl)	ongkos	[oŋkos]
economizar (vi)	menghemat	[məŋhemat]
económico	hemat	[hemat]

pagar (vt)	membayar	[membajar]
pagamento (m)	pembayaran	[pembajaran]
troco (m)	kembalian	[kembalian]

imposto (m)	pajak	[padʒja']
multa (f)	denda	[denda]
multar (vt)	mendenda	[məndenda]

85. Correios. Serviço postal

correios (m pl)	kantor pos	[kantor pos]
correio (m)	surat	[surat]
carteiro (m)	tukang pos	[tukaŋ pos]
horário (m)	jam buka	[dʒjam buka]

carta (f)	surat	[surat]
carta (f) registada	surat tercatat	[surat tərtʃatat]
postal (m)	kartu pos	[kartu pos]
telegrama (m)	telegram	[telegram]
encomenda (f) postal	parsel, paket pos	[parsel], [paket pos]
remessa (f) de dinheiro	wesel pos	[wesel pos]

receber (vt)	menerima	[mənerima]
enviar (vt)	mengirim	[məŋirim]
envio (m)	pengiriman	[peŋiriman]

endereço (m)	alamat	[alamat]
código (m) postal	kode pos	[kode pos]
remetente (m)	pengirim	[peŋirim]
destinatário (m)	penerima	[penerima]

| nome (m) | nama | [nama] |
| apelido (m) | nama keluarga | [nama keluarga] |

tarifa (f)	tarif	[tarif]
ordinário	biasa, standar	[biasa], [standar]
económico	ekonomis	[ekonomis]

peso (m)	berat	[berat]
pesar (estabelecer o peso)	menimbang	[mənimbaŋ]
envelope (m)	amplop	[amplop]
selo (m)	prangko	[praŋko]
colar o selo	menempelkan prangko	[mənempelkan praŋko]

Moradia. Casa. Lar

86. Casa. Habitação

casa (f)	rumah	[rumah]
em casa	di rumah	[di rumah]
pátio (m)	pekarangan	[pekaraŋan]
cerca (f)	pagar	[pagar]
tijolo (m)	bata, batu bata	[bata], [batu bata]
de tijolos	bata, batu bata	[bata], [batu bata]
pedra (f)	batu	[batu]
de pedra	batu	[batu]
betão (m)	beton	[beton]
de betão	beton	[beton]
novo	baru	[baru]
velho	tua	[tua]
decrépito	reyot	[reyot]
moderno	modern	[modern]
de muitos andares	susun	[susun]
alto	tinggi	[tiŋgi]
andar (m)	lantai	[lantaj]
de um andar	berlantai satu	[bərlantaj satu]
andar (m) de baixo	lantai bawah	[lantaj bawah]
andar (m) de cima	lantai atas	[lantaj atas]
telhado (m)	atap	[atap]
chaminé (f)	cerobong	[t͡ʃeroboŋ]
telha (f)	genting	[gentiŋ]
de telha	bergenting	[bərgentiŋ]
sótão (m)	loteng	[loteŋ]
janela (f)	jendela	[d͡ʒʲendela]
vidro (m)	kaca	[kat͡ʃa]
parapeito (m)	ambang jendela	[ambaŋ d͡ʒʲendela]
portadas (f pl)	daun jendela	[daun d͡ʒʲendela]
parede (f)	dinding	[dindiŋ]
varanda (f)	balkon	[balkon]
tubo (m) de queda	pipa talang	[pipa talaŋ]
em cima	di atas	[di atas]
subir (~ as escadas)	naik	[naiʔ]
descer (vi)	turun	[turun]
mudar-se (vr)	pindah	[pindah]

87. Casa. Entrada. Elevador

entrada (f)	pintu masuk	[pintu masu']
escada (f)	tangga	[taŋga]
degraus (m pl)	anak tangga	[ana' taŋga]
corrimão (m)	pegangan tangan	[pegaŋan taŋan]
hall (m) de entrada	lobi, ruang depan	[lobi], [ruaŋ depan]
caixa (f) de correio	kotak pos	[kota' pos]
caixote (m) do lixo	tong sampah	[toŋ sampah]
conduta (f) do lixo	saluran pembuangan sampah	[saluran pembuaŋan sampah]
elevador (m)	elevator	[elevator]
elevador (m) de carga	lift barang	[lift baraŋ]
cabine (f)	kabin lift	[kabin lift]
pegar o elevador	naik elevator	[nai' elevator]
apartamento (m)	apartemen	[apartemen]
moradores (m pl)	penghuni	[peŋhuni]
vizinho (m)	tetangga	[tetaŋga]
vizinha (f)	tetangga	[tetaŋga]
vizinhos (pl)	para tetangga	[para tetaŋga]

88. Casa. Eletricidade

eletricidade (f)	listrik	[listri']
lâmpada (f)	bohlam	[bohlam]
interruptor (m)	sakelar	[sakelar]
fusível (m)	sekring	[sekriŋ]
fio, cabo (m)	kabel, kawat	[kabel], [kawat]
instalação (f) elétrica	rangkaian kabel	[raŋkajan kabel]
contador (m) de eletricidade	meteran listrik	[meteran listri']
indicação (f), registo (m)	pencatatan	[pentʃatatan]

89. Casa. Portas. Fechaduras

porta (f)	pintu	[pintu]
portão (m)	pintu gerbang	[pintu gerbaŋ]
maçaneta (f)	gagang pintu	[gagaŋ pintu]
destrancar (vt)	membuka kunci	[membuka kuntʃi]
abrir (vt)	membuka	[membuka]
fechar (vt)	menutup	[menutup]
chave (f)	kunci	[kuntʃi]
molho (m)	serangkaian kunci	[seraŋkajan kuntʃi]
ranger (vi)	bergerit	[bergerit]
rangido (m)	gerit	[gerit]
dobradiça (f)	engsel	[eŋsel]
tapete (m) de entrada	tikar	[tikar]

fechadura (f)	kunci pintu	[kunʧi pintu]
buraco (m) da fechadura	lubang kunci	[lubaŋ kunʧi]
ferrolho (m)	gerendel	[gerendel]
fecho (ferrolho pequeno)	gerendel	[gerendel]
cadeado (m)	gembok	[gembo']

tocar (vt)	membunyikan	[membunjikan]
toque (m)	dering	[deriŋ]
campainha (f)	bel	[bel]
botão (m)	kenop	[kenop]
batida (f)	ketukan	[ketukan]
bater (vi)	mengetuk	[məŋetu']

código (m)	kode	[kode]
fechadura (f) de código	gembok berkode	[gembo' berkode]
telefone (m) de porta	interkom	[interkom]
número (m)	nomor	[nomor]
placa (f) de porta	papan tanda	[papan tanda]
vigia (f), olho (m) mágico	lubang intip	[lubaŋ intip]

90. Casa de campo

aldeia (f)	desa	[desa]
horta (f)	kebun sayur	[kebun sajur]
cerca (f)	pagar	[pagar]
paliçada (f)	pagar	[pagar]
cancela (f) do jardim	pintu pagar	[pintu pagar]

celeiro (m)	lumbung	[lumbuŋ]
adega (f)	kelder	[kelder]
galpão, barracão (m)	gubuk	[gubu']
poço (m)	sumur	[sumur]

fogão (m)	tungku	[tuŋku]
atiçar o fogo	menyalakan tungku	[mənjalakan tuŋku]
lenha (carvão ou ~)	kayu bakar	[kaju bakar]
acha (lenha)	potongan kayu bakar	[potoŋan kaju bakar]

varanda (f)	beranda	[bəranda]
alpendre (m)	teras	[teras]
degraus (m pl) de entrada	anjungan depan	[andʒ'uŋan depan]
balouço (m)	ayunan	[ajunan]

91. Moradia. Mansão

casa (f) de campo	rumah luar kota	[rumah luar kota]
vila (f)	vila	[vila]
ala (~ do edifício)	sayap	[sajap]

jardim (m)	kebun	[kebun]
parque (m)	taman	[taman]
estufa (f)	rumah kaca	[rumah katʃa]

cuidar de ...	memelihara	[memelihara]
piscina (f)	kolam renang	[kolam renaŋ]
ginásio (m)	gym	[dʒim]
campo (m) de ténis	lapangan tenis	[lapaŋan tenis]
cinema (m)	bioskop rumah	[bioskop rumah]
garagem (f)	garasi	[garasi]

propriedade (f) privada	milik pribadi	[mili' pribadi]
terreno (m) privado	tanah pribadi	[tanah pribadi]

advertência (f)	peringatan	[pəriŋatan]
sinal (m) de aviso	tanda peringatan	[tanda pəriŋatan]

guarda (f)	keamanan	[keamanan]
guarda (m)	satpam, pengawal	[satpam], [peŋawal]
alarme (m)	alarm antirampok	[alarm antirampo']

92. Castelo. Palácio

castelo (m)	kastil	[kastil]
palácio (m)	istana	[istana]
fortaleza (f)	benteng	[bənteŋ]
muralha (f)	tembok	[tembo']
torre (f)	menara	[mənara]
calabouço (m)	menara utama	[mənara utama]

grade (f) levadiça	jeruji pintu kota	[dʒ'erudʒi pintu kota]
passagem (f) subterrânea	jalan bawah tanah	[dʒ'alan bawah tanah]
fosso (m)	parit	[parit]
corrente, cadeia (f)	rantai	[rantaj]
seteira (f)	laras panah, lop panah	[laras panah], [lop panah]

magnífico	megah	[megah]
majestoso	megah sekali	[megah sekali]
inexpugnável	sulit dicapai	[sulit ditʃapaj]
medieval	abad pertengahan	[abad pərteŋahan]

93. Apartamento

apartamento (m)	apartemen	[apartemen]
quarto (m)	kamar	[kamar]
quarto (m) de dormir	kamar tidur	[kamar tidur]
sala (f) de jantar	ruang makan	[ruaŋ makan]
sala (f) de estar	ruang tamu	[ruaŋ tamu]
escritório (m)	ruang kerja	[ruaŋ kerdʒ'a]

antessala (f)	ruang depan	[ruaŋ depan]
quarto (m) de banho	kamar mandi	[kamar mandi]
toilette (lavabo)	kamar kecil	[kamar ketʃil]
teto (m)	plafon, langit-langit	[plafon], [laŋit-laŋit]
chão, soalho (m)	lantai	[lantaj]
canto (m)	sudut	[sudut]

94. Apartamento. Limpeza

arrumar, limpar (vt)	membereskan	[membereskan]
guardar (no armário, etc.)	meletakkan	[meleta'kan]
pó (m)	debu	[debu]
empoeirado	debu	[debu]
limpar o pó	menyapu debu	[mənjapu debu]
aspirador (m)	pengisap debu	[peɲisap debu]
aspirar (vt)	membersihkan dengan pengisap debu	[membersihkan deŋan peɲisap debu]
varrer (vt)	menyapu	[mənjapu]
sujeira (f)	sampah	[sampah]
arrumação (f), ordem (f)	kerapian	[kerapian]
desordem (f)	berantakan	[bərantakan]
esfregão (m)	kain pel	[kain pel]
pano (m), trapo (m)	lap	[lap]
vassoura (f)	sapu lidi	[sapu lidi]
pá (f) de lixo	pengki	[peŋki]

95. Mobiliário. Interior

mobiliário (m)	mebel	[mebel]
mesa (f)	meja	[medʒʲa]
cadeira (f)	kursi	[kursi]
cama (f)	ranjang	[randʒʲaŋ]
divã (m)	dipan	[dipan]
cadeirão (m)	kursi malas	[kursi malas]
estante (f)	lemari buku	[lemari buku]
prateleira (f)	rak	[ra']
guarda-vestidos (m)	lemari pakaian	[lemari pakajan]
cabide (m) de parede	kapstok	[kapsto']
cabide (m) de pé	kapstok berdiri	[kapsto' bərdiri]
cómoda (f)	lemari laci	[lemari latʃi]
mesinha (f) de centro	meja kopi	[medʒʲa kopi]
espelho (m)	cermin	[tʃermin]
tapete (m)	permadani	[pərmadani]
tapete (m) pequeno	karpet kecil	[karpet ketʃil]
lareira (f)	perapian	[pərapian]
vela (f)	lilin	[lilin]
castiçal (m)	kaki lilin	[kaki lilin]
cortinas (f pl)	gorden	[gorden]
papel (m) de parede	kertas dinding	[kertas dindiŋ]
estores (f pl)	kerai	[keraj]
candeeiro (m) de mesa	lampu meja	[lampu medʒʲa]

candeeiro (m) de parede	lampu dinding	[lampu dindiŋ]
candeeiro (m) de pé	lampu lantai	[lampu lantaj]
lustre (m)	lampu bercabang	[lampu bərtʃabaŋ]

pé (de mesa, etc.)	kaki	[kaki]
braço (m)	lengan	[leŋan]
costas (f pl)	sandaran	[sandaran]
gaveta (f)	laci	[latʃi]

96. Quarto de dormir

roupa (f) de cama	kain kasur	[kain kasur]
almofada (f)	bantal	[bantal]
fronha (f)	sarung bantal	[saruŋ bantal]
cobertor (m)	selimut	[selimut]
lençol (m)	seprai	[sepraj]
colcha (f)	selubung kasur	[selubuŋ kasur]

97. Cozinha

cozinha (f)	dapur	[dapur]
gás (m)	gas	[gas]
fogão (m) a gás	kompor gas	[kompor gas]
fogão (m) elétrico	kompor listrik	[kompor listriʔ]
forno (m)	oven	[oven]
forno (m) de micro-ondas	microwave	[majkrowav]

frigorífico (m)	lemari es, kulkas	[lemari es], [kulkas]
congelador (m)	lemari pembeku	[lemari pembeku]
máquina (f) de lavar louça	mesin pencuci piring	[mesin pentʃutʃi piriŋ]

moedor (m) de carne	alat pelumat daging	[alat pelumat dagiŋ]
espremedor (m)	mesin sari buah	[mesin sari buah]
torradeira (f)	alat pemanggang roti	[alat pemaŋgaŋ roti]
batedeira (f)	pencampur	[pentʃampur]

máquina (f) de café	mesin pembuat kopi	[mesin pembuat kopi]
cafeteira (f)	teko kopi	[teko kopi]
moinho (m) de café	mesin penggiling kopi	[mesin peŋgiliŋ kopi]

chaleira (f)	cerek	[tʃereʔ]
bule (m)	teko	[teko]
tampa (f)	tutup	[tutup]
coador (m) de chá	saringan teh	[sariŋan teh]

colher (f)	sendok	[sendoʔ]
colher (f) de chá	sendok teh	[sendoʔ teh]
colher (f) de sopa	sendok makan	[sendoʔ makan]
garfo (m)	garpu	[garpu]
faca (f)	pisau	[pisau]
louça (f)	piring mangkuk	[piriŋ maŋkuʔ]
prato (m)	piring	[piriŋ]

pires (m)	alas cangkir	[alas tʃaŋkir]
cálice (m)	seloki	[seloki]
copo (m)	gelas	[gelas]
chávena (f)	cangkir	[tʃaŋkir]

açucareiro (m)	wadah gula	[wadah gula]
saleiro (m)	wadah garam	[wadah garam]
pimenteiro (m)	wadah merica	[wadah meritʃa]
manteigueira (f)	wadah mentega	[wadah mentega]

panela, caçarola (f)	panci	[pantʃi]
frigideira (f)	kuali	[kuali]
concha (f)	sudu	[sudu]
passador (m)	saringan	[sariŋan]
bandeja (f)	talam	[talam]

garrafa (f)	botol	[botol]
boião (m) de vidro	gelas	[gelas]
lata (f)	kaleng	[kaleŋ]

abre-garrafas (m)	pembuka botol	[pembuka botol]
abre-latas (m)	pembuka kaleng	[pembuka kaleŋ]
saca-rolhas (m)	kotrek	[kotre']
filtro (m)	saringan	[sariŋan]
filtrar (vt)	saringan	[sariŋan]

| lixo (m) | sampah | [sampah] |
| balde (m) do lixo | tong sampah | [toŋ sampah] |

98. Casa de banho

quarto (m) de banho	kamar mandi	[kamar mandi]
água (f)	air	[air]
torneira (f)	keran	[keran]
água (f) quente	air panas	[air panas]
água (f) fria	air dingin	[air diŋin]

pasta (f) de dentes	pasta gigi	[pasta gigi]
escovar os dentes	menggosok gigi	[meŋgoso' gigi]
escova (f) de dentes	sikat gigi	[sikat gigi]

barbear-se (vr)	bercukur	[bertʃukur]
espuma (f) de barbear	busa cukur	[busa tʃukur]
máquina (f) de barbear	pisau cukur	[pisau tʃukur]

lavar (vt)	mencuci	[mentʃutʃi]
lavar-se (vr)	mandi	[mandi]
duche (m)	pancuran	[pantʃuran]
tomar um duche	mandi pancuran	[mandi pantʃuran]

banheira (f)	bak mandi	[ba' mandi]
sanita (f)	kloset	[kloset]
lavatório (m)	wastafel	[wastafel]
sabonete (m)	sabun	[sabun]

saboneteira (f)	wadah sabun	[wadah sabun]
esponja (f)	spons	[spons]
champô (m)	sampo	[sampo]
toalha (f)	handuk	[handuʔ]
roupão (m) de banho	jubah mandi	[dʒʲubah mandi]

lavagem (f)	pencucian	[pentʃutʃian]
máquina (f) de lavar	mesin cuci	[mesin tʃutʃi]
lavar a roupa	mencuci	[məntʃutʃi]
detergente (m)	deterjen cuci	[deterdʒʲen tʃutʃi]

99. Eletrodomésticos

televisor (m)	pesawat TV	[pesawat ti-vi]
gravador (m)	alat perekam	[alat pərekam]
videogravador (m)	video, VCR	[vidio], [vi-si-er]
rádio (m)	radio	[radio]
leitor (m)	pemutar	[pemutar]

projetor (m)	proyektor video	[proektor video]
cinema (m) em casa	bioskop rumah	[bioskop rumah]
leitor (m) de DVD	pemutar DVD	[pemutar di-vi-di]
amplificador (m)	penguat	[pəŋuat]
console (f) de jogos	konsol permainan video	[konsol pərmajnan video]

câmara (f) de vídeo	kamera video	[kamera video]
máquina (f) fotográfica	kamera	[kamera]
câmara (f) digital	kamera digital	[kamera digital]

aspirador (m)	pengisap debu	[peɲisap debu]
ferro (m) de engomar	setrika	[setrika]
tábua (f) de engomar	papan setrika	[papan setrika]

telefone (m)	telepon	[telepon]
telemóvel (m)	ponsel	[ponsel]
máquina (f) de escrever	mesin ketik	[mesin ketiʔ]
máquina (f) de costura	mesin jahit	[mesin dʒʲahit]

microfone (m)	mikrofon	[mikrofon]
auscultadores (m pl)	headphone, fonkepala	[headphone], [fonkepala]
controlo remoto (m)	panel kendali	[panel kendali]

CD (m)	cakram kompak	[tʃakram kompaʔ]
cassete (f)	kaset	[kaset]
disco (m) de vinil	piringan hitam	[piriŋan hitam]

100. Reparações. Renovação

renovação (f)	renovasi	[renovasi]
renovar (vt), fazer obras	merenovasi	[merenovasi]
reparar (vt)	mereparasi, memperbaiki	[mereparasi], [memperbajki]
consertar (vt)	membereskan	[membereskan]

refazer (vt)	mengulangi	[məŋulaŋi]
tinta (f)	cat	[ʧat]
pintar (vt)	mengecat	[məŋeʧat]
pintor (m)	tukang cat	[tukaŋ ʧat]
pincel (m)	kuas	[kuas]

| cal (f) | cat kapur | [ʧat kapur] |
| caiar (vt) | mengapur | [məŋapur] |

papel (m) de parede	kertas dinding	[kertas dindiŋ]
colocar papel de parede	memasang kertas dinding	[memasaŋ kertas dindiŋ]
verniz (m)	pernis	[pernis]
envernizar (vt)	memernis	[memernis]

101. Canalizações

água (f)	air	[air]
água (f) quente	air panas	[air panas]
água (f) fria	air dingin	[air diŋin]
torneira (f)	keran	[keran]

gota (f)	tetes	[tetes]
gotejar (vi)	menetes	[mənetes]
vazar (vt)	bocor	[boʧor]
vazamento (m)	kebocoran	[keboʧoran]
poça (f)	kubangan	[kubaŋan]

tubo (m)	pipa	[pipa]
válvula (f)	katup	[katup]
entupir-se (vr)	tersumbat	[tərsumbat]

ferramentas (f pl)	peralatan	[pəralatan]
chave (f) inglesa	kunci inggris	[kunʧi iŋgris]
desenroscar (vt)	mengendurkan	[məŋendurkan]
enroscar (vt)	mengencangkan	[məŋenʧaŋkan]

desentupir (vt)	membersihkan	[membersihkan]
canalizador (m)	tukang pipa	[tukaŋ pipa]
cave (f)	rubanah	[rubanah]
sistema (m) de esgotos	riol	[riol]

102. Fogo. Deflagração

incêndio (m)	kebakaran	[kebakaran]
chama (f)	nyala api	[njala api]
faísca (f)	percikan api	[pərʧikan api]
fumo (m)	asap	[asap]
tocha (f)	obor	[obor]
fogueira (f)	api unggun	[api uŋgun]

| gasolina (f) | bensin | [bensin] |
| querosene (m) | minyak tanah | [minja' tanah] |

inflamável	**mudah terbakar**	[mudah tərbakar]
explosivo	**mudah meledak**	[mudah meleda']
PROIBIDO FUMAR!	**DILARANG MEROKOK!**	[dilaraŋ meroko'!]
segurança (f)	**keamanan**	[keamanan]
perigo (m)	**bahaya**	[bahaja]
perigoso	**berbahaya**	[bərbahaja]
incendiar-se (vr)	**menyala**	[mənjala]
explosão (f)	**ledakan**	[ledakan]
incendiar (vt)	**membakar**	[membakar]
incendiário (m)	**pelaku pembakaran**	[pelaku pembakaran]
incêndio (m) criminoso	**pembakaran**	[pembakaran]
arder (vi)	**berkobar**	[bərkobar]
queimar (vi)	**menyala**	[mənjala]
queimar tudo (vi)	**terbakar**	[tərbakar]
chamar os bombeiros	**memanggil pemadam kebakaran**	[memaŋgil pemadam kebakaran]
bombeiro (m)	**pemadam kebakaran**	[pemadam kebakaran]
carro (m) de bombeiros	**branwir**	[branwir]
corpo (m) de bombeiros	**pemadam kebakaran**	[pemadam kebakaran]
escada (f) extensível	**tangga branwir**	[taŋga branwir]
mangueira (f)	**selang pemadam**	[selaŋ pemadam]
extintor (m)	**pemadam api**	[pemadam api]
capacete (m)	**helm**	[helm]
sirene (f)	**sirene**	[sirene]
gritar (vi)	**berteriak**	[bərteria']
chamar por socorro	**meminta pertolongan**	[meminta pərtoloŋan]
salvador (m)	**penyelamat**	[penjelamat]
salvar, resgatar (vt)	**menyelamatkan**	[mənjelamatkan]
chegar (vi)	**datang**	[dataŋ]
apagar (vt)	**memadamkan**	[memadamkan]
água (f)	**air**	[air]
areia (f)	**pasir**	[pasir]
ruínas (f pl)	**reruntuhan**	[reruntuhan]
ruir (vi)	**runtuh**	[runtuh]
desmoronar (vi)	**roboh**	[roboh]
desabar (vi)	**roboh**	[roboh]
fragmento (m)	**serpihan**	[serpihan]
cinza (f)	**abu**	[abu]
sufocar (vi)	**mati lemas**	[mati lemas]
perecer (vi)	**mati, tewas**	[mati], [tewas]

ATIVIDADES HUMANAS

Emprego. Negócios. Parte 1

103. Escritório. O trabalho no escritório

escritório (~ de advogados)	kantor	[kantor]
escritório (do diretor, etc.)	ruang kerja	[ruaŋ kerdʒ'a]
receção (f)	resepsionis kantor	[resepsionis kantor]
secretário (m)	sekretaris	[sekretaris]
secretária (f)	sekretaris	[sekretaris]
diretor (m)	direktur	[direktur]
gerente (m)	manajer	[manadʒ'er]
contabilista (m)	akuntan	[akuntan]
empregado (m)	karyawan	[karjawan]
mobiliário (m)	mebel	[mebel]
mesa (f)	meja	[medʒ'a]
cadeira (f)	kursi malas	[kursi malas]
bloco (m) de gavetas	meja samping ranjang	[medʒ'a sampiŋ randʒ'aŋ]
cabide (m) de pé	kapstok berdiri	[kapsto' berdiri]
computador (m)	komputer	[komputer]
impressora (f)	printer, pencetak	[printer], [pentʃeta']
fax (m)	mesin faks	[mesin faks]
fotocopiadora (f)	mesin fotokopi	[mesin fotokopi]
papel (m)	kertas	[kertas]
artigos (m pl) de escritório	alat tulis kantor	[alat tulis kantor]
tapete (m) de rato	bantal tetikus	[bantal tetikus]
folha (f) de papel	lembar	[lembar]
pasta (f)	map	[map]
catálogo (m)	katalog	[katalog]
diretório (f) telefónico	buku telepon	[buku telepon]
documentação (f)	dokumentasi	[dokumentasi]
brochura (f)	brosur	[brosur]
flyer (m)	selebaran	[selebaran]
amostra (f)	sampel, contoh	[sampel], [tʃontoh]
formação (f)	latihan	[latihan]
reunião (f)	rapat	[rapat]
hora (f) de almoço	waktu makan siang	[waktu makan siaŋ]
fazer uma cópia	membuat salinan	[membuat salinan]
tirar cópias	memperbanyak	[memperbanja']
receber um fax	menerima faks	[mənerima faks]
enviar um fax	mengirim faks	[məŋirim faks]

fazer uma chamada	menelepon	[mənelepon]
responder (vt)	menjawab	[məndʒ'awab]
passar (vt)	menyambungkan	[mənjambuŋkan]

marcar (vt)	menetapkan	[mənetapkan]
demonstrar (vt)	memeragakan	[memeragakan]
estar ausente	absen, tidak hadir	[absen], [tida' hadir]
ausência (f)	absensi, ketidakhadiran	[absensi], [ketidahadiran]

104. Processos negociais. Parte 1

| negócio (m) | bisnis | [bisnis] |
| ocupação (f) | urusan | [urusan] |

firma, empresa (f)	firma	[firma]
companhia (f)	maskapai	[maskapaj]
corporação (f)	korporasi	[korporasi]
empresa (f)	perusahaan	[pərusaha'an]
agência (f)	biro, kantor	[biro], [kantor]

acordo (documento)	perjanjian	[pərdʒ'andʒian]
contrato (m)	kontrak	[kontra']
acordo (transação)	transaksi	[transaksi]
encomenda (f)	pesanan	[pesanan]
cláusulas (f pl), termos (m pl)	syarat	[ʃarat]

por grosso (adv)	grosir	[grosir]
por grosso (adj)	grosir	[grosir]
venda (f) por grosso	penjualan grosir	[pendʒ'ualan grosir]
a retalho	eceran	[etʃeran]
venda (f) a retalho	pengeceran	[peŋetʃeran]

concorrente (m)	kompetitor, pesaing	[kompetitor], [pesajŋ]
concorrência (f)	kompetisi, persaingan	[kompetisi], [pərsajŋan]
competir (vi)	bersaing	[bərsajŋ]

| sócio (m) | mitra | [mitra] |
| parceria (f) | kemitraan | [kemitra'an] |

crise (f)	krisis	[krisis]
bancarrota (f)	kebangkrutan	[kebaŋkrutan]
entrar em falência	jatuh bangkrut	[dʒ'atuh baŋkrut]
dificuldade (f)	kesukaran	[kesukaran]
problema (m)	masalah	[masalah]
catástrofe (f)	gagal total	[gagal total]

economia (f)	ekonomi	[ekonomi]
económico	ekonomi	[ekonomi]
recessão (f) económica	resesi ekonomi	[resesi ekonomi]

objetivo (m)	tujuan	[tudʒ'uan]
tarefa (f)	tugas	[tugas]
comerciar (vi, vt)	berdagang	[bərdagaŋ]
rede (de distribuição)	jaringan	[dʒ'ariŋan]

| estoque (m) | inventaris | [inventaris] |
| sortimento (m) | penyortiran | [penjortiran] |

líder (m)	pemimpin	[pemimpin]
grande (~ empresa)	besar	[besar]
monopólio (m)	monopoli	[monopoli]

teoria (f)	teori	[teori]
prática (f)	praktik	[prakti']
experiência (falar por ~)	pengalaman	[peŋalaman]
tendência (f)	tendensi	[tendensi]
desenvolvimento (m)	perkembangan	[pərkembaŋan]

105. Processos negociais. Parte 2

| rentabilidade (f) | keuntungan | [keuntuŋan] |
| rentável | menguntungkan | [məŋuntuŋkan] |

delegação (f)	delegasi	[delegasi]
salário, ordenado (m)	gaji, upah	[gadʒi], [upah]
corrigir (um erro)	mengoreksi	[məŋoreksi]
viagem (f) de negócios	perjalanan dinas	[pərdʒalanan dinas]
comissão (f)	panitia	[panitia]

controlar (vt)	mengontrol	[məŋontrol]
conferência (f)	konferensi	[konferensi]
licença (f)	lisensi, izin	[lisensi], [izin]
confiável	yang bisa dipercaya	[yaŋ bisa dipərtʃaja]

empreendimento (m)	inisiatif	[inisiatif]
norma (f)	norma	[norma]
circunstância (f)	keadaan sekitar	[keada'an sekitar]
dever (m)	tugas	[tugas]

empresa (f)	organisasi	[organisasi]
organização (f)	pengurusan	[peŋurusan]
organizado	terurus	[tərurus]
anulação (f)	pembatalan	[pembatalan]
anular, cancelar (vt)	membatalkan	[membatalkan]
relatório (m)	laporan	[laporan]

patente (f)	paten	[paten]
patentear (vt)	mematenkan	[mematenkan]
planear (vt)	merencanakan	[merentʃanakan]

prémio (m)	bonus	[bonus]
profissional	profesional	[profesional]
procedimento (m)	prosedur	[prosedur]

examinar (a questão)	mempertimbangkan	[mempertimbaŋkan]
cálculo (m)	perhitungan	[pərhituŋan]
reputação (f)	reputasi	[reputasi]
risco (m)	risiko	[risiko]
dirigir (~ uma empresa)	memimpin	[memimpin]

informação (f)	data, informasi	[data], [informasi]
propriedade (f)	milik	[mili']
união (f)	persatuan, serikat	[pərsatuan], [serikat]

seguro (m) de vida	asuransi jiwa	[asuransi dʒiwa]
fazer um seguro	mengasuransikan	[məŋasuransikan]
seguro (m)	asuransi	[asuransi]

leilão (m)	lelang	[lelaŋ]
notificar (vt)	memberitahu	[memberitahu]
gestão (f)	manajemen	[manadʒʲemen]
serviço (indústria de ~s)	jasa	[dʒʲasa]

fórum (m)	forum	[forum]
funcionar (vi)	berfungsi	[bərfuŋsi]
estágio (m)	tahap	[tahap]
jurídico	hukum	[hukum]
jurista (m)	ahli hukum	[ahli hukum]

106. Produção. Trabalhos

usina (f)	pabrik	[pabri']
fábrica (f)	pabrik	[pabri']
oficina (f)	bengkel	[beŋkel]
local (m) de produção	perusahaan	[pərusaha'an]

indústria (f)	industri	[industri]
industrial	industri	[industri]
indústria (f) pesada	industri berat	[industri bərat]
indústria (f) ligeira	industri ringan	[industri riŋan]

produção (f)	produksi	[produksi]
produzir (vt)	memproduksi	[memproduksi]
matérias-primas (f pl)	bahan baku	[bahan baku]

chefe (m) de brigada	mandor	[mandor]
brigada (f)	regu pekerja	[regu pekerdʒʲa]
operário (m)	buruh, pekerja	[buruh], [pekerdʒʲa]

dia (m) de trabalho	hari kerja	[hari kerdʒʲa]
pausa (f)	perhentian	[pərhentian]
reunião (f)	rapat	[rapat]
discutir (vt)	membicarakan	[membitʃarakan]

plano (m)	rencana	[rentʃana]
cumprir o plano	melaksanakan rencana	[melaksanakan rentʃana]
taxa (f) de produção	kecepatan produksi	[ketʃepatan produksi]
qualidade (f)	kualitas, mutu	[kualitas], [mutu]
controlo (m)	kontrol, kendali	[kontrol], [kendali]
controlo (m) da qualidade	kendali mutu	[kendali mutu]

segurança (f) no trabalho	keselamatan kerja	[keselamatan kerdʒʲa]
disciplina (f)	disiplin	[disiplin]
infração (f)	pelanggaran	[pelaŋgaran]

violar (as regras)	melanggar	[melaŋgar]
greve (f)	pemogokan	[pemogokan]
grevista (m)	pemogok	[pemogoʔ]
estar em greve	mogok	[mogoʔ]
sindicato (m)	serikat pekerja	[serikat pekerdʒʲa]

inventar (vt)	menemukan	[mənemukan]
invenção (f)	penemuan	[penemuan]
pesquisa (f)	riset, penelitian	[riset], [penelitian]
melhorar (vt)	memperbaiki	[memperbajki]
tecnologia (f)	teknologi	[teknologi]
desenho (m) técnico	gambar teknik	[gambar tekniʔ]

carga (f)	muatan	[muatan]
carregador (m)	kuli	[kuli]
carregar (vt)	memuat	[memuat]
carregamento (m)	pemuatan	[pemuatan]
descarregar (vt)	membongkar	[memboŋkar]
descarga (f)	pembongkaran	[pemboŋkaran]

transporte (m)	transportasi, angkutan	[transportasi], [aŋkutan]
companhia (f) de transporte	perusahaan transportasi	[pərusahaʔan transportasi]
transportar (vt)	mengangkut	[mənaŋkut]

vagão (m) de carga	gerbong barang	[gerboŋ baraŋ]
cisterna (f)	tangki	[taŋki]
camião (m)	truk	[truʔ]

| máquina-ferramenta (f) | mesin | [mesin] |
| mecanismo (m) | mekanisme | [mekanisme] |

resíduos (m pl) industriais	limbah industri	[limbah industri]
embalagem (f)	pengemasan	[peɲemasan]
embalar (vt)	mengemas	[məɲemas]

107. Contrato. Acordo

contrato (m)	kontrak	[kontraʔ]
acordo (m)	perjanjian	[pərdʒʲandʒian]
adenda (f), anexo (m)	lampiran	[lampiran]

assinar o contrato	menandatangani kontrak	[mənandataŋani kontraʔ]
assinatura (f)	tanda tangan	[tanda taŋan]
assinar (vt)	menandatangani	[mənandataŋani]
carimbo (m)	cap	[tʃap]

objeto (m) do contrato	subjek perjanjian	[subdʒʲeʔ pərdʒʲandʒian]
cláusula (f)	ayat, pasal	[ajat], [pasal]
partes (f pl)	pihak	[pihaʔ]
morada (f) jurídica	alamat sah	[alamat sah]

violar o contrato	melanggar kontrak	[melaŋgar kontraʔ]
obrigação (f)	komitmen, kewajiban	[komitmen], [kewadʒiban]
responsabilidade (f)	tanggung jawab	[taŋguŋ dʒʲawab]

força (f) maior	keadaan kahar	[keada'an kahar]
litígio (m), disputa (f)	sengketa	[seŋketa]
multas (f pl)	sanksi, penalti	[sanksi], [penalti]

108. Importação & Exportação

importação (f)	impor	[impor]
importador (m)	importir	[importir]
importar (vt)	mengimpor	[məŋimpor]
de importação	impor	[impor]

exportação (f)	ekspor	[ekspor]
exportador (m)	eksportir	[eksportir]
exportar (vt)	mengekspor	[məŋekspor]
de exportação	ekspor	[ekspor]

| mercadoria (f) | barang dagangan | [baraŋ dagaŋan] |
| lote (de mercadorias) | partai | [partaj] |

peso (m)	berat	[berat]
volume (m)	volume, isi	[volume], [isi]
metro (m) cúbico	meter kubik	[meter kubi']

produtor (m)	produsen	[produsen]
companhia (f) de transporte	perusahaan transportasi	[pərusaha'an transportasi]
contentor (m)	peti kemas	[peti kemas]

fronteira (f)	perbatasan	[pərbatasan]
alfândega (f)	pabean	[pabean]
taxa (f) alfandegária	bea cukai	[bea tʃukaj]
funcionário (m) da alfândega	petugas pabean	[petugas pabean]
contrabando (atividade)	penyelundupan	[penjelundupan]
contrabando (produtos)	barang-barang selundupan	[baraŋ-baraŋ selundupan]

109. Finanças

ação (f)	saham	[saham]
obrigação (f)	obligasi	[obligasi]
nota (f) promissória	wesel	[wesel]

| bolsa (f) | bursa efek | [bursa efe'] |
| cotação (m) das ações | kurs saham | [kurs saham] |

| tornar-se mais barato | menjadi murah | [mənd ͡ʒadi murah] |
| tornar-se mais caro | menjadi mahal | [mənd ͡ʒadi mahal] |

| parte (f) | kepemilikan saham | [kepemilikan saham] |
| participação (f) maioritária | mayoritas saham | [majoritas saham] |

investimento (m)	investasi	[investasi]
investir (vt)	berinvestasi	[bərinvestasi]
percentagem (f)	persen	[pərsen]

juros (m pl)	suku bunga	[suku buŋa]
lucro (m)	profit, untung	[profit], [untuŋ]
lucrativo	beruntung	[bəruntuŋ]
imposto (m)	pajak	[padʒ'a']

divisa (f)	valas	[valas]
nacional	nasional	[nasional]
câmbio (m)	pertukaran	[pərtukaran]

| contabilista (m) | akuntan | [akuntan] |
| contabilidade (f) | akuntansi | [akuntansi] |

bancarrota (f)	kebangkrutan	[kebaŋkrutan]
falência (f)	keruntuhan	[keruntuhan]
ruína (f)	kebangkrutan	[kebaŋkrutan]
arruinar-se (vr)	bangkrut	[baŋkrut]
inflação (f)	inflasi	[inflasi]
desvalorização (f)	devaluasi	[devaluasi]

capital (m)	modal	[modal]
rendimento (m)	pendapatan	[pendapatan]
volume (m) de negócios	omzet	[omzet]
recursos (m pl)	sumber daya	[sumber daja]
recursos (m pl) financeiros	dana	[dana]

| despesas (f pl) gerais | beaya umum | [beaja umum] |
| reduzir (vt) | mengurangi | [məŋuraŋi] |

110. Marketing

marketing (m)	pemasaran	[pemasaran]
mercado (m)	pasar	[pasar]
segmento (m) do mercado	segmen pasar	[segmen pasar]
produto (m)	produk	[produ']
mercadoria (f)	barang dagangan	[baraŋ dagaŋan]

marca (f)	merek	[mere']
marca (f) comercial	merek dagang	[mere' dagaŋ]
logotipo (m)	logo dagang	[logo dagaŋ]
logo (m)	logo	[logo]

demanda (f)	permintaan	[pərminta'an]
oferta (f)	penawaran	[penawaran]
necessidade (f)	kebutuhan	[kebutuhan]
consumidor (m)	konsumen	[konsumen]

análise (f)	analisis	[analisis]
analisar (vt)	menganalisis	[məŋanalisis]
posicionamento (m)	pemosisian	[pemosisian]
posicionar (vt)	memosisikan	[memosisikan]

preço (m)	harga	[harga]
política (f) de preços	politik harga	[politi' harga]
formação (f) de preços	penentuan harga	[penentuan harga]

111. Publicidade

publicidade (f)	iklan	[iklan]
publicitar (vt)	mengiklankan	[məŋiklankan]
orçamento (m)	anggaran belanja	[aŋgaran belandʒ'a]

anúncio (m) publicitário	iklan	[iklan]
publicidade (f) televisiva	iklan TV	[iklan ti-vi]
publicidade (f) na rádio	iklan radio	[iklan radio]
publicidade (f) exterior	iklan luar ruangan	[iklan luar ruaŋan]

comunicação (f) de massa	media massa	[media massa]
periódico (m)	terbitan berkala	[tərbitan bərkala]
imagem (f)	citra	[tʃitra]

| slogan (m) | slogan, semboyan | [slogan], [semboyan] |
| mote (m), divisa (f) | moto | [moto] |

campanha (f)	kampanye	[kampanje]
companha (f) publicitária	kampanye iklan	[kampanje iklan]
grupo (m) alvo	khalayak sasaran	[halaja' sasaran]

cartão (m) de visita	kartu nama	[kartu nama]
flyer (m)	selebaran	[selebaran]
brochura (f)	brosur	[brosur]
folheto (m)	pamflet	[pamflet]
boletim (~ informativo)	buletin	[buletin]

letreiro (m)	papan nama	[papan nama]
cartaz, póster (m)	poster	[poster]
painel (m) publicitário	papan iklan	[papan iklan]

112. Banca

| banco (m) | bank | [ban'] |
| sucursal, balcão (f) | cabang | [tʃabaŋ] |

| consultor (m) | konsultan | [konsultan] |
| gerente (m) | manajer | [manadʒ'er] |

conta (f)	rekening	[rekeniŋ]
número (m) da conta	nomor rekening	[nomor rekeniŋ]
conta (f) corrente	rekening koran	[rekeniŋ koran]
conta (f) poupança	rekening simpanan	[rekeniŋ simpanan]

abrir uma conta	membuka rekening	[membuka rekeniŋ]
fechar uma conta	menutup rekening	[mənutup rekeniŋ]
depositar na conta	memasukkan ke rekening	[memasu'kan ke rekeniŋ]
levantar (vt)	menarik uang	[mənari' uaŋ]

depósito (m)	deposito	[deposito]
fazer um depósito	melakukan setoran	[melakukan setoran]
transferência (f) bancária	transfer kawat	[transfer kawat]

transferir (vt)	mentransfer	[məntransfer]
soma (f)	jumlah	[dʒumlah]
Quanto?	Berapa?	[bərapa?]

| assinatura (f) | tanda tangan | [tanda taŋan] |
| assinar (vt) | menandatangani | [mənandataŋani] |

cartão (m) de crédito	kartu kredit	[kartu kredit]
código (m)	kode	[kode]
número (m)	nomor kartu kredit	[nomor kartu kredit]
do cartão de crédito		
Caixa Multibanco (m)	Anjungan Tunai Mandiri, ATM	[andʒuŋan tunaj mandiri], [a-te-em]

cheque (m)	cek	[ʧeʔ]
passar um cheque	menulis cek	[mənulis ʧeʔ]
livro (m) de cheques	buku cek	[buku ʧeʔ]

empréstimo (m)	kredit, pinjaman	[kredit], [pindʒaman]
pedir um empréstimo	meminta kredit	[meminta kredit]
obter um empréstimo	mendapatkan kredit	[məndapatkan kredit]
conceder um empréstimo	memberikan kredit	[memberikan kredit]
garantia (f)	jaminan	[dʒaminan]

113. Telefone. Conversação telefónica

telefone (m)	telepon	[telepon]
telemóvel (m)	ponsel	[ponsel]
secretária (f) electrónica	mesin penjawab panggilan	[mesin pendʒawab paŋgilan]

| fazer uma chamada | menelepon | [mənelepon] |
| chamada (f) | panggilan telepon | [paŋgilan telepon] |

marcar um número	memutar nomor telepon	[memutar nomor telepon]
Alô!	Halo!	[halo!]
perguntar (vt)	bertanya	[bərtanja]
responder (vt)	menjawab	[məndʒawab]

ouvir (vt)	mendengar	[məndeŋar]
bem	baik	[bajʔ]
mal	buruk, jelek	[buruk], [dʒeleʔ]
ruído (m)	bising, gangguan	[bisiŋ], [gaŋguan]

auscultador (m)	gagang	[gagaŋ]
pegar o telefone	mengangkat telepon	[məŋaŋkat telepon]
desligar (vi)	menutup telepon	[mənutup telepon]

ocupado	sibuk	[sibuʔ]
tocar (vi)	berdering	[bərderiŋ]
lista (f) telefónica	buku telepon	[buku telepon]

local	lokal	[lokal]
chamada (f) local	panggilan lokal	[paŋgilan lokal]
de longa distância	interlokal	[interlokal]

chamada (f) de longa distância	panggilan interlokal	[paŋgilan interlokal]
internacional	internasional	[internasional]
chamada (f) internacional	panggilan internasional	[paŋgilan internasional]

114. Telefone móvel

telemóvel (m)	ponsel	[ponsel]
ecrã (m)	layar	[lajar]
botão (m)	kenop	[kenop]
cartão SIM (m)	kartu SIM	[kartu sim]
bateria (f)	baterai	[bateraj]
descarregar-se	mati	[mati]
carregador (m)	pengisi baterai, pengecas	[peŋisi bateraj], [peɲetʃas]
menu (m)	menu	[menu]
definições (f pl)	penyetelan	[penjetelan]
melodia (f)	nada panggil	[nada paŋgil]
escolher (vt)	memilih	[memilih]
calculadora (f)	kalkulator	[kalkulator]
correio (m) de voz	penjawab telepon	[pendʒ¡awab telepon]
despertador (m)	weker	[weker]
contatos (m pl)	buku telepon	[buku telepon]
mensagem (f) de texto	pesan singkat	[pesan siŋkat]
assinante (m)	pelanggan	[pelaŋgan]

115. Estacionário

caneta (f)	bolpen	[bolpen]
caneta (f) tinteiro	pena celup	[pena tʃelup]
lápis (m)	pensil	[pensil]
marcador (m)	spidol	[spidol]
caneta (f) de feltro	spidol	[spidol]
bloco (m) de notas	buku catatan	[buku tʃatatan]
agenda (f)	agenda	[agenda]
régua (f)	mistar, penggaris	[mistar], [peŋgaris]
calculadora (f)	kalkulator	[kalkulator]
borracha (f)	karet penghapus	[karet peŋhapus]
pionés (m)	paku payung	[paku pajuŋ]
clipe (m)	penjepit kertas	[pendʒ¡epit kertas]
cola (f)	lem	[lem]
agrafador (m)	stapler	[stapler]
furador (m)	alat pelubang kertas	[alat pelubaŋ kertas]
afia-lápis (m)	rautan pensil	[rautan pensil]

116. Vários tipos de documentos

relatório (m)	laporan	[laporan]
acordo (m)	perjanjian	[pərdʒʲandʒian]
ficha (f) de inscrição	formulir pendaftaran	[formulir pendaftaran]
autêntico	otentik, asli	[otentik], [asli]
crachá (m)	label identitas	[label identitas]
cartão (m) de visita	kartu nama	[kartu nama]

certificado (m)	sertifikat	[sertifikat]
cheque (m)	cek	[tʃe']
conta (f)	bon	[bon]
constituição (f)	Konstitusi, Undang-Undang Dasar	[konstitusi], [undaŋ-undaŋ dasar]

contrato (m)	perjanjian	[pərdʒʲandʒian]
cópia (f)	salinan, tembusan	[salinan], [tembusan]
exemplar (m)	eksemplar	[eksemplar]

declaração (f) alfandegária	pernyataan pabean	[pərnjata'an pabean]
documento (m)	dokumen	[dokumen]
carta (f) de condução	Surat Izin Mengemudi, SIM	[surat izin məŋemudi], [sim]
adenda (ao contrato)	lampiran	[lampiran]
questionário (m)	formulir	[formulir]

bilhete (m) de identidade	kartu identitas	[kartu identitas]
inquérito (m)	pertanyaan	[pərtanja'an]
convite (m)	surat undangan	[surat undaŋan]
fatura (f)	faktur, tagihan	[faktur], [tagihan]

lei (f)	undang-undang	[undaŋ-undaŋ]
carta (correio)	surat	[surat]
papel (m) timbrado	kop surat	[kop surat]
lista (f)	daftar	[daftar]
manuscrito (m)	manuskrip	[manuskrip]
boletim (~ informativo)	buletin	[buletin]
bilhete (mensagem breve)	nota, catatan	[nota], [tʃatatan]

passe (m)	pas masuk	[pas masu']
passaporte (m)	paspor	[paspor]
permissão (f)	surat izin	[surat izin]
CV, currículo (m)	resume	[resume]
vale (nota promissória)	kuitansi	[kuitansi]
recibo (m)	kuitansi	[kuitansi]
talão (f)	slip penjualan	[slip pendʒʲualan]
relatório (m)	laporan	[laporan]

mostrar (vt)	memperlihatkan	[memperlihatkan]
assinar (vt)	menandatangani	[mənandataŋani]
assinatura (f)	tanda tangan	[tanda taŋan]
carimbo (m)	cap	[tʃap]
texto (m)	teks	[teks]
bilhete (m)	tiket	[tiket]
riscar (vt)	mencoret	[məntʃoret]
preencher (vt)	mengisi	[məŋisi]

| guia (f) de remessa | faktur | [faktur] |
| testamento (m) | surat wasiat | [surat wasiat] |

117. Tipos de negócios

serviços (m pl) de contabilidade	jasa akuntansi	[dʒ'asa akuntansi]
publicidade (f)	periklanan	[pəriklanan]
agência (f) de publicidade	biro periklanan	[biro pəriklanan]
ar (m) condicionado	penyejuk udara	[penjedʒ'u' udara]
companhia (f) aérea	maskapai penerbangan	[maskapaj penerbaŋan]
bebidas (f pl) alcoólicas	minuman beralkohol	[minuman bəralkohol]
comércio (m) de antiguidades	antikuariat	[antikuariat]
galeria (f) de arte	galeri seni	[galeri seni]
serviços (m pl) de auditoria	jasa audit	[dʒ'asa audit]
negócios (m pl) bancários	industri perbankan	[industri pərbankan]
bar (m)	bar	[bar]
salão (m) de beleza	salon kecantikan	[salon ketʃantikan]
livraria (f)	toko buku	[toko buku]
cervejaria (f)	pabrik bir	[pabri' bir]
centro (m) de escritórios	pusat bisnis	[pusat bisnis]
escola (f) de negócios	sekolah bisnis	[sekolah bisnis]
casino (m)	kasino	[kasino]
construção (f)	pembangunan	[pembaŋunan]
serviços (m pl) de consultoria	jasa konsultasi	[dʒ'asa konsultasi]
estomatologia (f)	klinik gigi	[klini' gigi]
design (m)	desain	[desajn]
farmácia (f)	apotek, toko obat	[apotek], [toko obat]
lavandaria (f)	penatu kimia	[penatu kimia]
agência (f) de emprego	biro tenaga kerja	[biro tenaga kerdʒ'a]
serviços (m pl) financeiros	jasa finansial	[dʒ'asa finansial]
alimentos (m pl)	produk makanan	[produ' makanan]
agência (f) funerária	rumah duka	[rumah duka]
mobiliário (m)	mebel	[mebel]
roupa (f)	pakaian, busana	[pakajan], [busana]
hotel (m)	hotel	[hotel]
gelado (m)	es krim	[es krim]
indústria (f)	industri	[industri]
seguro (m)	asuransi	[asuransi]
internet (f)	Internet	[internet]
investimento (m)	investasi	[investasi]
joalheiro (m)	tukang perhiasan	[tukaŋ pərhiasan]
joias (f pl)	perhiasan	[pərhiasan]
lavandaria (f)	penatu	[penatu]
serviços (m pl) jurídicos	penasihat hukum	[penasihat hukum]
indústria (f) ligeira	industri ringan	[industri riŋan]
revista (f)	majalah	[madʒ'alah]

vendas (f pl) por catálogo	perniagaan pesanan pos	[pərniaga'an pesanan pos]
medicina (f)	kedokteran	[kedokteran]
cinema (m)	bioskop	[bioskop]
museu (m)	museum	[museum]
agência (f) de notícias	kantor berita	[kantor berita]
jornal (m)	koran	[koran]
clube (m) noturno	klub malam	[klub malam]
petróleo (m)	petroleum, minyak	[petroleum], [minja']
serviço (m) de encomendas	jasa kurir	[dʒasa kurir]
indústria (f) farmacêutica	farmasi	[farmasi]
poligrafia (f)	percetakan	[pərtʃetakan]
editora (f)	penerbit	[penerbit]
rádio (m)	radio	[radio]
imobiliário (m)	properti, lahan yasan	[properti], [lahan yasan]
restaurante (m)	restoran	[restoran]
empresa (f) de segurança	biro keamanan	[biro keamanan]
desporto (m)	olahraga	[olahraga]
bolsa (f)	bursa efek	[bursa efe']
loja (f)	toko	[toko]
supermercado (m)	pasar swalayan	[pasar swalajan]
piscina (f)	kolam renang	[kolam renaŋ]
alfaiataria (f)	rumah jahit	[rumah dʒ'ahit]
televisão (f)	televisi	[televisi]
teatro (m)	teater	[teater]
comércio (atividade)	perdagangan	[pərdagaŋan]
serviços (m pl) de transporte	transportasi, angkutan	[transportasi], [aŋkutan]
viagens (f pl)	pariwisata	[pariwisata]
veterinário (m)	dokter hewan	[dokter hewan]
armazém (m)	gudang	[gudaŋ]
recolha (f) do lixo	pemungutan sampah	[pemuŋutan sampah]

Emprego. Negócios. Parte 2

118. Espetáculo. Feira

feira (f)	pameran	[pameran]
feira (f) comercial	pameran perdagangan	[pameran pərdagaŋan]

participação (f)	partisipasi	[partisipasi]
participar (vi)	turut serta	[turut serta]
participante (m)	partisipan, peserta	[partisipan], [peserta]

diretor (m)	direktur	[direktur]
direção (f)	biro penyelenggara kegiatan	[biro peneleŋgara kegiatan]
organizador (m)	penyelenggara	[penjeleŋgara]
organizar (vt)	menyelenggarakan	[mənjeleŋgarakan]

ficha (f) de inscrição	formulir keikutsertaan	[formulir keikutserta'an]
preencher (vt)	mengisi	[məŋisi]
detalhes (m pl)	detail	[detajl]
informação (f)	informasi	[informasi]

preço (m)	harga	[harga]
incluindo	termasuk	[tərmasu']
incluir (vt)	mencakup	[məntʃakup]
pagar (vt)	membayar	[membajar]
taxa (f) de inscrição	biaya pendaftaran	[biaja pendaftaran]

entrada (f)	masuk	[masu']
pavilhão (m)	paviliun	[paviliun]
inscrever (vt)	mendaftar	[məndaftar]
crachá (m)	label identitas	[label identitas]

stand (m)	stand	[stand]
reservar (vt)	memesan	[memesan]

vitrina (f)	dagang layar kaca	[dagaŋ lajar katʃa]
foco, spot (m)	lampu	[lampu]
design (m)	desain	[desajn]
pôr, colocar (vt)	menempatkan	[mənempatkan]
ser colocado, -a	diletakkan	[dileta'kan]

distribuidor (m)	penyalur	[penjalur]
fornecedor (m)	penyuplai	[penyuplaj]
fornecer (vt)	menyuplai	[mənyuplaj]

país (m)	negara, negeri	[negara], [negeri]
estrangeiro	asing	[asiŋ]
produto (m)	produk	[produ']
associação (f)	asosiasi, perhimpunan	[asosiasi], [pərhimpunan]

sala (f) de conferências	gedung pertemuan	[geduŋ pərtemuan]
congresso (m)	kongres	[koŋres]
concurso (m)	kontes	[kontes]

visitante (m)	pengunjung	[peŋundʒʲuŋ]
visitar (vt)	mendatangi	[məndataŋi]
cliente (m)	pelanggan	[pelaŋgan]

119. Media

jornal (m)	koran	[koran]
revista (f)	majalah	[madʒʲalah]
imprensa (f)	pers	[pers]
rádio (m)	radio	[radio]
estação (f) de rádio	stasiun radio	[stasiun radio]
televisão (f)	televisi	[televisi]

apresentador (m)	pembawa acara	[pembawa atʃara]
locutor (m)	penyiar	[penjiar]
comentador (m)	komentator	[komentator]

jornalista (m)	wartawan	[wartawan]
correspondente (m)	koresponden	[koresponden]
repórter (m) fotográfico	fotografer pers	[fotografer pərs]
repórter (m)	reporter, pewarta	[reporter], [pewarta]

redator (m)	editor, penyunting	[editor], [penyuntiŋ]
redator-chefe (m)	editor kepala	[editor kepala]

assinar a …	berlangganan …	[bərlaŋganan …]
assinatura (f)	langganan	[laŋganan]
assinante (m)	pelanggan	[pelaŋgan]
ler (vt)	membaca	[membatʃa]
leitor (m)	pembaca	[pembatʃa]

tiragem (f)	oplah	[oplah]
mensal	bulanan	[bulanan]
semanal	mingguan	[miŋguan]
número (jornal, revista)	edisi	[edisi]
recente	baru	[baru]

manchete (f)	kepala berita	[kepala bərita]
pequeno artigo (m)	artikel singkat	[artikel siŋkat]
coluna (~ semanal)	kolom	[kolom]
artigo (m)	artikel	[artikel]
página (f)	halaman	[halaman]

reportagem (f)	reportase	[reportase]
evento (m)	peristiwa, kejadian	[pəristiwa], [kedʒʲadian]
sensação (f)	sensasi	[sensasi]
escândalo (m)	skandal	[skandal]
escandaloso	penuh skandal	[penuh skandal]
grande	besar	[besar]
programa (m) de TV	program	[program]

entrevista (f)	wawancara	[wawanʧara]
transmissão (f) em direto	siaran langsung	[siaran laŋsuŋ]
canal (m)	saluran	[saluran]

120. Agricultura

agricultura (f)	pertanian	[pərtanian]
camponês (m)	petani	[petani]
camponesa (f)	petani	[petani]
agricultor (m)	petani	[petani]

| trator (m) | traktor | [traktor] |
| ceifeira-debulhadora (f) | mesin pemanen | [mesin pemanen] |

arado (m)	bajak	[badʒʲaʔ]
arar (vt)	membajak, menenggala	[membadʒʲak], [menəŋgala]
campo (m) lavrado	tanah garapan	[tanah garapan]
rego (m)	alur	[alur]

semear (vt)	menanam	[mənanam]
semeadora (f)	mesin penanam	[mesin penanam]
semeadura (f)	penanaman	[penanaman]

| gadanha (f) | sabit | [sabit] |
| gadanhar (vt) | menyabit | [mənjabit] |

| pá (f) | sekop | [sekop] |
| cavar (vt) | menggali | [məŋgali] |

enxada (f)	cangkul	[ʧaŋkul]
carpir (vt)	menyiangi	[mənjiaŋi]
erva (f) daninha	gulma	[gulma]

regador (m)	kaleng penyiram	[kaleŋ penjiram]
regar (vt)	menyiram	[mənjiram]
rega (f)	penyiraman	[penjiraman]

| forquilha (f) | garpu ramput | [garpu ramput] |
| ancinho (m) | penggaruk | [peŋgaruʔ] |

fertilizante (m)	pupuk	[pupuʔ]
fertilizar (vt)	memupuk	[memupuʔ]
estrume (m)	pupuk kandang	[pupuʔ kandaŋ]

campo (m)	ladang	[ladaŋ]
prado (m)	padang rumput	[padaŋ rumput]
horta (f)	kebun sayur	[kebun sajur]
pomar (m)	kebun buah	[kebun buah]

pastar (vt)	menggembalakan	[məŋgembalakan]
pastor (m)	penggembala	[peŋgembala]
pastagem (f)	padang penggembalaan	[padaŋ peŋgembalaʔan]
pecuária (f)	peternakan	[peternakan]
criação (f) de ovelhas	peternakan domba	[peternakan domba]

plantação (f)	perkebunan	[pərkebunan]
canteiro (m)	bedeng	[bedeŋ]
invernadouro (m)	rumah kaca	[rumah katʃa]

| seca (f) | musim kering | [musim keriŋ] |
| seco (verão ~) | kering | [keriŋ] |

cereal (m)	biji	[bidʒi]
cereais (m pl)	serealia	[serealia]
colher (vt)	memanen	[memanen]

moleiro (m)	penggiling	[peŋgiliŋ]
moinho (m)	kincir	[kintʃir]
moer (vt)	menggiling	[məŋgiliŋ]
farinha (f)	tepung	[tepuŋ]
palha (f)	jerami	[dʒⁱerami]

121. Construção. Processo de construção

canteiro (m) de obras	lokasi pembangunan	[lokasi pembaŋunan]
construir (vt)	membangun	[membaŋun]
construtor (m)	buruh bangunan	[buruh baŋunan]

projeto (m)	proyek	[proeʔ]
arquiteto (m)	arsitek	[arsiteʔ]
operário (m)	buruh, pekerja	[buruh], [pekerdʒⁱa]

fundação (f)	fondasi	[fondasi]
telhado (m)	atap	[atap]
estaca (f)	tiang fondasi	[tiaŋ fondasi]
parede (f)	dinding	[dindiŋ]

| varões (m pl) para betão | kerangka besi | [keraŋka besi] |
| andaime (m) | perancah | [pərantʃah] |

betão (m)	beton	[beton]
granito (m)	granit	[granit]
pedra (f)	batu	[batu]
tijolo (m)	bata, batu bata	[bata], [batu bata]

areia (f)	pasir	[pasir]
cimento (m)	semen	[semen]
emboço (m)	lepa, plester	[lepa], [plester]
emboçar (vt)	melepa	[melepa]
tinta (f)	cat	[tʃat]
pintar (vt)	mengecat	[məŋetʃat]
barril (m)	tong	[toŋ]

grua (f), guindaste (m)	derek	[dereʔ]
erguer (vt)	menaikkan	[mənajʔkan]
baixar (vt)	menurunkan	[mənurunkan]

| buldózer (m) | buldoser | [buldozer] |
| escavadora (f) | ekskavator | [ekskavator] |

caçamba (f)	sudu pengeruk	[sudu peŋeru']
escavar (vt)	menggali	[məŋgali]
capacete (m) de proteção	topi baja	[topi badʒʲa]

122. Ciência. Investigação. Cientistas

ciência (f)	ilmu	[ilmu]
científico	ilmiah	[ilmiah]
cientista (m)	ilmuwan	[ilmuwan]
teoria (f)	teori	[teori]

axioma (m)	aksioma	[aksioma]
análise (f)	analisis	[analisis]
analisar (vt)	menganalisis	[məŋanalisis]
argumento (m)	argumen	[argumen]
substância (f)	zat, bahan	[zat], [bahan]

hipótese (f)	hipotesis	[hipotesis]
dilema (m)	dilema	[dilema]
tese (f)	disertasi	[disertasi]
dogma (m)	dogma	[dogma]

doutrina (f)	doktrin	[doktrin]
pesquisa (f)	riset, penelitian	[riset], [penelitian]
pesquisar (vt)	penelitian	[penelitian]
teste (m)	pengujian	[peŋudʒian]
laboratório (m)	laboratorium	[laboratorium]

método (m)	metode	[metode]
molécula (f)	molekul	[molekul]
monitoramento (m)	pemonitoran	[pemonitoran]
descoberta (f)	penemuan	[penemuan]

postulado (m)	postulat	[postulat]
princípio (m)	prinsip	[prinsip]
prognóstico (previsão)	prakiraan	[prakira'an]
prognosticar (vt)	memprakirakan	[memprakirakan]

síntese (f)	sintesis	[sintesis]
tendência (f)	tendensi	[tendensi]
teorema (m)	teorema	[teorema]

| ensinamentos (m pl) | ajaran | [adʒʲaran] |
| facto (m) | fakta | [fakta] |

| expedição (f) | ekspedisi | [ekspedisi] |
| experiência (f) | eksperimen | [eksperimen] |

académico (m)	akademikus	[akademikus]
bacharel (m)	sarjana	[sardʒʲana]
doutor (m)	doktor	[doktor]
docente (m)	Profesor Madya	[profesor madja]
mestre (m)	Master	[master]
professor (m) catedrático	profesor	[profesor]

Profissões e ocupações

123. Procura de emprego. Demissão

trabalho (m)	kerja, pekerjaan	[kerdʒ|a], [pekerdʒ|a'an]
equipa (f)	staf, personalia	[staf], [personalia]
pessoal (m)	staf, personel	[staf], [personel]
carreira (f)	karier	[karier]
perspetivas (f pl)	perspektif	[perspektif]
mestria (f)	keterampilan	[keterampilan]
seleção (f)	pilihan	[pilihan]
agência (f) de emprego	biro tenaga kerja	[biro tenaga kerdʒ|a]
CV, currículo (m)	resume	[resume]
entrevista (f) de emprego	wawancara kerja	[wawantʃara kerdʒ|a]
vaga (f)	lowongan	[lowoŋan]
salário (m)	gaji, upah	[gadʒi], [upah]
salário (m) fixo	gaji tetap	[gadʒi tetap]
pagamento (m)	bayaran	[bajaran]
posto (m)	jabatan	[dʒ|abatan]
dever (do empregado)	tugas	[tugas]
gama (f) de deveres	bidang tugas	[bidaŋ tugas]
ocupado	sibuk	[sibuʔ]
despedir, demitir (vt)	memecat	[memetʃat]
demissão (f)	pemecatan	[pemetʃatan]
desemprego (m)	pengangguran	[peŋaŋguran]
desempregado (m)	penganggur	[peŋaŋgur]
reforma (f)	pensiun	[pensiun]
reformar-se	pensiun	[pensiun]

124. Gente de negócios

diretor (m)	direktur	[direktur]
gerente (m)	manajer	[manadʒ|er]
patrão, chefe (m)	bos, atasan	[bos], [atasan]
superior (m)	atasan	[atasan]
superiores (m pl)	atasan	[atasan]
presidente (m)	presiden	[presiden]
presidente (m) de direção	ketua, dirut	[ketua], [dirut]
substituto (m)	wakil	[wakil]
assistente (m)	asisten	[asisten]

| secretário (m) | sekretaris | [sekretaris] |
| secretário (m) pessoal | asisten pribadi | [asisten pribadi] |

homem (m) de negócios	pengusaha, pebisnis	[peŋusaha], [pebisnis]
empresário (m)	pengusaha	[peŋusaha]
fundador (m)	pendiri	[pendiri]
fundar (vt)	mendirikan	[məndirikan]

fundador, sócio (m)	pendiri	[pendiri]
parceiro, sócio (m)	mitra	[mitra]
acionista (m)	pemegang saham	[pemegaŋ saham]

milionário (m)	jutawan	[dʒ ͥutawan]
bilionário (m)	miliarder	[miliarder]
proprietário (m)	pemilik	[pemiliˀ]
proprietário (m) de terras	tuan tanah	[tuan tanah]

cliente (m)	klien	[klien]
cliente (m) habitual	klien tetap	[klien tetap]
comprador (m)	pembeli	[pembeli]
visitante (m)	tamu	[tamu]

profissional (m)	profesional	[profesional]
perito (m)	pakar, ahli	[pakar], [ahli]
especialista (m)	spesialis, ahli	[spesialis], [ahli]

| banqueiro (m) | bankir | [bankir] |
| corretor (m) | broker, pialang | [broker], [pialaŋ] |

caixa (m, f)	kasir	[kasir]
contabilista (m)	akuntan	[akuntan]
guarda (m)	satpam, pengawal	[satpam], [peŋawal]

investidor (m)	investor	[investor]
devedor (m)	debitur	[debitur]
credor (m)	kreditor	[kreditor]
mutuário (m)	peminjam	[pemindʒ ͥam]

| importador (m) | importir | [importir] |
| exportador (m) | eksportir | [eksportir] |

produtor (m)	produsen	[produsen]
distribuidor (m)	penyalur	[penjalur]
intermediário (m)	perantara	[perantara]

consultor (m)	konsultan	[konsultan]
representante (m)	perwakilan penjualan	[perwakilan pendʒ ͥualan]
agente (m)	agen	[agen]
agente (m) de seguros	agen asuransi	[agen asuransi]

125. Profissões de serviços

| cozinheiro (m) | koki, juru masak | [koki], [dʒ ͥuru masaˀ] |
| cozinheiro chefe (m) | koki kepala | [koki kepala] |

padeiro (m)	pembuat roti	[pembuat roti]
barman (m)	pelayan bar	[pelajan bar]
empregado (m) de mesa	pelayan lelaki	[pelajan lelaki]
empregada (f) de mesa	pelayan perempuan	[pelajan perempuan]
advogado (m)	advokat, pengacara	[advokat], [peɲatʃara]
jurista (m)	ahli hukum	[ahli hukum]
notário (m)	notaris	[notaris]
eletricista (m)	tukang listrik	[tukaŋ listriʔ]
canalizador (m)	tukang pipa	[tukaŋ pipa]
carpinteiro (m)	tukang kayu	[tukaŋ kaju]
massagista (m)	tukang pijat lelaki	[tukaŋ pidʒiat lelaki]
massagista (f)	tukang pijat perempuan	[tukaŋ pidʒiat perempuan]
médico (m)	dokter	[dokter]
taxista (m)	sopir taksi	[sopir taksi]
condutor (automobilista)	sopir	[sopir]
entregador (m)	kurir	[kurir]
camareira (f)	pelayan kamar	[pelajan kamar]
guarda (m)	satpam, pengawal	[satpam], [peɲawal]
hospedeira (f) de bordo	pramugari	[pramugari]
professor (m)	guru	[guru]
bibliotecário (m)	pustakawan	[pustakawan]
tradutor (m)	penerjemah	[penerdʒiemah]
intérprete (m)	juru bahasa	[dʒiuru bahasa]
guia (pessoa)	pemandu wisata	[pemandu wisata]
cabeleireiro (m)	tukang cukur	[tukaŋ tʃukur]
carteiro (m)	tukang pos	[tukaŋ pos]
vendedor (m)	pramuniaga	[pramuniaga]
jardineiro (m)	tukang kebun	[tukaŋ kebun]
criado (m)	pramuwisma	[pramuwisma]
criada (f)	pramuwisma	[pramuwisma]
empregada (f) de limpeza	pembersih ruangan	[pembersih ruaŋan]

126. Profissões militares e postos

soldado (m) raso	prajurit	[pradʒiurit]
sargento (m)	sersan	[sersan]
tenente (m)	letnan	[letnan]
capitão (m)	kapten	[kapten]
major (m)	mayor	[major]
coronel (m)	kolonel	[kolonel]
general (m)	jenderal	[dʒienderal]
marechal (m)	marsekal	[marsekal]
almirante (m)	laksamana	[laksamana]
militar (m)	anggota militer	[aŋgota militer]
soldado (m)	tentara, serdadu	[tentara], [serdadu]

| oficial (m) | perwira | [pərwira] |
| comandante (m) | komandan | [komandan] |

guarda (m) fronteiriço	penjaga perbatasan	[pendʒiaga pərbatasan]
operador (m) de rádio	operator radio	[operator radio]
explorador (m)	pengintai	[peɲintaj]
sapador (m)	pencari ranjau	[pentʃari randʒiau]
atirador (m)	petembak	[petembaʔ]
navegador (m)	navigator, penavigasi	[navigator], [penavigasi]

127. Oficiais. Padres

| rei (m) | raja | [radʒia] |
| rainha (f) | ratu | [ratu] |

| príncipe (m) | pangeran | [paŋeran] |
| princesa (f) | putri | [putri] |

| czar (m) | tsar, raja | [tsar], [radʒia] |
| czarina (f) | tsarina, ratu | [tsarina], [ratu] |

presidente (m)	presiden	[presiden]
ministro (m)	Menteri Sekretaris	[mənteri sekretaris]
primeiro-ministro (m)	perdana menteri	[pərdana menteri]
senador (m)	senator	[senator]

diplomata (m)	diplomat	[diplomat]
cônsul (m)	konsul	[konsul]
embaixador (m)	duta besar	[duta besar]
conselheiro (m)	penasihat	[penasihat]

funcionário (m)	petugas	[petugas]
prefeito (m)	prefek	[prefeʔ]
Presidente (m) da Câmara	walikota	[walikota]

| juiz (m) | hakim | [hakim] |
| procurador (m) | kejaksaan negeri | [kedʒiaksaʔan negeri] |

missionário (m)	misionaris	[misionaris]
monge (m)	biarawan, rahib	[biarawan], [rahib]
abade (m)	abbas	[abbas]
rabino (m)	rabbi	[rabbi]

vizir (m)	wazir	[wazir]
xá (m)	syah	[ʃah]
xeque (m)	syeikh	[ʃejh]

128. Profissões agrícolas

apicultor (m)	peternak lebah	[peternaʔ lebah]
pastor (m)	penggembala	[peŋgembala]
agrónomo (m)	agronom	[agronom]

| criador (m) de gado | peternak | [peterna'] |
| veterinário (m) | dokter hewan | [dokter hewan] |

agricultor (m)	petani	[petani]
vinicultor (m)	pembuat anggur	[pembuat aŋgur]
zoólogo (m)	zoolog	[zoolog]
cowboy (m)	koboi	[koboi]

129. Profissões artísticas

| ator (m) | aktor | [aktor] |
| atriz (f) | aktris | [aktris] |

| cantor (m) | biduan | [biduan] |
| cantora (f) | biduanita | [biduanita] |

| bailarino (m) | penari lelaki | [penari lelaki] |
| bailarina (f) | penari perempuan | [penari pərempuan] |

| artista (m) | artis | [artis] |
| artista (f) | artis | [artis] |

músico (m)	musisi, musikus	[musisi], [musikus]
pianista (m)	pianis	[pianis]
guitarrista (m)	pemain gitar	[pemajn gitar]

maestro (m)	konduktor	[konduktor]
compositor (m)	komposer, komponis	[komposer], [komponis]
empresário (m)	impresario	[impresario]

realizador (m)	sutradara	[sutradara]
produtor (m)	produser	[produser]
argumentista (m)	penulis skenario	[penulis skenario]
crítico (m)	kritikus	[kritikus]

escritor (m)	penulis	[penulis]
poeta (m)	penyair	[penjajr]
escultor (m)	pematung	[pematuŋ]
pintor (m)	perupa	[pərupa]

malabarista (m)	juggler	[dʒʲuggler]
palhaço (m)	badut	[badut]
acrobata (m)	akrobat	[akrobat]
mágico (m)	pesulap	[pesulap]

130. Várias profissões

médico (m)	dokter	[dokter]
enfermeira (f)	suster, juru rawat	[suster], [dʒʲuru rawat]
psiquiatra (m)	psikiater	[psikiater]
estomatologista (m)	dokter gigi	[dokter gigi]
cirurgião (m)	dokter bedah	[dokter bedah]

astronauta (m)	astronaut	[astronaut]
astrónomo (m)	astronom	[astronom]
piloto (m)	pilot	[pilot]

motorista (m)	sopir	[sopir]
maquinista (m)	masinis	[masinis]
mecânico (m)	mekanik	[mekaniʔ]

mineiro (m)	penambang	[penambaŋ]
operário (m)	buruh, pekerja	[buruh], [pekerdʒia]
serralheiro (m)	tukang kikir	[tukaŋ kikir]
marceneiro (m)	tukang kayu	[tukaŋ kaju]
torneiro (m)	tukang bubut	[tukaŋ bubut]
construtor (m)	buruh bangunan	[buruh baŋunan]
soldador (m)	tukang las	[tukaŋ las]

professor (m) catedrático	profesor	[profesor]
arquiteto (m)	arsitek	[arsiteʔ]
historiador (m)	sejarawan	[sedʒiarawan]
cientista (m)	ilmuwan	[ilmuwan]
físico (m)	fisikawan	[fisikawan]
químico (m)	kimiawan	[kimiawan]

arqueólogo (m)	arkeolog	[arkeolog]
geólogo (m)	geolog	[geolog]
pesquisador (cientista)	periset, peneliti	[pəriset], [peneliti]

| babysitter (f) | pengasuh anak | [peŋasuh anaʔ] |
| professor (m) | guru, pendidik | [guru], [pendidiʔ] |

redator (m)	editor, penyunting	[editor], [penyuntiŋ]
redator-chefe (m)	editor kepala	[editor kepala]
correspondente (m)	koresponden	[koresponden]
datilógrafa (f)	juru ketik	[dʒiuru ketiʔ]

designer (m)	desainer, perancang	[desajner], [pərantʃaŋ]
especialista (m) em informática	ahli komputer	[ahli komputer]
programador (m)	pemrogram	[pemrogram]
engenheiro (m)	insinyur	[insinyur]

marujo (m)	pelaut	[pelaut]
marinheiro (m)	kelasi	[kelasi]
salvador (m)	penyelamat	[penjelamat]

bombeiro (m)	pemadam kebakaran	[pemadam kebakaran]
polícia (m)	polisi	[polisi]
guarda-noturno (m)	penjaga	[pendʒiaga]
detetive (m)	detektif	[detektif]

funcionário (m) da alfândega	petugas pabean	[petugas pabean]
guarda-costas (m)	pengawal pribadi	[peŋawal pribadi]
guarda (m) prisional	sipir, penjaga penjara	[sipir], [pendʒiaga pendʒiara]
inspetor (m)	inspektur	[inspektur]
desportista (m)	olahragawan	[olahragawan]
treinador (m)	pelatih	[pelatih]

talhante (m)	tukang daging	[tukaŋ dagiŋ]
sapateiro (m)	tukang sepatu	[tukaŋ sepatu]
comerciante (m)	pedagang	[pedagaŋ]
carregador (m)	kuli	[kuli]

| estilista (m) | perancang busana | [perantʃaŋ busana] |
| modelo (f) | peragawati | [peragawati] |

131. Ocupações. Estatuto social

| aluno, escolar (m) | siswa | [siswa] |
| estudante (~ universitária) | mahasiswa | [mahasiswa] |

filósofo (m)	filsuf	[filsuf]
economista (m)	ahli ekonomi	[ahli ekonomi]
inventor (m)	penemu	[penemu]

desempregado (m)	pengganggur	[peŋgaŋgur]
reformado (m)	pensiunan	[pensiunan]
espião (m)	mata-mata	[mata-mata]

preso (m)	tahanan	[tahanan]
grevista (m)	pemogok	[pemogoʔ]
burocrata (m)	birokrat	[birokrat]
viajante (m)	pelancong	[pelantʃoŋ]

homossexual (m)	homo, homoseksual	[homo], [homoseksual]
hacker (m)	peretas	[peretas]
hippie	hipi	[hipi]

bandido (m)	bandit	[bandit]
assassino (m) a soldo	pembunuh bayaran	[pembunuh bajaran]
toxicodependente (m)	pecandu narkoba	[petʃandu narkoba]
traficante (m)	pengedar narkoba	[peŋedar narkoba]
prostituta (f)	pelacur	[pelatʃur]
chulo (m)	germo	[germo]

bruxo (m)	penyihir lelaki	[penjihir lelaki]
bruxa (f)	penyihir perempuan	[penjihir perempuan]
pirata (m)	bajak laut	[badʒaʔ laut]
escravo (m)	budak	[budaʔ]
samurai (m)	samurai	[samuraj]
selvagem (m)	orang primitif	[oraŋ primitif]

Desportos

132. Tipos de desportos. Desportistas

desportista (m)	olahragawan	[olahragawan]
tipo (m) de desporto	jenis olahraga	[dʒ¦enis olahraga]
basquetebol (m)	bola basket	[bola basket]
jogador (m) de basquetebol	pemain bola basket	[pemajn bola basket]
beisebol (m)	bisbol	[bisbol]
jogador (m) de beisebol	pemain bisbol	[pemajn bisbol]
futebol (m)	sepak bola	[sepa' bola]
futebolista (m)	pemain sepak bola	[pemajn sepa' bola]
guarda-redes (m)	kiper, penjaga gawang	[kiper], [pendʒ¦aga gawaŋ]
hóquei (m)	hoki	[hoki]
jogador (m) de hóquei	pemain hoki	[pemajn hoki]
voleibol (m)	bola voli	[bola voli]
jogador (m) de voleibol	pemain bola voli	[pemajn bola voli]
boxe (m)	tinju	[tindʒ¦u]
boxeador, pugilista (m)	petinju	[petindʒ¦u]
luta (f)	gulat	[gulat]
lutador (m)	pegulat	[pegulat]
karaté (m)	karate	[karate]
karateca (m)	karateka	[karateka]
judo (m)	judo	[dʒ¦udo]
judoca (m)	pejudo	[pedʒ¦udo]
ténis (m)	tenis	[tenis]
tenista (m)	petenis	[petenis]
natação (f)	berenang	[bərenaŋ]
nadador (m)	perenang	[pərenaŋ]
esgrima (f)	anggar	[aŋgar]
esgrimista (m)	pemain anggar	[pemajn aŋgar]
xadrez (m)	catur	[tʃatur]
xadrezista (m)	pecatur	[petʃatur]
alpinismo (m)	mendaki gunung	[məndaki gunuŋ]
alpinista (m)	pendaki gunung	[pendaki gunuŋ]
corrida (f)	lari	[lari]

corredor (m)	pelari	[pelari]
atletismo (m)	atletik	[atletiˀ]
atleta (m)	atlet	[atlet]

hipismo (m)	menunggang kuda	[mənuŋgaŋ kuda]
cavaleiro (m)	penunggang kuda	[penuŋgaŋ kuda]

patinagem (f) artística	seluncur indah	[seluntʃur indah]
patinador (m)	peseluncur indah	[peseluntʃur indah]
patinadora (f)	peseluncur indah	[peseluntʃur indah]

halterofilismo (m)	angkat berat	[aŋkat bərat]
halterofilista (m)	atlet angkat berat	[atlet aŋkat bərat]

corrida (f) de carros	balapan mobil	[balapan mobil]
piloto (m)	pembalap mobil	[pembalap mobil]

ciclismo (m)	bersepeda	[bərsepeda]
ciclista (m)	atlet sepeda	[atlet sepeda]

salto (m) em comprimento	lompat jauh	[lompat dʒʲauh]
salto (m) à vara	lompat galah	[lompat galah]
atleta (m) de saltos	atlet lompat, pelompat	[atlet lompat], [pelompat]

133. Tipos de desportos. Diversos

futebol (m) americano	futbol	[futbol]
badminton (m)	badminton, bulu tangkis	[badminton], [bulu taŋkis]
biatlo (m)	biathlon	[biatlon]
bilhar (m)	biliar	[biliar]

bobsled (m)	bobsled	[bobsled]
musculação (f)	binaraga	[binaraga]
polo (m) aquático	polo air	[polo air]
andebol (m)	bola tangan	[bola taŋan]
golfe (m)	golf	[golf]

remo (m)	mendayung	[məndajuŋ]
mergulho (m)	selam skuba	[selam skuba]
corrida (f) de esqui	ski lintas alam	[ski lintas alam]
ténis (m) de mesa	tenis meja	[tenis medʒʲa]

vela (f)	berlayar	[bərlajar]
rali (m)	balap reli	[balap reli]
râguebi (m)	rugbi	[rugbi]
snowboard (m)	seluncur salju	[seluntʃur saldʒʲu]
tiro (m) com arco	memanah	[memanah]

134. Ginásio

barra (f)	barbel	[barbel]
halteres (m pl)	dumbel	[dumbel]

aparelho (m) de musculaçao	alat senam	[alat senam]
bicicleta (f) ergométrica	sepeda statis	[sepeda statis]
passadeira (f) de corrida	treadmill	[tredmil]
barra (f) fixa	rekstok	[reksto']
barras (f) paralelas	palang sejajar	[palaŋ sedʒⁱadʒⁱar]
cavalo (m)	kuda-kuda	[kuda-kuda]
tapete (m) de ginástica	matras	[matras]
corda (f) de saltar	lompat tali	[lompat tali]
aeróbica (f)	aerobik	[aerobi']
ioga (f)	yoga	[yoga]

135. Hóquei

hóquei (m)	hoki	[hoki]
jogador (m) de hóquei	pemain hoki	[pemajn hoki]
jogar hóquei	bermain hoki	[bərmajn hoki]
gelo (m)	es	[es]
disco (m)	bola hoki es	[bola hoki es]
taco (m) de hóquei	stik hoki	[sti' hoki]
patins (m pl) de gelo	sepatu es	[sepatu es]
muro (m)	papan	[papan]
tiro (m)	pukulan	[pukulan]
guarda-redes (m)	penjaga gawang	[pendʒⁱaga gawaŋ]
golo (m)	gol	[gol]
marcar um golo	menjaringkan gol	[məndʒⁱariŋkan gol]
tempo (m)	babak	[baba']
segundo tempo (m)	babak kedua	[baba' kedua]
banco (m) de reservas	bangku pemain pengganti	[baŋku pemajn peŋganti]

136. Futebol

futebol (m)	sepak bola	[sepa' bola]
futebolista (m)	pemain sepak bola	[pemajn sepa' bola]
jogar futebol	bermain sepak bola	[bərmajn sepa' bola]
Liga Principal (f)	liga tertinggi	[liga tərtiŋgi]
clube (m) de futebol	klub sepak bola	[klub sepa' bola]
treinador (m)	pelatih	[pelatih]
proprietário (m)	pemilik	[pemili']
equipa (f)	tim	[tim]
capitão (m) da equipa	kapten tim	[kapten tim]
jogador (m)	pemain	[pemajn]
jogador (m) de reserva	pemain pengganti	[pemajn peŋganti]
atacante (m)	penyerang	[penjeraŋ]
avançado (m) centro	penyerang tengah	[penjeraŋ teŋah]

marcador (m)	penyerang, pencetak gol	[penjeraŋ], [pentʃeta' gol]
defesa (m)	bek, pemain bertahan	[bek], [pemajn bərtahan]
médio (m)	hafbek	[hafbe']

jogo (desafio)	pertandingan	[pərtandiŋan]
encontrar-se (vr)	bertanding	[bərtandiŋ]
final (m)	final	[final]
meia-final (f)	semifinal	[semifinal]
campeonato (m)	kejuaraan	[kedʒ'uara'an]

tempo (m)	babak	[baba']
primeiro tempo (m)	babak pertama	[baba' pərtama]
intervalo (m)	waktu istirahat	[waktu istirahat]

baliza (f)	gawang	[gawaŋ]
guarda-redes (m)	kiper, penjaga gawang	[kiper], [pendʒ'aga gawaŋ]
trave (f)	tiang gawang	[tiaŋ gawaŋ]
barra (f) transversal	palang gol	[palaŋ gol]
rede (f)	net	[net]
sofrer um golo	kebobolan	[kebobolan]

bola (f)	bola	[bola]
passe (m)	operan	[operan]
chute (m)	tendangan	[tendaŋan]
chutar (vt)	menendang	[mənendaŋ]
tiro (m) livre	tendangan bebas	[tendaŋan bebas]
canto (m)	tendangan penjuru	[tendaŋan pendʒ'uru]

ataque (m)	serangan	[seraŋan]
contra-ataque (m)	serangan balik	[seraŋan bali']
combinação (f)	kombinasi	[kombinasi]

árbitro (m)	wasit	[wasit]
apitar (vi)	meniup peluit	[məniup peluit]
apito (m)	peluit	[peluit]
falta (f)	pelanggaran	[pelaŋgaran]
cometer a falta	melanggar	[melaŋgar]
expulsar (vt)	mengusir keluar lapangan	[məŋusir keluar lapaŋan]

cartão (m) amarelo	kartu kuning	[kartu kuniŋ]
cartão (m) vermelho	kartu merah	[kartu merah]
desqualificação (f)	diskualifikasi	[diskualifikasi]
desqualificar (vt)	mendiskualifikasi	[məndiskualifikasi]

penálti (m)	tendangan penalti	[tendaŋan penalti]
barreira (f)	tembok pemain	[tembo' pemajn]
marcar (vt)	menjaringkan	[məndʒ'ariŋkan]
golo (m)	gol	[gol]
marcar um golo	menjaringkan gol	[məndʒ'ariŋkan gol]

substituição (f)	penggantian	[pəŋgantian]
substituir (vt)	mengganti	[məŋganti]
regras (f pl)	peraturan	[pəraturan]
tática (f)	taktik	[takti']
estádio (m)	stadion	[stadion]
bancadas (f pl)	tribun	[tribun]

| fã, adepto (m) | pendukung | [penduku ŋ] |
| gritar (vi) | berteriak | [bərteriaˀ] |

| marcador (m) | papan skor | [papan skor] |
| resultado (m) | skor | [skor] |

derrota (f)	kekalahan	[kekalahan]
perder (vt)	kalah	[kalah]
empate (m)	seri, hasil imbang	[seri], [hasil imbaŋ]
empatar (vi)	bermain seri	[bərmajn seri]

| vitória (f) | kemenangan | [kemenaŋan] |
| ganhar, vencer (vi, vt) | menang | [menaŋ] |

campeão (m)	juara	[dʒ¹uara]
melhor	terbaik	[terbaiˀ]
felicitar (vt)	mengucapkan selamat	[məŋutʃapkan selamat]

comentador (m)	komentator	[komentator]
comentar (vt)	berkomentar	[bərkomentar]
transmissão (f)	siaran	[siaran]

137. Esqui alpino

esqui (m)	ski	[ski]
esquiar (vi)	bermain ski	[bərmajn ski]
estância (f) de esqui	resor ski	[resor ski]
teleférico (m)	kereta gantung	[kereta gantuŋ]

bastões (m pl) de esqui	tongkat ski	[toŋkat ski]
declive (m)	lereng	[lereŋ]
slalom (m)	slalom	[slalom]

138. Ténis. Golfe

golfe (m)	golf	[golf]
clube (m) de golfe	klub golf	[klub golf]
jogador (m) de golfe	pegolf	[pegolf]

buraco (m)	lubang	[lubaŋ]
taco (m)	stik golf	[stiˀ golf]
trolley (m)	troli golf	[troli golf]

| ténis (m) | tenis | [tenis] |
| quadra (f) de ténis | lapangan tenis | [lapaŋan tenis] |

| saque (m) | servis | [servis] |
| sacar (vi) | melakukan servis | [melakukan servis] |

raquete (f)	raket	[raket]
rede (f)	net	[net]
bola (f)	bola	[bola]

139. Xadrez

xadrez (m)	catur	[ʧatur]
peças (f pl) de xadrez	buah catur	[buah ʧatur]
xadrezista (m)	pecatur	[peʧatur]
tabuleiro (m) de xadrez	papan catur	[papan ʧatur]
peça (f) de xadrez	buah catur	[buah ʧatur]
brancas (f pl)	buah putih	[buah putih]
pretas (f pl)	buah hitam	[buah hitam]
peão (m)	pion, bidak	[pion], [bidaʔ]
bispo (m)	gajah	[gadʒⁱah]
cavalo (m)	kuda	[kuda]
torre (f)	benteng	[bentɛŋ]
dama (f)	ratu, menteri	[ratu], [menteri]
rei (m)	raja	[radʒⁱa]
vez (m)	langkah	[laŋkah]
mover (vt)	melangkahkan bidak	[melaŋkahkan bidaʔ]
sacrificar (vt)	mengorbankan	[məŋorbankan]
roque (m)	rokade	[rokade]
xeque (m)	skak	[skaʔ]
xeque-mate (m)	skak mat	[skaʔ mat]
torneio (m) de xadrez	pertandingan catur	[pərtandiŋan ʧatur]
grão-mestre (m)	Grandmaster	[grandmaster]
combinação (f)	kombinasi	[kombinasi]
partida (f)	partai	[partaj]
jogo (m) de damas	permainan dam	[pərmajnan dam]

140. Boxe

boxe (m)	tinju	[tindʒⁱu]
combate (m)	pertarungan	[pərtaruŋan]
duelo (m)	pertandingan	[pərtandiŋan]
round (m)	ronde	[ronde]
ringue (m)	ring	[riŋ]
gongo (m)	gong	[goŋ]
murro, soco (m)	pukulan	[pukulan]
knockdown (m)	knock-down	[knokdaun]
nocaute (m)	knock-out	[knokaut]
nocautear (vt)	meng-KO	[meŋ-kao]
luva (f) de boxe	sarung tinju	[saruŋ tindʒⁱu]
árbitro (m)	wasit	[wasit]
peso-leve (m)	kelas ringan	[kelas riŋan]
peso-médio (m)	kelas menengah	[kelas meneŋah]
peso-pesado (m)	kelas berat	[kelas bərat]

141. Desportos. Diversos

Jogos (m pl) Olímpicos	Olimpiade	[olimpiade]
vencedor (m)	pemenang	[pemenaŋ]
vencer (vi)	unggul	[uŋgul]
vencer, ganhar (vi)	menang	[menaŋ]
líder (m)	pemimpin	[pemimpin]
liderar (vt)	memimpin	[memimpin]
primeiro lugar (m)	tempat pertama	[tempat pərtama]
segundo lugar (m)	tempat kedua	[tempat kedua]
terceiro lugar (m)	tempat ketiga	[tempat ketiga]
medalha (f)	medali	[medali]
troféu (m)	trofi	[trofi]
taça (f)	piala	[piala]
prémio (m)	hadiah	[hadiah]
prémio (m) principal	hadiah utama	[hadiah utama]
recorde (m)	rekor	[rekor]
estabelecer um recorde	menciptakan rekor	[mənt∫iptakan rekor]
final (m)	final	[final]
final	final	[final]
campeão (m)	juara	[dʒʲuara]
campeonato (m)	kejuaraan	[kedʒʲuara'an]
estádio (m)	stadion	[stadion]
bancadas (f pl)	tribun	[tribun]
fã, adepto (m)	pendukung	[pendukuŋ]
adversário (m)	lawan	[lawan]
partida (f)	start	[start]
chegada, meta (f)	finis	[finis]
derrota (f)	kekalahan	[kekalahan]
perder (vt)	kalah	[kalah]
árbitro (m)	wasit	[wasit]
júri (m)	juri	[dʒʲuri]
resultado (m)	skor	[skor]
empate (m)	seri, hasil imbang	[seri], [hasil imbaŋ]
empatar (vi)	bermain seri	[bərmajn seri]
ponto (m)	poin	[poin]
resultado (m) final	skor, hasil akhir	[skor], [hasil ahir]
tempo, período (m)	babak	[baba']
intervalo (m)	waktu istirahat	[waktu istirahat]
doping (m)	doping	[dopiŋ]
penalizar (vt)	menghukum	[məŋhukum]
desqualificar (vt)	mendiskualifikasi	[məndiskualifikasi]
aparelho (m)	alat olahraga	[alat olahraga]

dardo (m)	lembing	[lembiŋ]
peso (m)	peluru	[peluru]
bola (f)	bola	[bola]

alvo, objetivo (m)	sasaran	[sasaran]
alvo (~ de papel)	sasaran	[sasaran]
atirar, disparar (vi)	menembak	[mənemba']
preciso (tiro ~)	akurat	[akurat]

treinador (m)	pelatih	[pelatih]
treinar (vt)	melatih	[melatih]
treinar-se (vr)	berlatih	[bərlatih]
treino (m)	latihan	[latihan]

ginásio (m)	gimnasium	[gimnasium]
exercício (m)	latihan	[latihan]
aquecimento (m)	pemanasan	[pemanasan]

Educação

142. Escola

escola (f)	sekolah	[sekolah]
diretor (m) de escola	kepala sekolah	[kepala sekolah]
aluno (m)	murid laki-laki	[murid laki-laki]
aluna (f)	murid perempuan	[murid perempuan]
escolar (m)	siswa	[siswa]
escolar (f)	siswi	[siswi]
ensinar (vt)	mengajar	[məŋadʒ'ar]
aprender (vt)	belajar	[beladʒ'ar]
aprender de cor	menghafalkan	[məŋhafalkan]
estudar (vi)	belajar	[beladʒ'ar]
andar na escola	bersekolah	[bərsekolah]
ir à escola	ke sekolah	[ke sekolah]
alfabeto (m)	alfabet, abjad	[alfabet], [abdʒ'ad]
disciplina (f)	subjek, mata pelajaran	[subdʒ'ek], [mata peladʒ'aran]
sala (f) de aula	ruang kelas	[ruaŋ kelas]
lição (f)	pelajaran	[peladʒ'aran]
recreio (m)	waktu istirahat	[waktu istirahat]
toque (m)	lonceng	[lontʃeŋ]
carteira (f)	bangku sekolah	[baŋku sekolah]
quadro (m) negro	papan tulis hitam	[papan tulis hitam]
nota (f)	nilai	[nilaj]
boa nota (f)	nilai baik	[nilaj baj']
nota (f) baixa	nilai jelek	[nilaj dʒ'ele']
dar uma nota	memberikan nilai	[memberikan nilaj]
erro (m)	kesalahan	[kesalahan]
fazer erros	melakukan kesalahan	[melakukan kesalahan]
corrigir (vt)	mengoreksi	[məŋoreksi]
cábula (f)	contekan	[tʃontekan]
dever (m) de casa	pekerjaan rumah	[pekerdʒ'a'an rumah]
exercício (m)	latihan	[latihan]
estar presente	hadir	[hadir]
estar ausente	absen, tidak hadir	[absen], [tida' hadir]
faltar às aulas	absen dari sekolah	[absen dari sekolah]
punir (vt)	menghukum	[məŋhukum]
punição (f)	hukuman	[hukuman]
comportamento (m)	perilaku	[pərilaku]

boletim (m) escolar	rapor	[rapor]
lápis (m)	pensil	[pensil]
borracha (f)	karet penghapus	[karet peŋhapus]
giz (m)	kapur	[kapur]
estojo (m)	kotak pensil	[kota' pensil]
pasta (f) escolar	tas sekolah	[tas sekolah]
caneta (f)	pen	[pen]
caderno (m)	buku tulis	[buku tulis]
manual (m) escolar	buku pelajaran	[buku peladʒˈaran]
compasso (m)	paser, jangka	[paser], [dʒˈaŋka]
traçar (vt)	menggambar	[məŋgambar]
desenho (m) técnico	gambar teknik	[gambar tekniˀ]
poesia (f)	puisi, sajak	[puisi], [sadʒˈaˀ]
de cor	hafal	[hafal]
aprender de cor	menghafalkan	[məŋhafalkan]
férias (f pl)	liburan sekolah	[liburan sekolah]
estar de férias	berlibur	[bərlibur]
passar as férias	menjalani liburan	[məndʒˈalani liburan]
teste (m)	tes, kuis	[tes], [kuis]
composição, redação (f)	esai, karangan	[esaj], [karaŋan]
ditado (m)	dikte	[dikte]
exame (m)	ujian	[udʒian]
fazer exame	menempuh ujian	[mənempuh udʒian]
experiência (~ química)	eksperimen	[eksperimen]

143. Colégio. Universidade

academia (f)	akademi	[akademi]
universidade (f)	universitas	[universitas]
faculdade (f)	fakultas	[fakultas]
estudante (m)	mahasiswa	[mahasiswa]
estudante (f)	mahasiswi	[mahasiswi]
professor (m)	dosen	[dosen]
sala (f) de palestras	ruang kuliah	[ruaŋ kuliah]
graduado (m)	lulusan	[lulusan]
diploma (m)	ijazah	[idʒˈazah]
tese (f)	disertasi	[disertasi]
estudo (obra)	penelitian	[penelitian]
laboratório (m)	laboratorium	[laboratorium]
palestra (f)	kuliah	[kuliah]
colega (m) de curso	rekan sekuliah	[rekan sekuliah]
bolsa (f) de estudos	beasiswa	[beasiswa]
grau (m) académico	gelar akademik	[gelar akademiˀ]

144. Ciências. Disciplinas

matemática (f)	matematika	[matematika]
álgebra (f)	aljabar	[aldʒabar]
geometria (f)	geometri	[geometri]
astronomia (f)	astronomi	[astronomi]
biologia (f)	biologi	[biologi]
geografia (f)	geografi	[geografi]
geologia (f)	geologi	[geologi]
história (f)	sejarah	[sedʒarah]
medicina (f)	kedokteran	[kedokteran]
pedagogia (f)	pedagogi	[pedagogi]
direito (m)	hukum	[hukum]
física (f)	fisika	[fisika]
química (f)	kimia	[kimia]
filosofia (f)	filsafat	[filsafat]
psicologia (f)	psikologi	[psikologi]

145. Sistema de escrita. Ortografia

gramática (f)	tatabahasa	[tatabahasa]
vocabulário (m)	kosakata	[kosakata]
fonética (f)	fonetik	[foneti']
substantivo (m)	nomina	[nomina]
adjetivo (m)	adjektiva	[adʒektiva]
verbo (m)	verba	[verba]
advérbio (m)	adverbia	[adverbia]
pronome (m)	kata ganti	[kata ganti]
interjeição (f)	kata seru	[kata seru]
preposição (f)	preposisi, kata depan	[preposisi], [kata depan]
raiz (f) da palavra	kata dasar	[kata dasar]
terminação (f)	akhiran	[ahiran]
prefixo (m)	prefiks, awalan	[prefiks], [awalan]
sílaba (f)	suku kata	[suku kata]
sufixo (m)	sufiks, akhiran	[sufiks], [ahiran]
acento (m)	tanda tekanan	[tanda tekanan]
apóstrofo (m)	apostrofi	[apostrofi]
ponto (m)	titik	[titi']
vírgula (f)	koma	[koma]
ponto e vírgula (m)	titik koma	[titi' koma]
dois pontos (m pl)	titik dua	[titi' dua]
reticências (f pl)	elipsis, lesapan	[elipsis], [lesapan]
ponto (m) de interrogação	tanda tanya	[tanda tanja]
ponto (m) de exclamação	tanda seru	[tanda seru]

aspas (f pl)	tanda petik	[tanda petiʔ]
entre aspas	dalam tanda petik	[dalam tanda petiʔ]
parênteses (m pl)	tanda kurung	[tanda kuruŋ]
entre parênteses	dalam tanda kurung	[dalam tanda kuruŋ]
hífen (m)	tanda pisah	[tanda pisah]
travessão (m)	tanda hubung	[tanda hubuŋ]
espaço (m)	spasi	[spasi]
letra (f)	huruf	[huruf]
letra (f) maiúscula	huruf kapital	[huruf kapital]
vogal (f)	vokal	[vokal]
consoante (f)	konsonan	[konsonan]
frase (f)	kalimat	[kalimat]
sujeito (m)	subjek	[subdʒʲeʔ]
predicado (m)	predikat	[predikat]
linha (f)	baris	[baris]
em uma nova linha	di baris baru	[di baris baru]
parágrafo (m)	alinea, paragraf	[alinea], [paragraf]
palavra (f)	kata	[kata]
grupo (m) de palavras	rangkaian kata	[raŋkajan kata]
expressão (f)	ungkapan	[uŋkapan]
sinónimo (m)	sinonim	[sinonim]
antónimo (m)	antonim	[antonim]
regra (f)	peraturan	[pəraturan]
exceção (f)	perkecualian	[pərketʃualian]
correto	benar, betul	[benar], [betul]
conjugação (f)	konjugasi	[kondʒʲugasi]
declinação (f)	deklinasi	[deklinasi]
caso (m)	kasus nominal	[kasus nominal]
pergunta (f)	pertanyaan	[pərtanjaʔan]
sublinhar (vt)	menggaris bawahi	[məŋgaris bawahi]
linha (f) pontilhada	garis bertitik	[garis bərtitiʔ]

146. Línguas estrangeiras

língua (f)	bahasa	[bahasa]
estrangeiro	asing	[asiŋ]
língua (f) estrangeira	bahasa asing	[bahasa asiŋ]
estudar (vt)	mempelajari	[mempeladʒʲari]
aprender (vt)	belajar	[beladʒʲar]
ler (vt)	membaca	[membatʃa]
falar (vi)	berbicara	[bərbitʃara]
compreender (vt)	mengerti	[məŋerti]
escrever (vt)	menulis	[mənulis]
rapidamente	cepat, fasih	[tʃepat], [fasih]
devagar	perlahan-lahan	[pərlahan-lahan]

fluentemente	fasih	[fasih]
regras (f pl)	peraturan	[pəraturan]
gramática (f)	tatabahasa	[tatabahasa]
vocabulário (m)	kosakata	[kosakata]
fonética (f)	fonetik	[foneti⁷]

manual (m) escolar	buku pelajaran	[buku peladʒ'aran]
dicionário (m)	kamus	[kamus]
manual (m) de autoaprendizagem	buku autodidak	[buku autodida⁷]
guia (m) de conversação	panduan percakapan	[panduan pərtʃakapan]

cassete (f)	kaset	[kaset]
vídeo cassete (m)	kaset video	[kaset video]
CD (m)	cakram kompak	[tʃakram kompa⁷]
DVD (m)	cakram DVD	[tʃakram di-vi-di]

alfabeto (m)	alfabet, abjad	[alfabet], [abdʒ'ad]
soletrar (vt)	mengeja	[məŋedʒ'a]
pronúncia (f)	pelafalan	[pelafalan]

sotaque (m)	aksen	[aksen]
com sotaque	dengan aksen	[deŋan aksen]
sem sotaque	tanpa aksen	[tanpa aksen]

| palavra (f) | kata | [kata] |
| sentido (m) | arti | [arti] |

cursos (m pl)	kursus	[kursus]
inscrever-se (vr)	Mendaftar	[məndaftar]
professor (m)	guru	[guru]

tradução (processo)	penerjemahan	[penerdʒ'emahan]
tradução (texto)	terjemahan	[tərdʒ'emahan]
tradutor (m)	penerjemah	[penerdʒ'emah]
intérprete (m)	juru bahasa	[dʒ'uru bahasa]

| poliglota (m) | poliglot | [poliglot] |
| memória (f) | memori, daya ingat | [memori], [daja iŋat] |

147. Personagens de contos de fadas

Pai (m) Natal	Sinterklas	[sinterklas]
Cinderela (f)	Cinderella	[tʃinderella]
sereia (f)	putri duyung	[putri duyuŋ]
Neptuno (m)	Neptunus	[neptunus]

mago (m)	penyihir	[penjihir]
fada (f)	peri	[peri]
mágico	sihir	[sihir]
varinha (f) mágica	tongkat sihir	[toŋkat sihir]

| conto (m) de fadas | dongeng | [doŋeŋ] |
| milagre (m) | keajaiban | [keadʒ'ajban] |

anão (m)	**kerdil, katai**	[kerdil], [kataj]
transformar-se em ...	**menjelma menjadi ...**	[mənʤelma mənʤadi ...]

fantasma (m)	**fantom**	[fantom]
espetro (m)	**hantu**	[hantu]
monstro (m)	**monster**	[monster]
dragão (m)	**naga**	[naga]
gigante (m)	**raksasa**	[raksasa]

148. Signos do Zodíaco

Carneiro	**Aries**	[aries]
Touro	**Taurus**	[taurus]
Gémeos	**Gemini**	[ʤemini]
Caranguejo	**Cancer**	[kanser]
Leão	**Leo**	[leo]
Virgem (f)	**Virgo**	[virgo]

Balança	**Libra**	[libra]
Escorpião	**Scorpio**	[skorpio]
Sagitário	**Sagitarius**	[sagitarius]
Capricórnio	**Capricorn**	[keprikon]
Aquário	**Aquarius**	[akuarius]
Peixes	**Pisces**	[pistʃes]

caráter (m)	**karakter**	[karakter]
traços (m pl) do caráter	**ciri karakter**	[tʃiri karakter]
comportamento (m)	**tingkah laku**	[tiŋkah laku]
predizer (vt)	**meramal**	[meramal]
adivinha (f)	**peramal**	[pəramal]
horóscopo (m)	**horoskop**	[horoskop]

Artes

149. Teatro

teatro (m)	teater	[teater]
ópera (f)	opera	[opera]
opereta (f)	opereta	[opereta]
balé (m)	balet	[balet]

cartaz (m)	poster	[poster]
companhia (f) teatral	rombongan teater	[romboŋan teater]
turné (digressão)	tur, pertunjukan keliling	[tur], [pərtundʒʲukan keliliŋ]
estar em turné	mengadakan tur	[məŋadakan tur]
ensaiar (vt)	berlatih	[bərlatih]
ensaio (m)	geladi	[geladi]
repertório (m)	repertoar	[repertoar]

apresentação (f)	pertunjukan	[pərtundʒʲukan]
espetáculo (m)	pergelaran	[pərgelaran]
peça (f)	lakon	[lakon]

bilhete (m)	tiket	[tiket]
bilheteira (f)	loket tiket	[loket tiket]
hall (m)	lobi, ruang depan	[lobi], [ruaŋ depan]
guarda-roupa (m)	tempat penitipan jas	[tempat penitipan dʒʲas]
senha (f) numerada	nomor penitipan jas	[nomor penitipan dʒʲas]
binóculo (m)	binokular	[binokular]
lanterninha (m)	petugas penyobek tiket	[petugas penjobeʔ tiket]

plateia (f)	kursi orkestra	[kursi orkestra]
balcão (m)	balkon	[balkon]
primeiro balcão (m)	tingkat pertama	[tiŋkat pərtama]
camarote (m)	boks	[boks]
fila (f)	barisan	[barisan]
assento (m)	tempat duduk	[tempat duduʔ]

público (m)	khalayak	[halajaʔ]
espetador (m)	penonton	[penonton]
aplaudir (vt)	bertepuk tangan	[bərtepuʔ taŋan]
aplausos (m pl)	aplaus, tepuk tangan	[aplaus], [tepuʔ taŋan]
ovação (f)	ovasi, tepuk tangan	[ovasi], [tepuʔ taŋan]

palco (m)	panggung	[paŋguŋ]
pano (m) de boca	tirai	[tiraj]
cenário (m)	tata panggung	[tata paŋguŋ]
bastidores (m pl)	belakang panggung	[belakaŋ paŋguŋ]

cena (f)	adegan	[adegan]
ato (m)	babak	[babaʔ]
entreato (m)	waktu istirahat	[waktu istirahat]

150. Cinema

ator (m)	aktor	[aktor]
atriz (f)	aktris	[aktris]

cinema (m)	sinematografi, perfilman	[sinematografi], [perfilman]
filme (m)	film	[film]
episódio (m)	episode, seri	[episode], [seri]

filme (m) policial	detektif	[detektif]
filme (m) de ação	film laga	[film laga]
filme (m) de aventuras	film petualangan	[film petualaŋan]
filme (m) de ficção científica	film fiksi ilmiah	[film fiksi ilmiah]
filme (m) de terror	film horor	[film horor]

comédia (f)	film komedi	[film komedi]
melodrama (m)	melodrama	[melodrama]
drama (m)	drama	[drama]

filme (m) ficcional	film fiksi	[film fiksi]
documentário (m)	film dokumenter	[film dokumenter]
desenho (m) animado	kartun	[kartun]
cinema (m) mudo	film bisu	[film bisu]

papel (m)	peran	[peran]
papel (m) principal	peran utama	[peran utama]
representar (vt)	berperan	[bərperan]

estrela (f) de cinema	bintang film	[bintaŋ film]
conhecido	terkenal	[tərkenal]
famoso	terkenal	[tərkenal]
popular	populer, terkenal	[populer], [tərkenal]

argumento (m)	skenario	[skenario]
argumentista (m)	penulis skenario	[penulis skenario]
realizadora (m)	sutradara	[sutradara]
produtor (m)	produser	[produser]
assistente (m)	asisten	[asisten]
diretor (m) de fotografia	kamerawan	[kamerawan]
duplo (m)	pemeran pengganti	[pemeran peŋganti]
duplo (m) de corpo	pengganti	[peŋganti]

filmar (vt)	merekam film	[merekam film]
audição (f)	audisi	[audisi]
filmagem (f)	syuting, pengambilan gambar	[ʃyutiŋ], [peɲambilan gambar]

equipe (f) de filmagem	rombongan film	[romboŋan film]
set (m) de filmagem	set film	[set film]
câmara (f)	kamera	[kamera]

cinema (m)	bioskop	[bioskop]
ecrã (m), tela (f)	layar	[lajar]
exibir um filme	menayangkan film	[menajaŋkan film]
pista (f) sonora	soundtrack, trek suara	[saundtrek], [tre' suara]
efeitos (m pl) especiais	efek khusus	[efe' husus]

legendas (f pl)	subjudul, teks film	[subdʒʲudul], [teks film]
crédito (m)	ucapan terima kasih	[utʃapan tərima kasih]
tradução (f)	terjemahan	[tərdʒʲemahan]

151. Pintura

arte (f)	seni	[seni]
belas-artes (f pl)	seni rupa	[seni rupa]
galeria (f) de arte	galeri seni	[galeri seni]
exposição (f) de arte	pameran seni	[pameran seni]

pintura (f)	seni lukis	[seni lukis]
arte (f) gráfica	seni grafis	[seni grafis]
arte (f) abstrata	seni abstrak	[seni abstraʔ]
impressionismo (m)	impresionisme	[impresionisme]

pintura (f), quadro (m)	lukisan	[lukisan]
desenho (m)	gambar	[gambar]
cartaz, póster (m)	poster	[poster]

ilustração (f)	ilustrasi	[ilustrasi]
miniatura (f)	miniatur	[miniatur]
cópia (f)	salinan	[salinan]
reprodução (f)	reproduksi	[reproduksi]

mosaico (m)	mozaik	[mozajʔ]
vitral (m)	kaca berwarna	[katʃa bərwarna]
fresco (m)	fresko	[fresko]
gravura (f)	gravir	[gravir]

busto (m)	patung sedada	[patuŋ sedada]
escultura (f)	seni patung	[seni patuŋ]
estátua (f)	patung	[patuŋ]
gesso (m)	gips	[gips]
em gesso	dari gips	[dari gips]

retrato (m)	potret	[potret]
autorretrato (m)	potret diri	[potret diri]
paisagem (f)	lukisan lanskap	[lukisan lanskap]
natureza (f) morta	alam benda	[alam benda]
caricatura (f)	karikatur	[karikatur]
esboço (m)	sketsa	[sketsa]

tinta (f)	cat	[tʃat]
aguarela (f)	cat air	[tʃat air]
óleo (m)	cat minyak	[tʃat minjaʔ]
lápis (m)	pensil	[pensil]
tinta da China (f)	tinta gambar	[tinta gambar]
carvão (m)	arang	[araŋ]

desenhar (vt)	menggambar	[məŋgambar]
pintar (vt)	melukis	[melukis]
posar (vi)	berpose	[bərpose]
modelo (m)	model lelaki	[model lelaki]

modelo (f)	model perempuan	[model pərempuan]
pintor (m)	perupa	[pərupa]
obra (f)	karya seni	[karja seni]
obra-prima (f)	adikarya, mahakarya	[adikarja], [mahakarja]
estúdio (m)	studio seni	[studio seni]

tela (f)	kanvas	[kanvas]
cavalete (m)	esel, kuda-kuda	[esel], [kuda-kuda]
paleta (f)	palet	[palet]

moldura (f)	bingkai	[biŋkaj]
restauração (f)	pemugaran	[pemugaran]
restaurar (vt)	memugar	[memugar]

152. Literatura & Poesia

literatura (f)	sastra, kesusastraan	[sastra], [kesusastra'an]
autor (m)	pengarang	[peŋaraŋ]
pseudónimo (m)	pseudonim, nama samaran	[pseudonim], [nama samaran]

livro (m)	buku	[buku]
volume (m)	jilid	[dʒilid]
índice (m)	daftar isi	[daftar isi]
página (f)	halaman	[halaman]
protagonista (m)	karakter utama	[karakter utama]
autógrafo (m)	tanda tangan	[tanda taŋan]

conto (m)	cerpen	[tʃerpen]
novela (f)	novel, cerita	[novel], [tʃerita]
romance (m)	novel	[novel]
obra (f)	karya	[karja]
fábula (m)	fabel	[fabel]
romance (m) policial	novel detektif	[novel detektif]

poesia (obra)	puisi, sajak	[puisi], [sadʒa']
poesia (arte)	puisi	[puisi]
poema (m)	puisi	[puisi]
poeta (m)	penyair	[penjajr]

ficção (f)	fiksi	[fiksi]
ficção (f) científica	fiksi ilmiah	[fiksi ilmiah]
aventuras (f pl)	petualangan	[petualaŋan]
literatura (f) didática	literatur pendidikan	[literatur pendidikan]
literatura (f) infantil	sastra kanak-kanak	[sastra kana'-kana']

153. Circo

circo (m)	sirkus	[sirkus]
circo (m) ambulante	sirkus keliling	[sirkus keliliŋ]
programa (m)	program	[program]
apresentação (f)	pertunjukan	[pərtundʒʲukan]

| número (m) | aksi | [aksi] |
| arena (f) | arena | [arena] |

| pantomima (f) | pantomim | [pantomim] |
| palhaço (m) | badut | [badut] |

acrobata (m)	pemain akrobat	[pemajn akrobat]
acrobacia (f)	akrobatik	[akrobati?]
ginasta (m)	pesenam	[pesenam]
ginástica (f)	senam	[senam]
salto (m) mortal	salto	[salto]

homem forte (m)	orang kuat	[oraŋ kuat]
domador (m)	penjinak hewan	[pendʒina? hewan]
cavaleiro (m) equilibrista	penunggang kuda	[penuŋgaŋ kuda]
assistente (m)	asisten	[asisten]

truque (m)	stunt	[stun]
truque (m) de mágica	trik sulap	[tri? sulap]
mágico (m)	pesulap	[pesulap]

malabarista (m)	juggler	[dʒiuggler]
fazer malabarismos	bermain juggling	[bərmajn dʒiuggliŋ]
domador (m)	pelatih binatang	[pelatih binataŋ]
adestramento (m)	pelatihan binatang	[pelatihan binataŋ]
adestrar (vt)	melatih	[melatih]

154. Música. Música popular

música (f)	musik	[musi?]
músico (m)	musisi, musikus	[musisi], [musikus]
instrumento (m) musical	alat musik	[alat musi?]
tocar ...	bermain ...	[bərmajn ...]

guitarra (f)	gitar	[gitar]
violino (m)	biola	[biola]
violoncelo (m)	selo	[selo]
contrabaixo (m)	kontrabas	[kontrabas]
harpa (f)	harpa	[harpa]

piano (m)	piano	[piano]
piano (m) de cauda	grand piano	[grand piano]
órgão (m)	organ	[organ]

instrumentos (m pl) de sopro	alat musik tiup	[alat musi? tiup]
oboé (m)	obo	[obo]
saxofone (m)	saksofon	[saksofon]
clarinete (m)	klarinet	[klarinet]
flauta (f)	suling	[suliŋ]
trompete (m)	trompet	[trompet]

acordeão (m)	akordeon	[akordeon]
tambor (m)	drum	[drum]
duo, dueto (m)	duo, duet	[duo], [duet]

trio (m)	trio	[trio]
quarteto (m)	kuartet	[kuartet]
coro (m)	kor	[kor]
orquestra (f)	orkestra	[orkestra]
música (f) pop	musik pop	[musiʔ pop]
música (f) rock	musik rok	[musiʔ roʔ]
grupo (m) de rock	grup musik rok	[grup musiʔ roʔ]
jazz (m)	jaz	[dʒiaz]
ídolo (m)	idola	[idola]
fã, admirador (m)	pengagum	[peŋagum]
concerto (m)	konser	[konser]
sinfonia (f)	simfoni	[simfoni]
composição (f)	komposisi	[komposisi]
compor (vt)	menggubah, mencipta	[məŋgubah], [məntʃipta]
canto (m)	nyanyian	[njanjian]
canção (f)	lagu	[lagu]
melodia (f)	nada, melodi	[nada], [melodi]
ritmo (m)	irama	[irama]
blues (m)	musik blues	[musiʔ blus]
notas (f pl)	notasi musik	[notasi musiʔ]
batuta (f)	tongkat dirigen	[toŋkat dirigen]
arco (m)	penggesek	[peŋgeseʔ]
corda (f)	tali, senar	[tali], [senar]
estojo (m)	wadah	[wadah]

Descanso. Entretenimento. Viagens

155. Viagens

turismo (m)	pariwisata	[pariwisata]
turista (m)	turis, wisatawan	[turis], [wisatawan]
viagem (f)	pengembaraan	[peŋembara'an]
aventura (f)	petualangan	[petualaŋan]
viagem (f)	perjalanan, lawatan	[pərdʒ'alanan], [lawatan]
férias (f pl)	liburan	[liburan]
estar de férias	berlibur	[bərlibur]
descanso (m)	istirahat	[istirahat]
comboio (m)	kereta api	[kereta api]
de comboio (chegar ~)	naik kereta api	[nai' kereta api]
avião (m)	pesawat terbang	[pesawat tərbaŋ]
de avião	naik pesawat terbang	[nai' pesawat tərbaŋ]
de carro	naik mobil	[nai' mobil]
de navio	naik kapal	[nai' kapal]
bagagem (f)	bagasi	[bagasi]
mala (f)	koper	[koper]
carrinho (m)	troli bagasi	[troli bagasi]
passaporte (m)	paspor	[paspor]
visto (m)	visa	[visa]
bilhete (m)	tiket	[tiket]
bilhete (m) de avião	tiket pesawat terbang	[tiket pesawat tərbaŋ]
guia (m) de viagem	buku pedoman	[buku pedoman]
mapa (m)	peta	[peta]
local (m), area (f)	kawasan	[kawasan]
lugar, sítio (m)	tempat	[tempat]
exotismo (m)	keeksotisan	[keeksotisan]
exótico	eksotis	[eksotis]
surpreendente	menakjubkan	[mənakdʒ'ubkan]
grupo (m)	kelompok	[kelompo']
excursão (f)	ekskursi	[ekskursi]
guia (m)	pemandu wisata	[pemandu wisata]

156. Hotel

hotel (m), pensão (f)	hotel	[hotel]
motel (m)	motel	[motel]
três estrelas	bintang tiga	[bintaŋ tiga]

cinco estrelas	bintang lima	[bintaŋ lima]
ficar (~ num hotel)	menginap	[məŋinap]
quarto (m)	kamar	[kamar]
quarto (m) individual	kamar tunggal	[kamar tuŋgal]
quarto (m) duplo	kamar ganda	[kamar ganda]
reservar um quarto	memesan kamar	[memesan kamar]
meia pensão (f)	sewa setengah	[sewa seteŋah]
pensão (f) completa	sewa penuh	[sewa penuh]
com banheira	dengan kamar mandi	[deŋan kamar mandi]
com duche	dengan pancuran	[deŋan panʧuran]
televisão (m) satélite	televisi satelit	[televisi satelit]
ar (m) condicionado	penyejuk udara	[penjeʤʲuˀ udara]
toalha (f)	handuk	[handuˀ]
chave (f)	kunci	[kunʧi]
administrador (m)	administrator	[administrator]
camareira (f)	pelayan kamar	[pelajan kamar]
bagageiro (m)	porter	[porter]
porteiro (m)	pramupintu	[pramupintu]
restaurante (m)	restoran	[restoran]
bar (m)	bar	[bar]
pequeno-almoço (m)	makan pagi, sarapan	[makan pagi], [sarapan]
jantar (m)	makan malam	[makan malam]
buffet (m)	prasmanan	[prasmanan]
hall (m) de entrada	lobi	[lobi]
elevador (m)	elevator	[elevator]
NÃO PERTURBE	JANGAN MENGGANGGU	[dʒʲaŋan məŋgaŋgu]
PROIBIDO FUMAR!	DILARANG MEROKOK!	[dilaraŋ merokoˀ!]

157. Livros. Leitura

livro (m)	buku	[buku]
autor (m)	pengarang	[peŋaraŋ]
escritor (m)	penulis	[penulis]
escrever (vt)	menulis	[mənulis]
leitor (m)	pembaca	[pembaʧa]
ler (vt)	membaca	[membaʧa]
leitura (f)	membaca	[membaʧa]
para si	dalam hati	[dalam hati]
em voz alta	dengan keras	[deŋan keras]
publicar (vt)	menerbitkan	[mənerbitkan]
publicação (f)	penerbitan	[penerbitan]
editor (m)	penerbit	[penerbit]
editora (f)	penerbit	[penerbit]
sair (vi)	terbit	[terbit]

lançamento (m)	penerbitan	[penerbitan]
tiragem (f)	oplah	[oplah]
livraria (f)	toko buku	[toko buku]
biblioteca (f)	perpustakaan	[pərpustaka'an]
novela (f)	novel, cerita	[novel], [ʧerita]
conto (m)	cerpen	[ʧerpen]
romance (m)	novel	[novel]
romance (m) policial	novel detektif	[novel detektif]
memórias (f pl)	memoir	[memoir]
lenda (f)	legenda	[legenda]
mito (m)	mitos	[mitos]
poesia (f)	puisi	[puisi]
autobiografia (f)	autobiografi	[autobiografi]
obras (f pl) escolhidas	karya pilihan	[karja pilihan]
ficção (f) científica	fiksi ilmiah	[fiksi ilmiah]
título (m)	judul	[dʒʲudul]
introdução (f)	pendahuluan	[pendahuluan]
folha (f) de rosto	halaman judul	[halaman dʒʲudul]
capítulo (m)	bab	[bab]
excerto (m)	kutipan	[kutipan]
episódio (m)	episode	[episode]
tema (m)	alur cerita	[alur ʧerita]
conteúdo (m)	daftar isi	[daftar isi]
índice (m)	daftar isi	[daftar isi]
protagonista (m)	karakter utama	[karakter utama]
tomo, volume (m)	jilid	[dʒilid]
capa (f)	sampul	[sampul]
encadernação (f)	penjilidan	[pendʒilidan]
marcador (m) de livro	pembatas buku	[pembatas buku]
página (f)	halaman	[halaman]
folhear (vt)	membolak-balik	[membola'-bali']
margem (f)	margin	[margin]
anotação (f)	anotasi, catatan	[anotasi], [ʧatatan]
nota (f) de rodapé	catatan kaki	[ʧatatan kaki]
texto (m)	teks	[teks]
fonte (f)	huruf	[huruf]
gralha (f)	salah cetak	[salah ʧeta']
tradução (f)	terjemahan	[tərdʒʲemahan]
traduzir (vt)	menerjemahkan	[mənerdʒʲemahkan]
famoso	terkenal	[tərkenal]
desconhecido	tidak dikenali	[tida' dikenali]
interessante	menarik	[mənari']
best-seller (m)	buku laris	[buku laris]
dicionário (m)	kamus	[kamus]

| manual (m) escolar | buku pelajaran | [buku peladʒⁱaran] |
| enciclopédia (f) | ensiklopedi | [ensiklopedi] |

158. Caça. Pesca

caça (f)	perburuan	[pərburuan]
caçar (vi)	berburu	[bərburu]
caçador (m)	pemburu	[pemburu]

atirar (vi)	menembak	[mənembaʔ]
caçadeira (f)	senapan	[senapan]
cartucho (m)	peluru, patrun	[peluru], [patrun]
chumbo (m) de caça	peluru gotri	[peluru gotri]

armadilha (f)	perangkap	[pəraŋkap]
armadilha (com corda)	perangkap	[pəraŋkap]
cair na armadilha	terperangkap	[tərperaŋkap]
pôr a armadilha	memasang perangkap	[memasaŋ pəraŋkap]

caçador (m) furtivo	pemburu ilegal	[pemburu ilegal]
caça (f)	binatang buruan	[binataŋ buruan]
cão (m) de caça	anjing pemburu	[andʒiŋ pemburu]

| safári (m) | safari | [safari] |
| animal (m) empalhado | patung binatang | [patuŋ binataŋ] |

pescador (m)	nelayan, pemancing	[nelajan], [pemantʃiŋ]
pesca (f)	memancing	[memantʃiŋ]
pescar (vt)	memancing	[memantʃiŋ]

cana (f) de pesca	joran	[dʒoran]
linha (f) de pesca	tali pancing	[tali pantʃiŋ]
anzol (m)	kail	[kail]

| boia (f) | pelampung | [pelampuŋ] |
| isca (f) | umpan | [umpan] |

| lançar a linha | melempar pancing | [melempar pantʃiŋ] |
| morder (vt) | memakan umpan | [memakan umpan] |

| pesca (f) | tangkapan | [taŋkapan] |
| buraco (m) no gelo | lubang es | [lubaŋ es] |

| rede (f) | jala | [dʒⁱala] |
| barco (m) | perahu | [pərahu] |

pescar com rede	menjala	[məndʒⁱala]
lançar a rede	menabur jala	[mənabur dʒⁱala]
puxar a rede	menarik jala	[mənariʔ dʒⁱala]
cair nas malhas	tertangkap dalam jala	[tərtaŋkap dalam dʒⁱala]

baleeiro (m)	pemburu paus	[pemburu paus]
baleeira (f)	kapal pemburu paus	[kapal pemburu paus]
arpão (m)	tempuling	[tempuliŋ]

159. Jogos. Bilhar

bilhar (m)	biliar	[biliar]
sala (f) de bilhar	kamar biliar	[kamar biliar]
bola (f) de bilhar	bola	[bola]
embolsar uma bola	memasukkan bola	[memasuʔkan bola]
taco (m)	stik	[stiʔ]
caçapa (f)	lubang meja biliar	[lubaŋ medʒ ͈a biliar]

160. Jogos. Jogar cartas

ouros (m pl)	wajik	[wadʒiʔ]
espadas (f pl)	sekop	[sekop]
copas (f pl)	hati	[hati]
paus (m pl)	keriting	[keritiŋ]
ás (m)	as	[as]
rei (m)	raja	[radʒ ͈a]
dama (f)	ratu	[ratu]
valete (m)	jack	[dʒ ͈eʔ]
carta (f) de jogar	kartu permainan	[kartu pərmajnan]
cartas (f pl)	kartu	[kartu]
trunfo (m)	truf	[truf]
baralho (m)	pak kartu	[paʔ kartu]
ponto (m)	poin	[poin]
dar, distribuir (vt)	membagikan	[membagikan]
embaralhar (vt)	mengocok	[məŋotʃoʔ]
vez, jogada (f)	giliran	[giliran]
batoteiro (m)	pemain kartu curang	[pemajn kartu tʃuraŋ]

161. Casino. Roleta

casino (m)	kasino	[kasino]
roleta (f)	rolet	[rolet]
aposta (f)	bet, taruhan	[bet], [taruhan]
apostar (vt)	bertaruh	[bərtaruh]
vermelho (m)	merah	[merah]
preto (m)	hitam	[hitam]
apostar no vermelho	memasang warna merah	[memasaŋ warna merah]
apostar no preto	memasang warna hitam	[memasaŋ warna hitam]
crupiê (m, f)	bandar	[bandar]
girar a roda	memutar roda	[memutar roda]
regras (f pl) do jogo	aturan main	[aturan majn]
ficha (f)	chip	[tʃip]
ganhar (vi, vt)	menang	[menaŋ]
ganho (m)	kemenangan	[kemenaŋan]

| perder (dinheiro) | kalah | [kalah] |
| perda (f) | kekalahan | [kekalahan] |

jogador (m)	pemain	[pemajn]
blackjack (m)	Blackjack	[blekdʒ'e']
jogo (m) de dados	permainan dadu	[pərmajnan dadu]
dados (m pl)	dadu	[dadu]
máquina (f) de jogo	mesin slot	[mesin slot]

162. Descanso. Jogos. Diversos

passear (vi)	berjalan-jalan	[bərdʒ'alan-dʒ'alan]
passeio (m)	jalan-jalan	[dʒ'alan-dʒ'alan]
viagem (f) de carro	perjalanan	[pərdʒ'alanan]
aventura (f)	petualangan	[petualaŋan]
piquenique (m)	piknik	[pikni']

jogo (m)	permainan	[pərmajnan]
jogador (m)	pemain	[pemajn]
partida (f)	partai	[partaj]

colecionador (m)	kolektor	[kolektor]
colecionar (vt)	mengoleksi	[məŋoleksi]
coleção (f)	koleksi	[koleksi]

palavras (f pl) cruzadas	teka-teki silang	[teka-teki silaŋ]
hipódromo (m)	lapangan pacu	[lapaŋan patʃu]
discoteca (f)	diskotik	[diskoti']

| sauna (f) | sauna | [sauna] |
| lotaria (f) | lotre | [lotre] |

campismo (m)	darmawisata	[darmawisata]
acampamento (m)	perkemahan	[pərkemahan]
tenda (f)	tenda, kemah	[tenda], [kemah]
bússola (f)	kompas	[kompas]
campista (m)	pewisata alam	[pewisata alam]

ver (vt), assistir à ...	menonton	[mənonton]
telespectador (m)	penonton	[penonton]
programa (m) de TV	acara TV	[atʃara ti-vi]

163. Fotografia

| máquina (f) fotográfica | kamera | [kamera] |
| foto, fotografia (f) | foto | [foto] |

fotógrafo (m)	fotografer	[fotografer]
estúdio (m) fotográfico	studio foto	[studio foto]
álbum (m) de fotografias	album foto	[album foto]
objetiva (f)	lensa kamera	[lensa kamera]
teleobjetiva (f)	lensa telefoto	[lensa telefoto]

filtro (m)	**filter**	[filter]
lente (f)	**lensa**	[lensa]
ótica (f)	**alat optik**	[alat opti']
abertura (f)	**diafragma**	[diafragma]
exposição (f)	**kecepatan rana**	[ketʃepatan rana]
visor (m)	**jendela pengamat**	[dʒ¹endela peŋamat]
câmara (f) digital	**kamera digital**	[kamera digital]
tripé (m)	**kakitiga**	[kakitiga]
flash (m)	**blitz**	[blits]
fotografar (vt)	**memotret**	[memotret]
tirar fotos	**memotret**	[memotret]
fotografar-se	**berfoto**	[bərfoto]
foco (m)	**fokus**	[fokus]
focar (vt)	**mengatur fokus**	[məŋatur fokus]
nítido	**tajam**	[tadʒ¹am]
nitidez (f)	**ketajaman**	[ketadʒ¹aman]
contraste (m)	**kekontrasan**	[kekontrasan]
contrastante	**kontras**	[kontras]
retrato (m)	**gambar foto**	[gambar foto]
negativo (m)	**negatif**	[negatif]
filme (m)	**film**	[film]
fotograma (m)	**frame, gambar diam**	[frame], [gambar diam]
imprimir (vt)	**mencetak**	[məntʃeta']

164. Praia. Natação

praia (f)	**pantai**	[pantaj]
areia (f)	**pasir**	[pasir]
deserto	**sepi**	[sepi]
bronzeado (m)	**hitam terbakar matahari**	[hitam tərbakar matahari]
bronzear-se (vr)	**berjemur di sinar matahari**	[bərdʒ¹emur di sinar matahari]
bronzeado	**hitam terbakar matahari**	[hitam tərbakar matahari]
protetor (m) solar	**tabir surya**	[tabir surja]
biquíni (m)	**bikini**	[bikini]
fato (m) de banho	**baju renang**	[badʒ¹u renaŋ]
calção (m) de banho	**celana renang**	[tʃelana renaŋ]
piscina (f)	**kolam renang**	[kolam renaŋ]
nadar (vi)	**berenang**	[berenaŋ]
duche (m)	**pancuran**	[pantʃuran]
mudar de roupa	**berganti pakaian**	[bərganti pakajan]
toalha (f)	**handuk**	[handu']
barco (m)	**perahu**	[pərahu]
lancha (f)	**perahu motor**	[pərahu motor]
esqui (m) aquático	**ski air**	[ski air]

barco (m) de pedais	sepeda air	[sepeda air]
surf (m)	berselancar	[bərselantʃar]
surfista (m)	peselancar	[peselantʃar]

equipamento (m) de mergulho	alat scuba	[alat skuba]
barbatanas (f pl)	sirip karet	[sirip karet]
máscara (f)	masker	[masker]
mergulhador (m)	penyelam	[penjelam]
mergulhar (vi)	menyelam	[mənjelam]
debaixo d'água	bawah air	[bawah air]

guarda-sol (m)	payung	[pajuŋ]
espreguiçadeira (f)	kursi pantai	[kursi pantaj]
óculos (m pl) de sol	kacamata hitam	[katʃamata hitam]
colchão (m) de ar	kasur udara	[kasur udara]

brincar (vi)	bermain	[bərmajn]
ir nadar	berenang	[bərenaŋ]

bola (f) de praia	bola pantai	[bola pantaj]
encher (vt)	meniup	[məniup]
inflável, de ar	udara	[udara]

onda (f)	gelombang	[gelombaŋ]
boia (f)	pelampung	[pelampuŋ]
afogar-se (pessoa)	tenggelam	[teŋgelam]

salvar (vt)	menyelamatkan	[mənjelamatkan]
colete (m) salva-vidas	jaket pelampung	[dʒｉaket pelampuŋ]
observar (vt)	mengamati	[məŋamati]
nadador-salvador (m)	penyelamat	[penjelamat]

EQUIPAMENTO TÉCNICO. TRANSPORTES

Equipamento técnico. Transportes

165. Computador

computador (m)	komputer	[komputer]
portátil (m)	laptop	[laptop]
ligar (vt)	menyalakan	[mənjalakan]
desligar (vt)	mematikan	[mematikan]
teclado (m)	keyboard, papan tombol	[keybor], [papan tombol]
tecla (f)	tombol	[tombol]
rato (m)	tetikus	[tetikus]
tapete (m) de rato	bantal tetikus	[bantal tetikus]
botão (m)	tombol	[tombol]
cursor (m)	kursor	[kursor]
monitor (m)	monitor	[monitor]
ecrã (m)	layar	[lajar]
disco (m) rígido	hard disk, cakram keras	[hard disk], [tʃakram keras]
capacidade (f) do disco rígido	kapasitas cakram keras	[kapasitas tʃakram keras]
memória (f)	memori	[memori]
memória RAM (f)	memori akses acak	[memori akses atʃaʔ]
ficheiro (m)	file, berkas	[file], [bərkas]
pasta (f)	folder	[folder]
abrir (vt)	membuka	[membuka]
fechar (vt)	menutup	[mənutup]
guardar (vt)	menyimpan	[mənjimpan]
apagar, eliminar (vt)	menghapus	[məŋhapus]
copiar (vt)	menyalin	[mənjalin]
ordenar (vt)	menyortir	[mənjortir]
copiar (vt)	mentransfer	[məntransfer]
programa (m)	program	[program]
software (m)	perangkat lunak	[pəraŋkat lunaʔ]
programador (m)	pemrogram	[pemrogram]
programar (vt)	memprogram	[memprogram]
hacker (m)	peretas	[peretas]
senha (f)	kata sandi	[kata sandi]
vírus (m)	virus	[virus]
detetar (vt)	mendeteksi	[məndeteksi]
byte (m)	bita	[bita]

megabyte (m)	megabita	[megabita]
dados (m pl)	data	[data]
base (f) de dados	basis data, pangkalan data	[basis data], [paŋkalan data]

cabo (m)	kabel	[kabel]
desconectar (vt)	melepaskan	[melepaskan]
conetar (vt)	menyambungkan	[mənjambuŋkan]

166. Internet. E-mail

internet (f)	Internet	[internet]
browser (m)	peramban	[pəramban]
motor (m) de busca	mesin telusur	[mesin telusur]
provedor (m)	provider	[provider]

webmaster (m)	webmaster, perancang web	[webmaster], [pərantʃaŋ web]
website, sítio web (m)	situs web	[situs web]
página (f) web	halaman web	[halaman web]

| endereço (m) | alamat | [alamat] |
| livro (m) de endereços | buku alamat | [buku alamat] |

caixa (f) de correio	kotak surat	[kota' surat]
correio (m)	surat	[surat]
cheia (caixa de correio)	penuh	[penuh]

mensagem (f)	pesan	[pesan]
mensagens (f pl) recebidas	pesan masuk	[pesan masu']
mensagens (f pl) enviadas	pesan keluar	[pesan keluar]

remetente (m)	pengirim	[peɲirim]
enviar (vt)	mengirim	[məɲirim]
envio (m)	pengiriman	[peɲiriman]

| destinatário (m) | penerima | [penerima] |
| receber (vt) | menerima | [mənerima] |

| correspondência (f) | surat-menyurat | [surat-menyurat] |
| corresponder-se (vr) | surat-menyurat | [surat-menyurat] |

ficheiro (m)	file, berkas	[file], [bərkas]
fazer download, baixar	mengunduh	[məŋunduh]
criar (vt)	membuat	[membuat]
apagar, eliminar (vt)	menghapus	[məŋhapus]
eliminado	terhapus	[tərhapus]

conexão (f)	koneksi	[koneksi]
velocidade (f)	kecepatan	[ketʃepatan]
modem (m)	modem	[modem]
acesso (m)	akses	[akses]
porta (f)	porta	[porta]

| conexão (f) | koneksi | [koneksi] |
| conetar (vi) | terhubung ke ... | [tərhubuŋ ke ...] |

escolher (vt)	memilih	[memilih]
buscar (vt)	mencari ...	[mənʧari ...]

167. Eletricidade

eletricidade (f)	listrik	[listriʔ]
elétrico	listrik	[listriʔ]
central (f) elétrica	pembangkit listrik	[pembaŋkit listriʔ]
energia (f)	energi, tenaga	[energi], [tenaga]
energia (f) elétrica	tenaga listrik	[tenaga listriʔ]
lâmpada (f)	bohlam	[bohlam]
lanterna (f)	lentera	[lentera]
poste (m) de iluminação	lampu jalan	[lampu ʤʲalan]
luz (f)	lampu	[lampu]
ligar (vt)	menyalakan	[mənjalakan]
desligar (vt)	mematikan	[mematikan]
apagar a luz	mematikan lampu	[mematikan lampu]
fundir (vi)	mati	[mati]
curto-circuito (m)	korsleting	[korsletiŋ]
rutura (f)	kabel putus	[kabel putus]
contacto (m)	kontak	[kontaʔ]
interruptor (m)	sakelar	[sakelar]
tomada (f)	colokan	[ʧolokan]
ficha (f)	steker	[steker]
extensão (f)	kabel ekstensi	[kabel ekstensi]
fusível (m)	sekering	[sekeriŋ]
fio, cabo (m)	kabel, kawat	[kabel], [kawat]
instalação (f) elétrica	rangkaian kabel	[raŋkajan kabel]
ampere (m)	ampere	[ampere]
amperagem (f)	kuat arus listrik	[kuat arus listriʔ]
volt (m)	volt	[volt]
voltagem (f)	voltase	[voltase]
aparelho (m) elétrico	perkakas listrik	[pərkakas listriʔ]
indicador (m)	indikator	[indikator]
eletricista (m)	tukang listrik	[tukaŋ listriʔ]
soldar (vt)	mematri	[mematri]
ferro (m) de soldar	besi solder	[besi solder]
corrente (f) elétrica	arus listrik	[arus listriʔ]

168. Ferramentas

ferramenta (f)	alat	[alat]
ferramentas (f pl)	peralatan	[pəralatan]
equipamento (m)	perlengkapan	[pərleŋkapan]

martelo (m)	martil, palu	[martil], [palu]
chave (f) de fendas	obeng	[obeŋ]
machado (m)	kapak	[kapaʔ]

serra (f)	gergaji	[gergaʤi]
serrar (vt)	menggergaji	[məŋgergaʤi]
plaina (f)	serut	[serut]
aplainar (vt)	menyerut	[mənjerut]
ferro (m) de soldar	besi solder	[besi solder]
soldar (vt)	mematri	[mematri]

lima (f)	kikir	[kikir]
tenaz (f)	tang	[taŋ]
alicate (m)	catut	[ʧatut]
formão (m)	pahat	[pahat]

broca (f)	mata bor	[mata bor]
berbequim (f)	bor listrik	[bor listriʔ]
furar (vt)	mengebor	[məŋebor]

| faca (f) | pisau | [pisau] |
| lâmina (f) | mata pisau | [mata pisau] |

afiado	tajam	[taʤˈam]
cego	tumpul	[tumpul]
embotar-se (vr)	menjadi tumpul	[mənʤˈadi tumpul]
afiar, amolar (vt)	mengasah	[məŋasah]

parafuso (m)	baut	[baut]
porca (f)	mur	[mur]
rosca (f)	ulir	[ulir]
parafuso (m) para madeira	sekrup	[sekrup]

| prego (m) | paku | [paku] |
| cabeça (f) do prego | paku payung | [paku pajuŋ] |

régua (f)	mistar, penggaris	[mistar], [peŋgaris]
fita (f) métrica	meteran	[meteran]
nível (m)	pengukur kedataran	[peŋukur kedataran]
lupa (f)	kaca pembesar	[kaʧa pembesar]

medidor (m)	alat ukur	[alat ukur]
medir (vt)	mengukur	[məŋukur]
escala (f)	skala	[skala]
indicação (f), registo (m)	pencatatan	[penʧatatan]

| compressor (m) | kompresor | [kompresor] |
| microscópio (m) | mikroskop | [mikroskop] |

bomba (f)	pompa	[pompa]
robô (m)	robot	[robot]
laser (m)	laser	[laser]

chave (f) de boca	kunci pas	[kunʧi pas]
fita (f) adesiva	selotip	[selotip]
cola (f)	lem	[lem]

lixa (f)	kertas amplas	[kertas amplas]
mola (f)	pegas, per	[pegas], [pər]
íman (m)	magnet	[magnet]
luvas (f pl)	sarung tangan	[saruŋ taŋan]

corda (f)	tali	[tali]
cordel (m)	tambang, tali	[tambaŋ], [tali]
fio (m)	kabel, kawat	[kabel], [kawat]
cabo (m)	kabel, kawat	[kabel], [kawat]

marreta (f)	palu godam	[palu godam]
pé de cabra (m)	linggis	[liŋgis]
escada (f) de mão	tangga	[taŋga]
escadote (m)	tangga	[taŋga]

enroscar (vt)	mengencangkan	[məŋentʃaŋkan]
desenroscar (vt)	mengendurkan	[məŋendurkan]
apertar (vt)	mengencangkan	[məŋentʃaŋkan]
colar (vt)	menempelkan	[mənempelkan]
cortar (vt)	memotong	[memotoŋ]

falha (mau funcionamento)	malafungsi, kerusakan	[malafuŋsi], [kerusakan]
conserto (m)	perbaikan	[pərbajkan]
consertar, reparar (vt)	mereparasi, memperbaiki	[mereparasi], [memperbajki]
regular, ajustar (vt)	menyetel	[mənetel]

verificar (vt)	memeriksa	[memeriksa]
verificação (f)	pemeriksaan	[pemeriksa'an]
indicação (f), registo (m)	pencatatan	[pentʃatatan]

| seguro | andal | [andal] |
| complicado | rumit | [rumit] |

enferrujar (vi)	berkarat, karatan	[bərkarat], [karatan]
enferrujado	berkarat, karatan	[bərkarat], [karatan]
ferrugem (f)	karat	[karat]

Transportes

169. Avião

avião (m)	pesawat terbang	[pesawat tərbaŋ]
bilhete (m) de avião	tiket pesawat terbang	[tiket pesawat tərbaŋ]
companhia (f) aérea	maskapai penerbangan	[maskapaj penerbaŋan]
aeroporto (m)	bandara	[bandara]
supersónico	supersonik	[supersoni']
comandante (m) do avião	kapten	[kapten]
tripulação (f)	awak	[awa']
piloto (m)	pilot	[pilot]
hospedeira (f) de bordo	pramugari	[pramugari]
copiloto (m)	navigator, penavigasi	[navigator], [penavigasi]
asas (f pl)	sayap	[sajap]
cauda (f)	ekor	[ekor]
cabine (f) de pilotagem	kokpit	[kokpit]
motor (m)	mesin	[mesin]
trem (m) de aterragem	roda pendarat	[roda pendarat]
turbina (f)	turbin	[turbin]
hélice (f)	baling-baling	[baliŋ-baliŋ]
caixa-preta (f)	kotak hitam	[kota' hitam]
coluna (f) de controlo	kemudi	[kemudi]
combustível (m)	bahan bakar	[bahan bakar]
instruções (f pl) de segurança	instruksi keselamatan	[instruksi keselamatan]
máscara (f) de oxigénio	masker oksigen	[masker oksigen]
uniforme (m)	seragam	[seragam]
colete (m) salva-vidas	jaket pelampung	[dʒ'aket pelampuŋ]
paraquedas (m)	parasut	[parasut]
descolagem (f)	lepas landas	[lepas landas]
descolar (vi)	bertolak	[bərtola']
pista (f) de descolagem	jalur lepas landas	[dʒ'alur lepas landas]
visibilidade (f)	visibilitas, pandangan	[visibilitas], [pandaŋan]
voo (m)	penerbangan	[penerbaŋan]
altura (f)	ketinggian	[ketiŋgian]
poço (m) de ar	lubang udara	[lubaŋ udara]
assento (m)	tempat duduk	[tempat dudu']
auscultadores (m pl)	headphone, fonkepala	[headphone], [fonkepala]
mesa (f) rebatível	meja lipat	[medʒ'a lipat]
vigia (f)	jendela pesawat	[dʒ'endela pesawat]
passagem (f)	lorong	[loroŋ]

170. Comboio

comboio (m)	kereta api	[kereta api]
comboio (m) suburbano	kereta api listrik	[kereta api listriʔ]
comboio (m) rápido	kereta api cepat	[kereta api ʧepat]
locomotiva (f) diesel	lokomotif diesel	[lokomotif disel]
locomotiva (f) a vapor	lokomotif uap	[lokomotif uap]
carruagem (f)	gerbong penumpang	[gerboŋ penumpaŋ]
carruagem restaurante (f)	gerbong makan	[gerboŋ makan]
carris (m pl)	rel	[rel]
caminho de ferro (m)	rel kereta api	[rel kereta api]
travessa (f)	bantalan rel	[bantalan rel]
plataforma (f)	platform	[platform]
linha (f)	jalur	[dʒʲalur]
semáforo (m)	semafor	[semafor]
estação (f)	stasiun	[stasiun]
maquinista (m)	masinis	[masinis]
bagageiro (m)	porter	[porter]
hospedeiro, -a (da carruagem)	kondektur	[kondektur]
passageiro (m)	penumpang	[penumpaŋ]
revisor (m)	kondektur	[kondektur]
corredor (m)	koridor	[koridor]
freio (m) de emergência	rem darurat	[rem darurat]
compartimento (m)	kabin	[kabin]
cama (f)	bangku	[baŋku]
cama (f) de cima	bangku atas	[baŋku atas]
cama (f) de baixo	bangku bawah	[baŋku bawah]
roupa (f) de cama	kain kasur	[kain kasur]
bilhete (m)	tiket	[tiket]
horário (m)	jadwal	[dʒʲadwal]
painel (m) de informação	layar informasi	[lajar informasi]
partir (vt)	berangkat	[beraŋkat]
partida (f)	keberangkatan	[keberaŋkatan]
chegar (vi)	datang	[dataŋ]
chegada (f)	kedatangan	[kedataŋan]
chegar de comboio	datang naik kereta api	[dataŋ najʔ kereta api]
apanhar o comboio	naik ke kereta	[nai’ ke kereta]
sair do comboio	turun dari kereta	[turun dari kereta]
acidente (m) ferroviário	kecelakaan kereta	[keʧelaka’an kereta]
descarrilar (vi)	keluar rel	[keluar rel]
locomotiva (f) a vapor	lokomotif uap	[lokomotif uap]
fogueiro (m)	juru api	[dʒʲuru api]
fornalha (f)	tungku	[tuŋku]
carvão (m)	batu bara	[batu bara]

171. Barco

navio (m)	**kapal**	[kapal]
embarcação (f)	**kapal**	[kapal]
vapor (m)	**kapal uap**	[kapal uap]
navio (m)	**kapal api**	[kapal api]
transatlântico (m)	**kapal laut**	[kapal laut]
cruzador (m)	**kapal penjelajah**	[kapal penʤˈelaʤˈah]
iate (m)	**perahu pesiar**	[pərahu pesiar]
rebocador (m)	**kapal tunda**	[kapal tunda]
barcaça (f)	**tongkang**	[toŋkaŋ]
ferry (m)	**feri**	[feri]
veleiro (m)	**kapal layar**	[kapal lajar]
bergantim (m)	**kapal brigantin**	[kapal brigantin]
quebra-gelo (m)	**kapal pemecah es**	[kapal pemeʧah es]
submarino (m)	**kapal selam**	[kapal selam]
bote, barco (m)	**perahu**	[pərahu]
bote, dingue (m)	**sekoci**	[sekoʧi]
bote (m) salva-vidas	**sekoci penyelamat**	[sekoʧi penjelamat]
lancha (f)	**perahu motor**	[pərahu motor]
capitão (m)	**kapten**	[kapten]
marinheiro (m)	**kelasi**	[kelasi]
marujo (m)	**pelaut**	[pelaut]
tripulação (f)	**awak**	[awaʔ]
contramestre (m)	**bosman, bosun**	[bosman], [bosun]
grumete (m)	**kadet laut**	[kadet laut]
cozinheiro (m) de bordo	**koki**	[koki]
médico (m) de bordo	**dokter kapal**	[dokter kapal]
convés (m)	**dek**	[deʔ]
mastro (m)	**tiang**	[tiaŋ]
vela (f)	**layar**	[lajar]
porão (m)	**lambung kapal**	[lambuŋ kapal]
proa (f)	**haluan**	[haluan]
popa (f)	**buritan**	[buritan]
remo (m)	**dayung**	[dajuŋ]
hélice (f)	**baling-baling**	[baliŋ-baliŋ]
camarote (m)	**kabin**	[kabin]
sala (f) dos oficiais	**ruang rekreasi**	[ruaŋ rekreasi]
sala (f) das máquinas	**ruang mesin**	[ruaŋ mesin]
ponte (m) de comando	**anjungan kapal**	[anʤˈuŋan kapal]
sala (f) de comunicações	**ruang radio**	[ruaŋ radio]
onda (f) de rádio	**gelombang radio**	[gelombaŋ radio]
diário (m) de bordo	**buku harian kapal**	[buku harian kapal]
luneta (f)	**teropong**	[təropoŋ]
sino (m)	**lonceng**	[lonʧeŋ]

bandeira (f)	bendera	[bendera]
cabo (m)	tali	[tali]
nó (m)	simpul	[simpul]

| corrimão (m) | pegangan | [peganan] |
| prancha (f) de embarque | tangga kapal | [tanga kapal] |

âncora (f)	jangkar	[dʒiaŋkar]
recolher a âncora	mengangkat jangkar	[mənaŋkat dʒiaŋkar]
lançar a âncora	menjatuhkan jangkar	[məndʒiatuhkan dʒiaŋkar]
amarra (f)	rantai jangkar	[rantaj dʒiaŋkar]

porto (m)	pelabuhan	[pelabuhan]
cais, amarradouro (m)	dermaga	[dermaga]
atracar (vi)	merapat	[merapat]
desatracar (vi)	bertolak	[bərtolaʔ]

viagem (f)	pengembaraan	[peɲembaraʔan]
cruzeiro (m)	pesiar	[pesiar]
rumo (m), rota (f)	haluan	[haluan]
itinerário (m)	rute	[rute]

| banco (m) de areia | beting | [betiŋ] |
| encalhar (vt) | kandas | [kandas] |

tempestade (f)	badai	[badaj]
sinal (m)	sinyal	[sinjal]
afundar-se (vr)	tenggelam	[teŋgelam]
Homem ao mar!	Orang hanyut!	[oraŋ hanyut!]
SOS	SOS	[es-o-es]
boia (f) salva-vidas	pelampung penyelamat	[pelampuŋ penjelamat]

172. Aeroporto

aeroporto (m)	bandara	[bandara]
avião (m)	pesawat terbang	[pesawat tərbaŋ]
companhia (f) aérea	maskapai penerbangan	[maskapaj penerbaŋan]
controlador (m) de tráfego aéreo	pengawas lalu lintas udara	[peɲawas lalu lintas udara]

partida (f)	keberangkatan	[keberaŋkatan]
chegada (f)	kedatangan	[kedataŋan]
chegar (~ de avião)	datang	[dataŋ]

| hora (f) de partida | waktu keberangkatan | [waktu keberaŋkatan] |
| hora (f) de chegada | waktu kedatangan | [waktu kedataŋan] |

| estar atrasado | terlambat | [tərlambat] |
| atraso (m) de voo | penundaan penerbangan | [penundaʔan penerbaŋan] |

painel (m) de informação	papan informasi	[papan informasi]
informação (f)	informasi	[informasi]
anunciar (vt)	mengumumkan	[məŋumumkan]
voo (m)	penerbangan	[penerbaŋan]

| alfândega (f) | pabean | [pabean] |
| funcionário (m) da alfândega | petugas pabean | [petugas pabean] |

declaração (f) alfandegária	pernyataan pabean	[pərnjata'an pabean]
preencher (vt)	mengisi	[məŋisi]
preencher a declaração	mengisi formulir bea cukai	[məŋisi formulir bea tʃukaj]
controlo (m) de passaportes	pemeriksaan paspor	[pemeriksa'an paspor]

bagagem (f)	bagasi	[bagasi]
bagagem (f) de mão	jinjingan	[dʒindʒiŋan]
carrinho (m)	troli bagasi	[troli bagasi]

aterragem (f)	pendaratan	[pendaratan]
pista (f) de aterragem	jalur pendaratan	[dʒˈalur pendaratan]
aterrar (vi)	mendarat	[məndarat]
escada (f) de avião	tangga pesawat	[taŋga pesawat]

check-in (m)	check-in	[tʃekin]
balcão (m) do check-in	meja check-in	[medʒˈa tʃekin]
fazer o check-in	check-in	[tʃekin]
cartão (m) de embarque	kartu pas	[kartu pas]
porta (f) de embarque	gerbang keberangkatan	[gerbaŋ keberaŋkatan]

trânsito (m)	transit	[transit]
esperar (vi, vt)	menunggu	[mənuŋgu]
sala (f) de espera	ruang tunggu	[ruaŋ tuŋgu]
despedir-se de …	mengantar	[məŋantar]
despedir-se (vr)	berpamitan	[bərpamitan]

173. Bicicleta. Motocicleta

bicicleta (f)	sepeda	[sepeda]
scotter, lambreta (f)	skuter	[skuter]
mota (f)	sepeda motor	[sepeda motor]

ir de bicicleta	naik sepeda	[nai' sepeda]
guiador (m)	kemudi, setang	[kemudi], [setaŋ]
pedal (m)	pedal	[pedal]
travões (m pl)	rem	[rem]
selim (m)	sadel	[sadel]

bomba (f) de ar	pompa	[pompa]
porta-bagagens (m)	boncengan	[bontʃeŋan]
lanterna (f)	lampu depan, berko	[lampu depan], [bərko]
capacete (m)	helm	[helm]

roda (f)	roda	[roda]
guarda-lamas (m)	sayap roda	[sajap roda]
aro (m)	bingkai	[biŋkaj]
raio (m)	jari-jari, ruji	[dʒˈari-dʒˈari], [rudʒi]

Carros

174. Tipos de carros

carro, automóvel (m)	mobil	[mobil]
carro (m) desportivo	mobil sports	[mobil sports]
limusine (f)	limusin	[limusin]
todo o terreno (m)	kendaraan lintas medan	[kendara'an lintas medan]
descapotável (m)	kabriolet	[kabriolet]
minibus (m)	minibus	[minibus]
ambulância (f)	ambulans	[ambulans]
limpa-neve (m)	truk pembersih salju	[tru' pembersih saldʒʲu]
camião (m)	truk	[tru']
camião-cisterna (m)	truk tangki	[tru' taŋki]
carrinha (f)	mobil van	[mobil van]
camião-trator (m)	truk semi trailer	[tra' semi treyler]
atrelado (m)	trailer	[treyler]
confortável	nyaman	[njaman]
usado	bekas	[bekas]

175. Carros. Carroçaria

capô (m)	kap	[kap]
guarda-lamas (m)	sepatbor	[sepatbor]
tejadilho (m)	atap	[atap]
para-brisa (m)	kaca depan	[katʃa depan]
espelho (m) retrovisor	spion belakang	[spion belakaŋ]
lavador (m)	pencuci kaca	[pentʃutʃi katʃa]
limpa-para-brisas (m)	karet wiper	[karet wiper]
vidro (m) lateral	jendela mobil	[dʒʲendela mobil]
elevador (m) do vidro	pemutar jendela	[pemutar dʒʲendela]
antena (f)	antena	[antena]
teto solar (m)	panel atap	[panel atap]
para-choques (m pl)	bumper	[bumper]
bagageira (f)	bagasi mobil	[bagasi mobil]
bagageira (f) de tejadilho	rak bagasi atas	[ra' bagasi atas]
porta (f)	pintu	[pintu]
maçaneta (f)	gagang pintu	[gagaŋ pintu]
fechadura (f)	kunci	[kuntʃi]
matrícula (f)	pelat nomor	[pelat nomor]
silenciador (m)	peredam suara	[peredam suara]

tanque (m) de gasolina	tangki bahan bakar	[taŋki bahan bakar]
tubo (m) de escape	knalpot	[knalpot]
acelerador (m)	gas	[gas]
pedal (m)	pedal	[pedal]
pedal (m) do acelerador	pedal gas	[pedal gas]
travão (m)	rem	[rem]
pedal (m) do travão	pedal rem	[pedal rem]
travar (vt)	mengerem	[məŋerem]
travão (m) de mão	rem tangan	[rem taŋan]
embraiagem (f)	kopling	[kopliŋ]
pedal (m) da embraiagem	pedal kopling	[pedal kopliŋ]
disco (m) de embraiagem	pelat kopling	[pelat kopliŋ]
amortecedor (m)	peredam kejut	[pəredam kedʒʲut]
roda (f)	roda	[roda]
pneu (m) sobresselente	ban serep	[ban serep]
pneu (m)	ban	[ban]
tampão (m) de roda	dop	[dop]
rodas (f pl) motrizes	roda penggerak	[roda peŋgeraʔ]
de tração dianteira	penggerak roda depan	[peŋgeraʔ roda depan]
de tração traseira	penggerak roda belakang	[peŋgeraʔ roda belakaŋ]
de tração às 4 rodas	penggerak roda empat	[peŋgeraʔ roda empat]
caixa (f) de mudanças	transmisi, girboks	[transmisi], [girboks]
automático	otomatis	[otomatis]
mecânico	mekanis	[mekanis]
alavanca (f) das mudanças	tuas persneling	[tuas pərsneliŋ]
farol (m)	lampu depan	[lampu depan]
faróis, luzes	lampu depan	[lampu depan]
médios (m pl)	lampu dekat	[lampu dekat]
máximos (m pl)	lampu jauh	[lampu dʒʲauh]
luzes (f pl) de stop	lampu rem	[lampu rem]
mínimos (m pl)	lampu kecil	[lampu ketʃil]
luzes (f pl) de emergência	lampu bahaya	[lampu bahaja]
faróis (m pl) antinevoeiro	lampu kabut	[lampu kabut]
pisca-pisca (m)	lampu sein	[lampu sein]
luz (f) de marcha atrás	lampu belakang	[lampu belakaŋ]

176. Carros. Habitáculo

interior (m) do carro	kabin, interior	[kabin], [interior]
de couro, de pele	kulit	[kulit]
de veludo	velour	[velour]
estofos (m pl)	pelapis jok	[pelapis dʒʲoʔ]
indicador (m)	alat pengukur	[alat peŋukur]
painel (m) de instrumentos	dasbor	[dasbor]

| velocímetro (m) | spidometer | [spidometer] |
| ponteiro (m) | jarum | [dʒ'arum] |

conta-quilómetros (m)	odometer	[odometer]
sensor (m)	indikator, sensor	[indikator], [sensor]
nível (m)	level	[level]
luz (f) avisadora	lampu indikator	[lampu indikator]

volante (m)	setir	[setir]
buzina (f)	klakson	[klakson]
botão (m)	tombol	[tombol]
interruptor (m)	tuas	[tuas]

assento (m)	jok	[dʒo']
costas (f pl) do assento	sandaran	[sandaran]
cabeceira (f)	sandaran kepala	[sandaran kepala]
cinto (m) de segurança	sabuk pengaman	[sabu' peŋaman]
apertar o cinto	mengencangkan sabuk pengaman	[məŋentʃaŋkan sabu' peŋaman]
regulação (f)	penyetelan	[penjetelan]

| airbag (m) | bantal udara | [bantal udara] |
| ar (m) condicionado | penyejuk udara | [penjedʒ'u' udara] |

rádio (m)	radio	[radio]
leitor (m) de CD	pemutar CD	[pemutar si-di]
ligar (vt)	menyalakan	[mənjalakan]
antena (f)	antena	[antena]
porta-luvas (m)	laci depan	[latʃi depan]
cinzeiro (m)	asbak	[asba']

177. Carros. Motor

motor (m)	mesin	[mesin]
motor (m)	motor	[motor]
diesel	diesel	[disel]
a gasolina	bensin	[bensin]

cilindrada (f)	kapasitas mesin	[kapasitas mesin]
potência (f)	daya, tenaga	[daja], [tenaga]
cavalo-vapor (m)	tenaga kuda	[tenaga kuda]
pistão (m)	piston	[piston]
cilindro (m)	silinder	[silinder]
válvula (f)	katup	[katup]

injetor (m)	injektor	[indʒ'ektor]
gerador (m)	generator	[generator]
carburador (m)	karburator	[karburator]
óleo (m) para motor	oli	[oli]

radiador (m)	radiator	[radiator]
refrigerante (m)	cairan pendingin	[tʃajran pendiŋin]
ventilador (m)	kipas angin	[kipas aŋin]
bateria (f)	aki	[aki]

dispositivo (m) de arranque	starter	[starter]
ignição (f)	pengapian	[peŋapian]
vela (f) de ignição	busi	[busi]

borne (m)	elektroda	[elektroda]
borne (m) positivo	terminal positif	[tərminal positif]
borne (m) negativo	terminal negatif	[tərminal negatif]
fusível (m)	sekering	[sekeriŋ]

filtro (m) de ar	filter udara	[filter udara]
filtro (m) de óleo	filter oli	[filter oli]
filtro (m) de combustível	filter bahan bakar	[filter bahan bakar]

178. Carros. Batidas. Reparação

acidente (m) de carro	kecelakaan mobil	[ketʃelaka'an mobil]
acidente (m) rodoviário	kecelakaan jalan raya	[ketʃelaka'an dʒ'alan raja]
ir contra ...	menabrak	[mənabra']
sofrer um acidente	mengalami kecelakaan	[məŋalami ketʃelaka'an]
danos (m pl)	kerusakan	[kerusakan]
intato	tidak tersentuh	[tida' tərsentuh]

avaria (no motor, etc.)	kerusakan	[kerusakan]
avariar (vi)	rusak	[rusa']
cabo (m) de reboque	tali penyeret	[tali penjeret]

furo (m)	ban bocor	[ban botʃor]
estar furado	kempes	[kempes]
encher (vt)	memompa	[memompa]
pressão (f)	tekanan	[tekanan]
verificar (vt)	memeriksa	[memeriksa]

reparação (f)	reparasi	[reparasi]
oficina (f)	bengkel mobil	[beŋkel mobil]
de reparação de carros		
peça (f) sobresselente	onderdil, suku cadang	[onderdil], [suku tʃadaŋ]
peça (f)	komponen	[komponen]

parafuso (m)	baut	[baut]
parafuso (m)	sekrup	[sekrup]
porca (f)	mur	[mur]
anilha (f)	ring	[riŋ]
rolamento (m)	bantalan luncur	[bantalan luntʃur]

tubo (m)	pipa	[pipa]
junta (f)	gasket	[gasket]
fio, cabo (m)	kabel, kawat	[kabel], [kawat]

macaco (m)	dongkrak	[doŋkra']
chave (f) de boca	kunci pas	[kuntʃi pas]
martelo (m)	martil, palu	[martil], [palu]
bomba (f)	pompa	[pompa]
chave (f) de fendas	obeng	[obeŋ]
extintor (m)	pemadam api	[pemadam api]

triângulo (m) de emergência	segi tiga pengaman	[segi tiga peŋaman]
parar (vi) (motor)	mogok	[mogoʔ]
paragem (f)	mogok	[mogoʔ]
estar quebrado	rusak	[rusaʔ]
superaquecer-se (vr)	kepanasan	[kepanasan]
entupir-se (vr)	tersumbat	[tərsumbat]
congelar-se (vr)	membeku	[membeku]
rebentar (vi)	pecah	[petʃah]
pressão (f)	tekanan	[tekanan]
nível (m)	level	[level]
frouxo	longgar	[loŋgar]
mossa (f)	penyok	[penjoʔ]
ruído (m)	ketukan	[ketukan]
fissura (f)	retak	[retaʔ]
arranhão (m)	gores	[gores]

179. Carros. Estrada

estrada (f)	jalan	[dʒʲalan]
autoestrada (f)	jalan raya	[dʒʲalan raja]
rodovia (f)	jalan raya	[dʒʲalan raja]
direção (f)	arah	[arah]
distância (f)	jarak	[dʒʲaraʔ]
ponte (f)	jembatan	[dʒʲembatan]
parque (m) de estacionamento	tempat parkir	[tempat parkir]
praça (f)	lapangan	[lapaŋan]
nó (m) rodoviário	jembatan simpang susun	[dʒʲembatan simpaŋ susun]
túnel (m)	terowongan	[tərowoŋan]
posto (m) de gasolina	SPBU, stasiun bensin	[es-pe-be-u], [stasjun bensin]
parque (m) de estacionamento	tempat parkir	[tempat parkir]
bomba (f) de gasolina	stasiun bahan bakar	[stasiun bahan bakar]
oficina (f) de reparação de carros	bengkel mobil	[beŋkel mobil]
abastecer (vt)	mengisi bahan bakar	[məŋisi bahan bakar]
combustível (m)	bahan bakar	[bahan bakar]
bidão (m) de gasolina	jeriken	[dʒʲeriken]
asfalto (m)	aspal	[aspal]
marcação (f) de estradas	penandaan jalan	[penanda'an dʒʲalan]
lancil (m)	kerb jalan	[kerb dʒʲalan]
proteção (f) guard-rail	pagar pematas	[pagar pematas]
valeta (f)	parit	[parit]
berma (f) da estrada	bahu jalan	[bahu dʒʲalan]
poste (m) de luz	tiang lampu	[tiaŋ lampu]
conduzir, guiar (vt)	menyetir	[mənjetir]
virar (ex. ~ à direita)	membelok	[membeloʔ]
dar retorno	memutar arah	[memutar arah]
marcha-atrás (f)	mundur	[mundur]

buzinar (vi)	membunyikan klakson	[membunjikan klakson]
buzina (f)	suara klakson	[suara klakson]
atolar-se (vr)	terjebak	[tərdʒˈeba']
patinar (na lama)	terjebak	[tərdʒˈeba']
desligar (vt)	mematikan	[mematikan]
velocidade (f)	kecepatan	[ketʃepatan]
exceder a velocidade	melebihi batas kecepatan	[melebihi batas ketʃepatan]
multar (vt)	memberikan surat tilang	[memberikan surat tilaŋ]
semáforo (m)	lampu lalu lintas	[lampu lalu lintas]
carta (f) de condução	Surat Izin Mengemudi, SIM	[surat izin meɲemudi], [sim]
passagem (f) de nível	lintasan	[lintasan]
cruzamento (m)	persimpangan	[pərsimpaŋan]
passadeira (f)	penyeberangan	[penjeberaŋan]
curva (f)	tikungan	[tikuŋan]
zona (f) pedonal	kawasan pejalan kaki	[kawasan pedʒˈalan kaki]

180. Sinais de trânsito

código (m) da estrada	peraturan lalu lintas	[pəraturan lalu lintas]
sinal (m) de trânsito	rambu	[rambu]
ultrapassagem (f)	mendahului	[məndahului]
curva (f)	tikungan	[tikuŋan]
inversão (f) de marcha	putaran	[putaran]
rotunda (f)	bundaran lalu lintas	[bundaran lalu lintas]
sentido proibido	Dilarang masuk	[dilaraŋ masu']
trânsito proibido	Kendaraan dilarang masuk	[kendara'an dilaraŋ masu']
proibição de ultrapassar	Dilarang mendahului	[dilaraŋ mendahului]
estacionamento proibido	Dilarang parkir	[dilaraŋ parkir]
paragem proibida	Dilarang berhenti	[dilaraŋ bərhenti]
curva (f) perigosa	tikungan tajam	[tikuŋan tadʒˈam]
descida (f) perigosa	turunan terjal	[turunan tərdʒˈal]
trânsito de sentido único	jalan satu arah	[dʒˈalan satu arah]
passadeira (f)	penyeberangan	[penjeberaŋan]
pavimento (m) escorregadio	jalan licin	[dʒˈalan litʃin]
cedência de passagem	beri jalan	[beri dʒˈalan]

PESSOAS. EVENTOS

Eventos

181. Férias. Evento

festa (f)	perayaan	[pəraja'an]
festa (f) nacional	hari besar nasional	[hari besar nasional]
feriado (m)	hari libur	[hari libur]
festejar (vt)	merayakan	[merajakan]

evento (festa, etc.)	peristiwa, kejadian	[pəristiwa], [kedʒ'adian]
evento (banquete, etc.)	acara	[atʃara]
banquete (m)	banket	[banket]
receção (f)	resepsi	[resepsi]
festim (m)	pesta	[pesta]

aniversário (m)	hari jadi, HUT	[hari dʒ'adi], [ha-u-te]
jubileu (m)	yubileum	[yubileum]
celebrar (vt)	merayakan	[merajakan]

Ano (m) Novo	Tahun Baru	[tahun baru]
Feliz Ano Novo!	Selamat Tahun Baru!	[selamat tahun baru!]
Pai (m) Natal	Sinterklas	[sinterklas]

Natal (m)	Natal	[natal]
Feliz Natal!	Selamat Hari Natal!	[selamat hari natal!]
árvore (f) de Natal	pohon Natal	[pohon natal]
fogo (m) de artifício	kembang api	[kembaŋ api]

boda (f)	pernikahan	[pərnikahan]
noivo (m)	mempelai lelaki	[mempelaj lelaki]
noiva (f)	mempelai perempuan	[mempelaj pərempuan]

| convidar (vt) | mengundang | [məŋundaŋ] |
| convite (m) | kartu undangan | [kartu undaŋan] |

convidado (m)	tamu	[tamu]
visitar (vt)	mengunjungi	[məŋundʒ'uŋi]
receber os hóspedes	menyambut tamu	[mənjambut tamu]

presente (m)	hadiah	[hadiah]
oferecer (vt)	memberi	[memberi]
receber presentes	menerima hadiah	[mənerima hadiah]
ramo (m) de flores	buket	[buket]

felicitações (f pl)	ucapan selamat	[utʃapan selamat]
felicitar (dar os parabéns)	mengucapkan selamat	[məŋutʃapkan selamat]
cartão (m) de parabéns	kartu ucapan selamat	[kartu utʃapan selamat]

| enviar um postal | mengirim kartu pos | [məŋirim kartu pos] |
| receber um postal | menerima kartu pos | [mənerima kartu pos] |

brinde (m)	toas	[toas]
oferecer (vt)	menawari	[mənawari]
champanhe (m)	sampanye	[sampanje]

divertir-se (vr)	bersukaria	[bərsukaria]
diversão (f)	keriangan, kegembiraan	[kerianan], [kegembira'an]
alegria (f)	kegembiraan	[kegembira'an]

| dança (f) | dansa, tari | [dansa], [tari] |
| dançar (vi) | berdansa, menari | [bərdansa], [menari] |

| valsa (f) | wals | [wals] |
| tango (m) | tango | [taŋo] |

182. Funerais. Enterro

cemitério (m)	pemakaman	[pemakaman]
sepultura (f), túmulo (m)	makam	[makam]
cruz (f)	salib	[salib]
lápide (f)	batu nisan	[batu nisan]
cerca (f)	pagar	[pagar]
capela (f)	kapel	[kapel]

morte (f)	kematian	[kematian]
morrer (vi)	mati, meninggal	[mati], [meniŋgal]
defunto (m)	almarhum	[almarhum]
luto (m)	perkabungan	[pərkabuŋan]

enterrar, sepultar (vt)	memakamkan	[memakamkan]
agência (f) funerária	rumah duka	[rumah duka]
funeral (m)	pemakaman	[pemakaman]

coroa (f) de flores	karangan bunga	[karaŋan buŋa]
caixão (m)	keranda	[keranda]
carro (m) funerário	mobil jenazah	[mobil dʒʲenazah]
mortalha (f)	kain kafan	[kain kafan]

procissão (f) funerária	prosesi pemakaman	[prosesi pemakaman]
urna (f) funerária	guci abu jenazah	[gutʃi abu dʒʲenazah]
crematório (m)	krematorium	[krematorium]

obituário (m), necrologia (f)	obituarium	[obituarium]
chorar (vi)	menangis	[mənaŋis]
soluçar (vi)	meratap	[meratap]

183. Guerra. Soldados

| pelotão (m) | peleton | [peleton] |
| companhia (f) | kompi | [kompi] |

regimento (m)	resimen	[resimen]
exército (m)	tentara	[tentara]
divisão (f)	divisi	[divisi]
destacamento (m)	pasukan	[pasukan]
hoste (f)	tentara	[tentara]
soldado (m)	tentara, serdadu	[tentara], [serdadu]
oficial (m)	perwira	[pərwira]
soldado (m) raso	prajurit	[pradʒ'urit]
sargento (m)	sersan	[sersan]
tenente (m)	letnan	[letnan]
capitão (m)	kapten	[kapten]
major (m)	mayor	[major]
coronel (m)	kolonel	[kolonel]
general (m)	jenderal	[dʒ'enderal]
marujo (m)	pelaut	[pelaut]
capitão (m)	kapten	[kapten]
contramestre (m)	bosman, bosun	[bosman], [bosun]
artilheiro (m)	tentara artileri	[tentara artileri]
soldado (m) paraquedista	pasukan penerjun	[pasukan penerdʒ'un]
piloto (m)	pilot	[pilot]
navegador (m)	navigator, penavigasi	[navigator], [penavigasi]
mecânico (m)	mekanik	[mekani']
sapador (m)	pencari ranjau	[pentʃari randʒ'au]
paraquedista (m)	parasutis	[parasutis]
explorador (m)	pengintai	[peɲintaj]
franco-atirador (m)	penembak jitu	[penemba' dʒitu]
patrulha (f)	patroli	[patroli]
patrulhar (vt)	berpatroli	[bərpatroli]
sentinela (f)	pengawal	[peɲawal]
guerreiro (m)	prajurit	[pradʒ'urit]
patriota (m)	patriot	[patriot]
herói (m)	pahlawan	[pahlawan]
heroína (f)	pahlawan wanita	[pahlawan wanita]
traidor (m)	pengkhianat	[peŋhianat]
trair (vt)	mengkhianati	[məŋhianati]
desertor (m)	desertir	[desertir]
desertar (vt)	melakukan desersi	[melakukan desersi]
mercenário (m)	tentara bayaran	[tentara bajaran]
recruta (m)	rekrut, calon tentara	[rekrut], [tʃalon tentara]
voluntário (m)	sukarelawan	[sukarelawan]
morto (m)	korban meninggal	[korban meniŋgal]
ferido (m)	korban luka	[korban luka]
prisioneiro (m) de guerra	tawanan perang	[tawanan peraŋ]

184. Guerra. Ações militares. Parte 1

guerra (f)	perang	[peraŋ]
guerrear (vt)	berperang	[bərperaŋ]
guerra (f) civil	perang saudara	[pəraŋ saudara]
perfidamente	secara curang	[setʃara tʃuraŋ]
declaração (f) de guerra	pernyataan perang	[pərnjata'an pəraŋ]
declarar (vt) guerra	menyatakan perang	[mənjatakan pəraŋ]
agressão (f)	agresi	[agresi]
atacar (vt)	menyerang	[mənjeraŋ]
invadir (vt)	menduduki	[mənduduki]
invasor (m)	penduduk	[pendudu']
conquistador (m)	penakluk	[penaklu']
defesa (f)	pertahanan	[pərtahanan]
defender (vt)	mempertahankan	[mempertahankan]
defender-se (vr)	bertahan ...	[bərtahan ...]
inimigo (m)	musuh	[musuh]
adversário (m)	lawan	[lawan]
inimigo	musuh	[musuh]
estratégia (f)	strategi	[strategi]
tática (f)	taktik	[takti']
ordem (f)	perintah	[pərintah]
comando (m)	perintah	[pərintah]
ordenar (vt)	memerintahkan	[memerintahkan]
missão (f)	tugas	[tugas]
secreto	rahasia	[rahasia]
batalha (f)	pertempuran	[pərtempuran]
combate (m)	pertempuran	[pərtempuran]
ataque (m)	serangan	[seraŋan]
assalto (m)	serbuan	[serbuan]
assaltar (vt)	menyerbu	[mənjerbu]
assédio, sítio (m)	kepungan	[kepuŋan]
ofensiva (f)	serangan	[seraŋan]
passar à ofensiva	menyerang	[mənjeraŋ]
retirada (f)	pengunduran	[peŋunduran]
retirar-se (vr)	mundur	[mundur]
cerco (m)	pengepungan	[peŋepuŋan]
cercar (vt)	mengepung	[məŋepuŋ]
bombardeio (m)	pengeboman	[peŋeboman]
lançar uma bomba	menjatuhkan bom	[məndʒatuhkan bom]
bombardear (vt)	mengebom	[məŋebom]
explosão (f)	ledakan	[ledakan]
tiro (m)	tembakan	[tembakan]

disparar um tiro	melepaskan	[melepaskan]
tiroteio (m)	penembakan	[penembakan]
apontar para ...	membidik	[membidi']
apontar (vt)	mengarahkan	[məŋarahkan]
acertar (vt)	mengenai	[məŋenaj]
afundar (um navio)	menenggelamkan	[mənəŋgelamkan]
brecha (f)	lubang	[lubaŋ]
afundar-se (vr)	karam	[karam]
frente (m)	garis depan	[garis depan]
evacuação (f)	evakuasi	[evakuasi]
evacuar (vt)	mengevakuasi	[məŋevakuasi]
trincheira (f)	parit perlindungan	[parit pərlinduŋan]
arame (m) farpado	kawat berduri	[kawat bərduri]
obstáculo (m) anticarro	rintangan	[rintaŋan]
torre (f) de vigia	menara	[mənara]
hospital (m)	rumah sakit militer	[rumah sakit militer]
ferir (vt)	melukai	[melukaj]
ferida (f)	luka	[luka]
ferido (m)	korban luka	[korban luka]
ficar ferido	terluka	[tərluka]
grave (ferida ~)	parah	[parah]

185. Guerra. Ações militares. Parte 2

cativeiro (m)	tawanan	[tawanan]
capturar (vt)	menawan	[mənawan]
estar em cativeiro	ditawan	[ditawan]
ser aprisionado	tertawan	[tərtawan]
campo (m) de concentração	kamp konsentrasi	[kamp konsentrasi]
prisioneiro (m) de guerra	tawanan perang	[tawanan pəraŋ]
escapar (vi)	melarikan diri	[melarikan diri]
trair (vt)	mengkhianati	[məŋhianati]
traidor (m)	pengkhianat	[peŋhianat]
traição (f)	pengkhianatan	[peŋhianatan]
fuzilar, executar (vt)	mengeksekusi	[məŋeksekusi]
fuzilamento (m)	eksekusi	[eksekusi]
equipamento (m)	perlengkapan	[pərleŋkapan]
platina (f)	epolet	[epolet]
máscara (f) antigás	masker gas	[masker gas]
rádio (m)	pemancar radio	[pemantʃar radio]
cifra (f), código (m)	kode	[kode]
conspiração (f)	kerahasiaan	[kerahasia'an]
senha (f)	kata sandi	[kata sandi]
mina (f)	ranjau darat	[randʒiau darat]

minar (vt)	memasang ranjau	[memasaŋ randʒّau]
campo (m) minado	padang yang dipenuhi ranjau	[padaŋ yaŋ dipenuhi randʒّau]
alarme (m) aéreo	peringatan serangan udara	[pəriŋatan seraŋan udara]
alarme (m)	alarm serangan udara	[alarm seraŋan udara]
sinal (m)	sinyal	[sinjal]
sinalizador (m)	roket sinyal	[roket sinjal]
estado-maior (m)	markas	[markas]
reconhecimento (m)	pengintaian	[pəŋintajan]
situação (f)	keadaan	[keadaʾan]
relatório (m)	laporan	[laporan]
emboscada (f)	penyergapan	[penjergapan]
reforço (m)	bala bantuan	[bala bantuan]
alvo (m)	sasaran	[sasaran]
campo (m) de tiro	lapangan tembak	[lapaŋan tembaʾ]
manobras (f pl)	latihan perang	[latihan pəraŋ]
pânico (m)	panik	[paniʾ]
devastação (f)	pengrusakan	[pəŋrusakan]
ruínas (f pl)	penghancuran	[pəŋhantʃuran]
destruir (vt)	menghancurkan	[məŋhantʃurkan]
sobreviver (vi)	menyintas	[mənjintas]
desarmar (vt)	melucuti	[melutʃuti]
manusear (vt)	mengendalikan	[məŋendalikan]
Firmes!	Siap!	[siap!]
Descansar!	Istirahat di tempat!	[istirahat di tempat!]
façanha (f)	keberanian	[keberanian]
juramento (m)	sumpah	[sumpah]
jurar (vi)	bersumpah	[bərsumpah]
condecoração (f)	anugerah	[anugerah]
condecorar (vt)	menganugerahi	[məŋanugerahi]
medalha (f)	medali	[medali]
ordem (f)	bintang kehormatan	[bintaŋ kehormatan]
vitória (f)	kemenangan	[kemenaŋan]
derrota (f)	kekalahan	[kekalahan]
armistício (m)	gencatan senjata	[gentʃatan sendʒّata]
bandeira (f)	bendera	[bendera]
glória (f)	kehormatan	[kehormatan]
desfile (m) militar	parade	[parade]
marchar (vi)	berbaris	[bərbaris]

186. Armas

arma (f)	senjata	[sendʒّata]
arma (f) de fogo	senjata api	[sendʒّata api]

arma (f) branca	sejata tajam	[sedʒ¡ata tadʒ¡am]
arma (f) química	senjata kimia	[sendʒ¡ata kimia]
nuclear	nuklir	[nuklir]
arma (f) nuclear	senjata nuklir	[sendʒ¡ata nuklir]

| bomba (f) | bom | [bom] |
| bomba (f) atómica | bom atom | [bom atom] |

pistola (f)	pistol	[pistol]
caçadeira (f)	senapan	[senapan]
pistola-metralhadora (f)	senapan otomatis	[senapan otomatis]
metralhadora (f)	senapan mesin	[senapan mesin]

boca (f)	moncong	[montʃoŋ]
cano (m)	laras	[laras]
calibre (m)	kaliber	[kaliber]

gatilho (m)	pelatuk	[pelatuʔ]
mira (f)	pembidik	[pembidiʔ]
carregador (m)	magasin	[magasin]
coronha (f)	pantat senapan	[pantat senapan]

| granada (f) de mão | granat tangan | [granat taŋan] |
| explosivo (m) | bahan peledak | [bahan peledaʔ] |

bala (f)	peluru	[peluru]
cartucho (m)	patrun	[patrun]
carga (f)	isian	[isian]
munições (f pl)	amunisi	[amunisi]

bombardeiro (m)	pesawat pengebom	[pesawat peŋebom]
avião (m) de caça	pesawat pemburu	[pesawat pemburu]
helicóptero (m)	helikopter	[helikopter]

canhão (m) antiaéreo	meriam penangkis serangan udara	[meriam penaŋkis seraŋan udara]
tanque (m)	tank	[tanʔ]
canhão (de um tanque)	meriam tank	[meriam tanʔ]

artilharia (f)	artileri	[artileri]
canhão (m)	meriam	[meriam]
fazer a pontaria	mengarahkan	[məŋarahkan]

obus (m)	peluru	[peluru]
granada (f) de morteiro	peluru mortir	[peluru mortir]
morteiro (m)	mortir	[mortir]
estilhaço (m)	serpihan	[serpihan]

submarino (m)	kapal selam	[kapal selam]
torpedo (m)	torpedo	[torpedo]
míssil (m)	rudal	[rudal]

carregar (uma arma)	mengisi	[məŋisi]
atirar, disparar (vi)	menembak	[mənembaʔ]
apontar para ...	membidik	[membidiʔ]
baioneta (f)	bayonet	[bajonet]

espada (f)	pedang rapier	[pedaŋ rapier]
sabre (m)	pedang saber	[pedaŋ saber]
lança (f)	lembing	[lembiŋ]
arco (m)	busur panah	[busur panah]
flecha (f)	anak panah	[ana' panah]
mosquete (m)	senapan lantak	[senapan lanta']
besta (f)	busur silang	[busur silaŋ]

187. Povos da antiguidade

primitivo	primitif	[primitif]
pré-histórico	prasejarah	[prasedʒ'arah]
antigo	kuno	[kuno]

Idade (f) da Pedra	Zaman Batu	[zaman batu]
Idade (f) do Bronze	Zaman Perunggu	[zaman pəruŋgu]
período (m) glacial	Zaman Es	[zaman es]

tribo (f)	suku	[suku]
canibal (m)	kanibal	[kanibal]
caçador (m)	pemburu	[pemburu]
caçar (vi)	berburu	[bərburu]
mamute (m)	mamut	[mamut]

caverna (f)	gua	[gua]
fogo (m)	api	[api]
fogueira (f)	api unggun	[api uŋgun]
pintura (f) rupestre	lukisan gua	[lukisan gua]

ferramenta (f)	alat kerja	[alat kerdʒ'a]
lança (f)	tombak	[tomba']
machado (m) de pedra	kapak batu	[kapa' batu]
guerrear (vt)	berperang	[bərperaŋ]
domesticar (vt)	menjinakkan	[məndʒina'kan]

ídolo (m)	berhala	[bərhala]
adorar, venerar (vt)	memuja	[memudʒ'a]
superstição (f)	takhayul	[tahajul]
ritual (m)	upacara	[upatʃara]

| evolução (f) | evolusi | [evolusi] |
| desenvolvimento (m) | perkembangan | [pərkembaŋan] |

| desaparecimento (m) | kehilangan | [kehilaŋan] |
| adaptar-se (vr) | menyesuaikan diri | [mənjesuajkan diri] |

arqueologia (f)	arkeologi	[arkeologi]
arqueólogo (m)	arkeolog	[arkeolog]
arqueológico	arkeologis	[arkeologis]

local (m) das escavações	situs ekskavasi	[situs ekskavasi]
escavações (f pl)	ekskavasi	[ekskavasi]
achado (m)	penemuan	[penemuan]
fragmento (m)	fragmen	[fragmen]

188. Idade média

povo (m)	rakyat	[rakjat]
povos (m pl)	bangsa-bangsa	[baŋsa-baŋsa]
tribo (f)	suku	[suku]
tribos (f pl)	suku-suku	[suku-suku]

bárbaros (m pl)	kaum barbar	[kaum barbar]
gauleses (m pl)	kaum Gaul	[kaum gaul]
godos (m pl)	kaum Goth	[kaum got]
eslavos (m pl)	kaum Slavia	[kaum slavia]
víquingues (m pl)	kaum Viking	[kaum vikiŋ]

| romanos (m pl) | kaum Roma | [kaum roma] |
| romano | Romawi | [romawi] |

bizantinos (m pl)	kaum Byzantium	[kaum bizantium]
Bizâncio	Byzantium	[bizantium]
bizantino	Byzantium	[bizantium]

imperador (m)	kaisar	[kajsar]
líder (m)	pemimpin	[pemimpin]
poderoso	adikuasa, berkuasa	[adikuasa], [berkuasa]
rei (m)	raja	[radʒia]
governante (m)	penguasa	[peŋuasa]

cavaleiro (m)	ksatria	[ksatria]
senhor feudal (m)	tuan	[tuan]
feudal	feodal	[feodal]
vassalo (m)	vasal	[vasal]

duque (m)	duke	[duke]
conde (m)	earl	[earl]
barão (m)	baron	[baron]
bispo (m)	uskup	[uskup]

armadura (f)	baju besi	[badʒiu besi]
escudo (m)	perisai	[perisaj]
espada (f)	pedang	[pedaŋ]
viseira (f)	visor, topeng besi	[visor], [topeŋ besi]
cota (f) de malha	baju zirah	[badʒiu zirah]

| cruzada (f) | Perang Salib | [peraŋ salib] |
| cruzado (m) | kaum salib | [kaum salib] |

território (m)	wilayah	[wilajah]
atacar (vt)	menyerang	[menjeraŋ]
conquistar (vt)	menaklukkan	[menakluʔkan]
ocupar, invadir (vt)	menduduki	[menduduki]

assédio, sítio (m)	kepungan	[kepuŋan]
sitiado	terkepung	[terkepuŋ]
assediar, sitiar (vt)	mengepung	[meŋepuŋ]
inquisição (f)	inkuisisi	[inkuisisi]
inquisidor (m)	inkuisitor	[inkuisitor]

tortura (f)	siksaan	[siksa'an]
cruel	kejam	[kedʒam]
herege (m)	penganut bidah	[peŋanut bidah]
heresia (f)	bidah	[bidah]

navegação (f) marítima	pelayaran laut	[pelajaran laut]
pirata (m)	bajak laut	[badʒ'a' laut]
pirataria (f)	pembajakan	[pembadʒ'akan]
abordagem (f)	serangan terhadap kapal dari dekat	[seraŋan terhadap kapal dari dekat]
presa (f), butim (m)	rampasan	[rampasan]
tesouros (m pl)	harta karun	[harta karun]

descobrimento (m)	penemuan	[penemuan]
descobrir (novas terras)	menemukan	[menemukan]
expedição (f)	ekspedisi	[ekspedisi]

mosqueteiro (m)	musketir	[musketir]
cardeal (m)	kardinal	[kardinal]
heráldica (f)	heraldik	[heraldi']
heráldico	heraldik	[heraldi']

189. Líder. Chefe. Autoridades

rei (m)	raja	[radʒ'a]
rainha (f)	ratu	[ratu]
real	kerajaan, raja	[keradʒ'a'an], [radʒ'a]
reino (m)	kerajaan	[keradʒ'a'an]

príncipe (m)	pangeran	[paŋeran]
princesa (f)	putri	[putri]

presidente (m)	presiden	[presiden]
vice-presidente (m)	wakil presiden	[wakil presiden]
senador (m)	senator	[senator]

monarca (m)	monark	[monar']
governante (m)	penguasa	[peŋuasa]
ditador (m)	diktator	[diktator]
tirano (m)	tiran	[tiran]
magnata (m)	magnat	[magnat]

diretor (m)	direktur	[direktur]
chefe (m)	atasan	[atasan]
dirigente (m)	manajer	[manadʒ'er]
patrão (m)	bos	[bos]
dono (m)	pemilik	[pemili']

líder, chefe (m)	pemimpin	[pemimpin]
chefe (~ de delegação)	kepala	[kepala]
autoridades (f pl)	pihak berwenang	[piha' berwenaŋ]
superiores (m pl)	atasan	[atasan]
governador (m)	gabernur	[gabernur]
cônsul (m)	konsul	[konsul]

diplomata (m)	diplomat	[diplomat]
Presidente (m) da Câmara	walikota	[walikota]
xerife (m)	sheriff	[ʃeriff]
imperador (m)	kaisar	[kajsar]
czar (m)	tsar, raja	[tsar], [radʒʲa]
faraó (m)	firaun	[firaun]
cã (m)	khan	[han]

190. Estrada. Caminho. Direções

estrada (f)	jalan	[dʒʲalan]
caminho (m)	jalan	[dʒʲalan]
rodovia (f)	jalan raya	[dʒʲalan raja]
autoestrada (f)	jalan raya	[dʒʲalan raja]
estrada (f) nacional	jalan nasional	[dʒʲalan nasional]
estrada (f) principal	jalan utama	[dʒʲalan utama]
caminho (m) de terra batida	jalan tanah	[dʒʲalan tanah]
trilha (f)	jalan setapak	[dʒʲalan setapaʔ]
vereda (f)	jalan setapak	[dʒʲalan setapaʔ]
Onde?	Di mana?	[di mana?]
Para onde?	Ke mana?	[ke mana?]
De onde?	Dari mana?	[dari mana?]
direção (f)	arah	[arah]
indicar (orientar)	menunjuk	[mənundʒʲuʔ]
para esquerda	ke kiri	[ke kiri]
para direita	ke kanan	[ke kanan]
em frente	terus lurus	[terus lurus]
para trás	balik	[baliʔ]
curva (f)	tikungan	[tikuŋan]
virar (ex. ~ à direita)	membelok	[membeloʔ]
dar retorno	memutar arah	[memutar arah]
estar visível	kelihatan	[kelihatan]
aparecer (vi)	muncul	[muntʃul]
paragem (pausa)	perhentian	[pərhentian]
descansar (vi)	beristirahat	[bəristirahat]
descanso (m)	istirahat	[istirahat]
perder-se (vr)	tersesat	[tərsesat]
conduzir (caminho)	menuju ...	[mənudʒʲu ...]
chegar a ...	sampai	[sampaj]
trecho (m)	trayek	[traeʔ]
asfalto (m)	aspal	[aspal]
lancil (m)	kerb jalan	[kerb dʒʲalan]

valeta (f)	parit	[parit]
tampa (f) de esgoto	lubang penutup jalan	[lubaŋ penutup dʒ'alan]
berma (f) da estrada	bahu jalan	[bahu dʒ'alan]
buraco (m)	lubang	[lubaŋ]
ir (a pé)	berjalan	[bərdʒ'alan]
ultrapassar (vt)	mendahului	[məndahului]
passo (m)	langkah	[laŋkah]
a pé	berjalan kaki	[bərdʒ'alan kaki]
bloquear (vt)	merintangi	[merintaŋi]
cancela (f)	palang jalan	[palaŋ dʒ'alan]
beco (m) sem saída	jalan buntu	[dʒ'alan buntu]

191. Viloação da lei. Criminosos. Parte 1

bandido (m)	bandit	[bandit]
crime (m)	kejahatan	[kedʒ'ahatan]
criminoso (m)	penjahat	[pendʒ'ahat]
ladrão (m)	pencuri	[pentʃuri]
roubar (vt)	mencuri	[məntʃuri]
furto, roubo (m)	pencurian	[pentʃurian]
raptar (ex. ~ uma criança)	menculik	[məntʃuliʔ]
rapto (m)	penculikan	[pentʃulikan]
raptor (m)	penculik	[pentʃuliʔ]
resgate (m)	uang tebusan	[uaŋ tebusan]
pedir resgate	menuntut uang tebusan	[mənuntut uaŋ tebusan]
roubar (vt)	merampok	[merampoʔ]
assalto, roubo (m)	perampokan	[pərampokan]
assaltante (m)	perampok	[pərampoʔ]
extorquir (vt)	memeras	[memeras]
extorsionário (m)	pemeras	[pemeras]
extorsão (f)	pemerasan	[pemerasan]
matar, assassinar (vt)	membunuh	[membunuh]
homicídio (m)	pembunuhan	[pembunuhan]
homicida, assassino (m)	pembunuh	[pembunuh]
tiro (m)	tembakan	[tembakan]
dar um tiro	melepaskan	[melepaskan]
matar a tiro	menembak mati	[mənembaʔ mati]
atirar, disparar (vi)	menembak	[mənembaʔ]
tiroteio (m)	penembakan	[penembakan]
incidente (m)	insiden, kejadian	[insiden], [kedʒ'adian]
briga (~ de rua)	perkelahian	[pərkelahian]
Socorro!	Tolong!	[toloŋ!]
vítima (f)	korban	[korban]

danificar (vt)	merusak	[merusaʔ]
dano (m)	kerusakan	[kerusakan]
cadáver (m)	jenazah, mayat	[dʒʲenazah], [majat]
grave	berat	[berat]

atacar (vt)	menyerang	[mənjeraŋ]
bater (espancar)	memukul	[memukul]
espancar (vt)	memukuli	[memukuli]
tirar, roubar (dinheiro)	merebut	[merebut]
esfaquear (vt)	menikam mati	[mənikam mati]
mutilar (vt)	mencederai	[məntʃederaj]
ferir (vt)	melukai	[melukaj]

chantagem (f)	pemerasan	[pemerasan]
chantagear (vt)	memeras	[memeras]
chantagista (m)	pemeras	[pemeras]

extorsão (em troca de proteção)	pemerasan	[pemerasan]
extorsionário (m)	pemeras	[pemeras]
gângster (m)	gangster, preman	[gaŋster], [preman]
máfia (f)	mafia	[mafia]

carteirista (m)	pencopet	[pentʃopet]
assaltante, ladrão (m)	perampok	[pərampoʔ]
contrabando (m)	penyelundupan	[penjelundupan]
contrabandista (m)	penyelundup	[penjelundup]

falsificação (f)	pemalsuan	[pemalsuan]
falsificar (vt)	memalsukan	[memalsukan]
falsificado	palsu	[palsu]

192. Viloação da lei. Criminosos. Parte 2

violação (f)	pemerkosaan	[pemerkosaʔan]
violar (vt)	memerkosa	[memerkosa]
violador (m)	pemerkosa	[pemerkosa]
maníaco (m)	maniak	[maniaʔ]

prostituta (f)	pelacur	[pelatʃur]
prostituição (f)	pelacuran	[pelatʃuran]
chulo (m)	germo	[germo]

| toxicodependente (m) | pecandu narkoba | [petʃandu narkoba] |
| traficante (m) | pengedar narkoba | [peŋedar narkoba] |

explodir (vt)	meledakkan	[meledaʔkan]
explosão (f)	ledakan	[ledakan]
incendiar (vt)	membakar	[membakar]
incendiário (m)	pelaku pembakaran	[pelaku pembakaran]

terrorismo (m)	terorisme	[terorisme]
terrorista (m)	teroris	[teroris]
refém (m)	sandera	[sandera]

enganar (vt)	menipu	[mənipu]
engano (m)	penipuan	[penipuan]
vigarista (m)	penipu	[penipu]

subornar (vt)	menyuap	[mənyuap]
suborno (atividade)	penyuapan	[penyuapan]
suborno (dinheiro)	uang suap, suapan	[uaŋ suap], [suapan]

veneno (m)	racun	[raʧun]
envenenar (vt)	meracuni	[meraʧuni]
envenenar-se (vr)	meracuni diri sendiri	[meraʧuni diri sendiri]

suicídio (m)	bunuh diri	[bunuh diri]
suicida (m)	pelaku bunuh diri	[pelaku bunuh diri]

ameaçar (vt)	mengancam	[məŋanʧam]
ameaça (f)	ancaman	[anʧaman]
atentar contra a vida de ...	melakukan percobaan pembunuhan	[melakukan pərʧoba'an pembunuhan]
atentado (m)	percobaan pembunuhan	[pərʧoba'an pembunuhan]

roubar (o carro)	mencuri	[mənʧuri]
desviar (o avião)	membajak	[membadʒˈa']

vingança (f)	dendam	[dendam]
vingar (vt)	membalas dendam	[membalas dendam]

torturar (vt)	menyiksa	[mənjiksa]
tortura (f)	siksaan	[siksa'an]
atormentar (vt)	menyiksa	[mənjiksa]

pirata (m)	bajak laut	[badʒˈa' laut]
desordeiro (m)	berandal	[berandal]
armado	bersenjata	[bersendʒˈata]
violência (f)	kekerasan	[kekerasan]
ilegal	ilegal	[ilegal]

espionagem (f)	spionase	[spionase]
espionar (vi)	memata-matai	[memata-mataj]

193. Polícia. Lei. Parte 1

justiça (f)	keadilan	[keadilan]
tribunal (m)	pengadilan	[peŋadilan]

juiz (m)	hakim	[hakim]
jurados (m pl)	anggota juri	[aŋgota dʒˈuri]
tribunal (m) do júri	pengadilan juri	[peŋadilan dʒˈuri]
julgar (vt)	mengadili	[məŋadili]

advogado (m)	advokat, pengacara	[advokat], [peɲaʧara]
réu (m)	terdakwa	[terdakwa]
banco (m) dos réus	bangku terdakwa	[baŋku terdakwa]
acusação (f)	tuduhan	[tuduhan]

acusado (m)	terdakwa	[tərdakwa]
sentença (f)	hukuman	[hukuman]
sentenciar (vt)	menjatuhkan hukuman	[məndʒʲatuhkan hukuman]

culpado (m)	bersalah	[bərsalah]
punir (vt)	menghukum	[məŋhukum]
punição (f)	hukuman	[hukuman]

multa (f)	denda	[denda]
prisão (f) perpétua	penjara seumur hidup	[pendʒʲara seumur hidup]
pena (f) de morte	hukuman mati	[hukuman mati]
cadeira (f) elétrica	kursi listrik	[kursi listriʔ]
forca (f)	tiang gantungan	[tiaŋ gantuŋan]
executar (vt)	menjalankan hukuman mati	[məndʒʲalankan hukuman mati]
execução (f)	hukuman mati	[hukuman mati]

| prisão (f) | penjara | [pendʒʲara] |
| cela (f) de prisão | sel | [sel] |

escolta (f)	pengawal	[peŋawal]
guarda (m) prisional	sipir, penjaga penjara	[sipir], [pendʒʲaga pendʒʲara]
preso (m)	tahanan	[tahanan]

algemas (f pl)	borgol	[borgol]
algemar (vt)	memborgol	[memborgol]
fuga, evasão (f)	pelarian	[pelarian]
fugir (vi)	melarikan diri	[melarikan diri]
desaparecer (vi)	menghilang	[məŋhilaŋ]
soltar, libertar (vt)	membebaskan	[membebaskan]
amnistia (f)	amnesti	[amnesti]

polícia (instituição)	polisi, kepolisian	[polisi], [kepolisian]
polícia (m)	polisi	[polisi]
esquadra (f) de polícia	kantor polisi	[kantor polisi]
cassetete (m)	pentungan karet	[pentuŋan karet]
megafone (m)	pengeras suara	[peŋeras suara]

carro (m) de patrulha	mobil patroli	[mobil patroli]
sirene (f)	sirene	[sirene]
ligar a sirene	membunyikan sirene	[membunjikan sirene]
toque (m) da sirene	suara sirene	[suara sirene]

cena (f) do crime	tempat kejadian perkara	[tempat kedʒʲadian pərkara]
testemunha (f)	saksi	[saksi]
liberdade (f)	kebebasan	[kebebasan]
cúmplice (m)	kaki tangan	[kaki taŋan]
escapar (vi)	melarikan diri	[melarikan diri]
traço (não deixar ~s)	jejak	[dʒʲedʒʲaʔ]

194. Polícia. Lei. Parte 2

| procura (f) | pencarian | [pentʃarian] |
| procurar (vt) | mencari ... | [məntʃari ...] |

suspeita (f)	kecurigaan	[ketʃuriga'an]
suspeito	mencurigakan	[məntʃurigakan]
parar (vt)	menghentikan	[məŋhentikan]
deter (vt)	menahan	[mənahan]
caso (criminal)	kasus, perkara	[kasus], [pərkara]
investigação (f)	investigasi, penyidikan	[investigasi], [penjidikan]
detetive (m)	detektif	[detektif]
investigador (m)	penyidik	[penjidi']
versão (f)	hipotesis	[hipotesis]
motivo (m)	motif	[motif]
interrogatório (m)	interogasi	[interogasi]
interrogar (vt)	menginterogasi	[məŋinterogasi]
questionar (vt)	menanyai	[mənanjaj]
verificação (f)	pemeriksaan	[pemeriksa'an]
batida (f) policial	razia	[razia]
busca (f)	penggeledahan	[peŋgeledahan]
perseguição (f)	pengejaran, perburuan	[peŋedʒʲaran], [pərburuan]
perseguir (vt)	mengejar	[məŋedʒʲar]
seguir (vt)	melacak	[melatʃa']
prisão (f)	penahanan	[penahanan]
prender (vt)	menahan	[mənahan]
pegar, capturar (vt)	menangkap	[mənaŋkap]
captura (f)	penangkapan	[penaŋkapan]
documento (m)	dokumen	[dokumen]
prova (f)	bukti	[bukti]
provar (vt)	membuktikan	[membuktikan]
pegada (f)	jejak	[dʒʲedʒʲa']
impressões (f pl) digitais	sidik jari	[sidi' dʒʲari]
prova (f)	barang bukti	[baraŋ bukti]
álibi (m)	alibi	[alibi]
inocente	tidak bersalah	[tida' bərsalah]
injustiça (f)	ketidakadilan	[ketidakadilan]
injusto	tidak adil	[tida' adil]
criminal	pidana	[pidana]
confiscar (vt)	menyita	[mənjita]
droga (f)	narkoba	[narkoba]
arma (f)	senjata	[sendʒʲata]
desarmar (vt)	melucuti	[melutʃuti]
ordenar (vt)	memerintahkan	[memerintahkan]
desaparecer (vi)	menghilang	[məŋhilaŋ]
lei (f)	hukum	[hukum]
legal	sah	[sah]
ilegal	tidak sah	[tida' sah]
responsabilidade (f)	tanggung jawab	[taŋguŋ dʒʲawab]
responsável	bertanggung jawab	[bərtaŋguŋ dʒʲawab]

NATUREZA

A Terra. Parte 1

195. Espaço sideral

cosmos (m)	angkasa	[aŋkasa]
cósmico	angkasa	[aŋkasa]
espaço (m) cósmico	ruang angkasa	[ruaŋ aŋkasa]
mundo (m)	dunia	[dunia]
universo (m)	jagat raya	[dʒ'agat raja]
galáxia (f)	galaksi	[galaksi]
estrela (f)	bintang	[bintaŋ]
constelação (f)	gugusan bintang	[gugusan bintaŋ]
planeta (m)	planet	[planet]
satélite (m)	satelit	[satelit]
meteorito (m)	meteorit	[meteorit]
cometa (m)	komet	[komet]
asteroide (m)	asteroid	[asteroid]
órbita (f)	orbit	[orbit]
girar (vi)	berputar	[bərputar]
atmosfera (f)	atmosfer	[atmosfer]
Sol (m)	matahari	[matahari]
Sistema (m) Solar	tata surya	[tata surja]
eclipse (m) solar	gerhana matahari	[gerhana matahari]
Terra (f)	Bumi	[bumi]
Lua (f)	Bulan	[bulan]
Marte (m)	Mars	[mars]
Vénus (f)	Venus	[venus]
Júpiter (m)	Yupiter	[yupiter]
Saturno (m)	Saturnus	[saturnus]
Mercúrio (m)	Merkurius	[merkurius]
Urano (m)	Uranus	[uranus]
Neptuno (m)	Neptunus	[neptunus]
Plutão (m)	Pluto	[pluto]
Via Láctea (f)	Bimasakti	[bimasakti]
Ursa Maior (f)	Ursa Major	[ursa madʒor]
Estrela Polar (f)	Bintang Utara	[bintaŋ utara]
marciano (m)	makhluk Mars	[mahlu' mars]
extraterrestre (m)	makhluk ruang angkasa	[mahlu' ruaŋ aŋkasa]

alienígena (m)	alien, makhluk asing	[alien], [mahlu' asiŋ]
disco (m) voador	piring terbang	[piriŋ tərbaŋ]
nave (f) espacial	kapal antariksa	[kapal antariksa]
estação (f) orbital	stasiun antariksa	[stasiun antariksa]
lançamento (m)	peluncuran	[peluntʃuran]
motor (m)	mesin	[mesin]
bocal (m)	nosel	[nosel]
combustível (m)	bahan bakar	[bahan bakar]
cabine (f)	kokpit	[kokpit]
antena (f)	antena	[antena]
vigia (f)	jendela	[dʒʲendela]
bateria (f) solar	sel surya	[sel surja]
traje (m) espacial	pakaian antariksa	[pakajan antariksa]
imponderabilidade (f)	keadaan tanpa bobot	[keada'an tanpa bobot]
oxigénio (m)	oksigen	[oksigen]
acoplagem (f)	penggabungan	[peŋgabuŋan]
fazer uma acoplagem	bergabung	[bərgabuŋ]
observatório (m)	observatorium	[observatorium]
telescópio (m)	teleskop	[teleskop]
observar (vt)	mengamati	[məŋamati]
explorar (vt)	mengeksplorasi	[məŋeksplorasi]

196. A Terra

Terra (f)	Bumi	[bumi]
globo terrestre (Terra)	bola Bumi	[bola bumi]
planeta (m)	planet	[planet]
atmosfera (f)	atmosfer	[atmosfer]
geografia (f)	geografi	[geografi]
natureza (f)	alam	[alam]
globo (mapa esférico)	globe	[globe]
mapa (m)	peta	[peta]
atlas (m)	atlas	[atlas]
Europa (f)	Eropa	[eropa]
Ásia (f)	Asia	[asia]
África (f)	Afrika	[afrika]
Austrália (f)	Australia	[australia]
América (f)	Amerika	[amerika]
América (f) do Norte	Amerika Utara	[amerika utara]
América (f) do Sul	Amerika Selatan	[amerika selatan]
Antártida (f)	Antartika	[antartika]
Ártico (m)	Arktika	[arktika]

197. Pontos cardeais

norte (m)	utara	[utara]
para norte	ke utara	[ke utara]
no norte	di utara	[di utara]
do norte	utara	[utara]
sul (m)	selatan	[selatan]
para sul	ke selatan	[ke selatan]
no sul	di selatan	[di selatan]
do sul	selatan	[selatan]
oeste, ocidente (m)	barat	[barat]
para oeste	ke barat	[ke barat]
no oeste	di barat	[di barat]
ocidental	barat	[barat]
leste, oriente (m)	timur	[timur]
para leste	ke timur	[ke timur]
no leste	di timur	[di timur]
oriental	timur	[timur]

198. Mar. Oceano

mar (m)	laut	[laut]
oceano (m)	samudra	[samudra]
golfo (m)	teluk	[teluˀ]
estreito (m)	selat	[selat]
terra (f) firme	daratan	[daratan]
continente (m)	benua	[benua]
ilha (f)	pulau	[pulau]
península (f)	semenanjung, jazirah	[semenandʒʲuŋ], [dʒʲazirah]
arquipélago (m)	kepulauan	[kepulauan]
baía (f)	teluk	[teluˀ]
porto (m)	pelabuhan	[pelabuhan]
lagoa (f)	laguna	[laguna]
cabo (m)	tanjung	[tandʒʲuŋ]
atol (m)	pulau karang	[pulau karaŋ]
recife (m)	terumbu	[tərumbu]
coral (m)	karang	[karaŋ]
recife (m) de coral	terumbu karang	[tərumbu karaŋ]
profundo	dalam	[dalam]
profundidade (f)	kedalaman	[kedalaman]
abismo (m)	jurang	[dʒʲuraŋ]
fossa (f) oceânica	palung	[paluŋ]
corrente (f)	arus	[arus]
banhar (vt)	berbatasan dengan	[bərbatasan deŋan]

| litoral (m) | pantai | [pantaj] |
| costa (f) | pantai | [pantaj] |

maré (f) alta	air pasang	[air pasaŋ]
refluxo (m), maré (f) baixa	air surut	[air surut]
restinga (f)	beting	[betiŋ]
fundo (m)	dasar	[dasar]

onda (f)	gelombang	[gelombaŋ]
crista (f) da onda	puncak gelombang	[puntʃa' gelombaŋ]
espuma (f)	busa, buih	[busa], [buih]

tempestade (f)	badai	[badaj]
furacão (m)	topan	[topan]
tsunami (m)	tsunami	[tsunami]
calmaria (f)	angin tenang	[aŋin tenaŋ]
calmo	tenang	[tenaŋ]

| polo (m) | kutub | [kutub] |
| polar | kutub | [kutub] |

latitude (f)	lintang	[lintaŋ]
longitude (f)	garis bujur	[garis budʒ'ur]
paralela (f)	sejajar	[sedʒ'adʒ'ar]
equador (m)	khatulistiwa	[hatulistiwa]

céu (m)	langit	[laŋit]
horizonte (m)	horizon	[horizon]
ar (m)	udara	[udara]

farol (m)	mercusuar	[mertʃusuar]
mergulhar (vi)	menyelam	[mənjelam]
afundar-se (vr)	karam	[karam]
tesouros (m pl)	harta karun	[harta karun]

199. Nomes de Mares e Oceanos

Oceano (m) Atlântico	Samudra Atlantik	[samudra atlanti']
Oceano (m) Índico	Samudra Hindia	[samudra hindia]
Oceano (m) Pacífico	Samudra Pasifik	[samudra pasifi']
Oceano (m) Ártico	Samudra Arktik	[samudra arkti']

Mar (m) Negro	Laut Hitam	[laut hitam]
Mar (m) Vermelho	Laut Merah	[laut merah]
Mar (m) Amarelo	Laut Kuning	[laut kuniŋ]
Mar (m) Branco	Laut Putih	[laut putih]

Mar (m) Cáspio	Laut Kaspia	[laut kaspia]
Mar (m) Morto	Laut Mati	[laut mati]
Mar (m) Mediterrâneo	Laut Tengah	[laut teŋah]

Mar (m) Egeu	Laut Aegean	[laut aegean]
Mar (m) Adriático	Laut Adriatik	[laut adriati']
Mar (m) Arábico	Laut Arab	[laut arab]

Mar (m) do Japão	Laut Jepang	[laut dʒʲepaŋ]
Mar (m) de Bering	Laut Bering	[laut beriŋ]
Mar (m) da China Meridional	Laut Cina Selatan	[laut tʃina selatan]
Mar (m) de Coral	Laut Karang	[laut karaŋ]
Mar (m) de Tasman	Laut Tasmania	[laut tasmania]
Mar (m) do Caribe	Laut Karibia	[laut karibia]
Mar (m) de Barents	Laut Barents	[laut barents]
Mar (m) de Kara	Laut Kara	[laut kara]
Mar (m) do Norte	Laut Utara	[laut utara]
Mar (m) Báltico	Laut Baltik	[laut baltiʔ]
Mar (m) da Noruega	Laut Norwegia	[laut norwegia]

200. Montanhas

montanha (f)	gunung	[gunuŋ]
cordilheira (f)	jajaran gunung	[dʒʲadʒʲaran gunuŋ]
serra (f)	sisir gunung	[sisir gunuŋ]
cume (m)	puncak	[puntʃaʔ]
pico (m)	puncak	[puntʃaʔ]
sopé (m)	kaki	[kaki]
declive (m)	lereng	[lereŋ]
vulcão (m)	gunung api	[gunuŋ api]
vulcão (m) ativo	gunung api yang aktif	[gunuŋ api yaŋ aktif]
vulcão (m) extinto	gunung api yang tidak aktif	[gunuŋ api yaŋ tidaʔ aktif]
erupção (f)	erupsi, letusan	[erupsi], [letusan]
cratera (f)	kawah	[kawah]
magma (m)	magma	[magma]
lava (f)	lava, lahar	[lava], [lahar]
fundido (lava ~a)	pijar	[pidʒʲar]
desfiladeiro (m)	kanyon	[kanjon]
garganta (f)	jurang	[dʒʲuraŋ]
fenda (f)	celah	[tʃelah]
precipício (m)	jurang	[dʒʲuraŋ]
passo, colo (m)	pass, celah	[pass], [tʃelah]
planalto (m)	plato, dataran tinggi	[plato], [dataran tiŋgi]
falésia (f)	tebing	[tebiŋ]
colina (f)	bukit	[bukit]
glaciar (m)	gletser	[gletser]
queda (f) d'água	air terjun	[air tərdʒʲun]
géiser (m)	geiser	[geyser]
lago (m)	danau	[danau]
planície (f)	dataran	[dataran]
paisagem (f)	landskap	[landskap]
eco (m)	gema	[gema]

alpinista (m)	**pendaki gunung**	[pendaki gunuŋ]
escalador (m)	**pemanjat tebing**	[pemandʒʲat tebiŋ]
conquistar (vt)	**menaklukkan**	[mənakluʔkan]
subida, escalada (f)	**pendakian**	[pendakian]

201. Nomes de montanhas

Alpes (m pl)	**Alpen**	[alpen]
monte Branco (m)	**Mont Blanc**	[mon blan]
Pirineus (m pl)	**Pirenia**	[pirenia]
Cárpatos (m pl)	**Pegunungan Karpatia**	[pegunuŋan karpatia]
montes (m pl) Urais	**Pegunungan Ural**	[pegunuŋan ural]
Cáucaso (m)	**Kaukasus**	[kaukasus]
Elbrus (m)	**Elbrus**	[elbrus]
Altai (m)	**Altai**	[altaj]
Tian Shan (m)	**Tien Shan**	[tjen ʃan]
Pamir (m)	**Pegunungan Pamir**	[pegunuŋan pamir]
Himalaias (m pl)	**Himalaya**	[himalaja]
monte (m) Everest	**Everest**	[everest]
Cordilheira (f) dos Andes	**Andes**	[andes]
Kilimanjaro (m)	**Kilimanjaro**	[kilimandʒʲaro]

202. Rios

rio (m)	**sungai**	[suŋaj]
fonte, nascente (f)	**mata air**	[mata air]
leito (m) do rio	**badan sungai**	[badan suŋaj]
bacia (f)	**basin**	[basin]
desaguar no ...	**mengalir ke ...**	[məŋalir ke ...]
afluente (m)	**anak sungai**	[anaʔ suŋaj]
margem (do rio)	**tebing sungai**	[tebiŋ suŋaj]
corrente (f)	**arus**	[arus]
rio abaixo	**ke hilir**	[ke hilir]
rio acima	**ke hulu**	[ke hulu]
inundação (f)	**banjir**	[bandʒir]
cheia (f)	**banjir**	[bandʒir]
transbordar (vi)	**membanjiri**	[membandʒiri]
inundar (vt)	**membanjiri**	[membandʒiri]
banco (m) de areia	**beting**	[betiŋ]
rápidos (m pl)	**jeram**	[dʒʲeram]
barragem (f)	**dam, bendungan**	[dam], [benduŋan]
canal (m)	**kanal, terusan**	[kanal], [tərusan]
reservatório (m) de água	**waduk**	[waduʔ]
eclusa (f)	**pintu air**	[pintu air]

corpo (m) de água	kolam	[kolam]
pântano (m)	rawa	[rawa]
tremedal (m)	bencah, paya	[bentʃah], [paja]
remoinho (m)	pusaran air	[pusaran air]
arroio, regato (m)	selokan	[selokan]
potável	minum	[minum]
doce (água)	tawar	[tawar]
gelo (m)	es	[es]
congelar-se (vr)	membeku	[membeku]

203. Nomes de rios

rio Sena (m)	Seine	[seine]
rio Loire (m)	Loire	[loire]
rio Tamisa (m)	Thames	[tems]
rio Reno (m)	Rein	[reyn]
rio Danúbio (m)	Donau	[donau]
rio Volga (m)	Volga	[volga]
rio Don (m)	Don	[don]
rio Lena (m)	Lena	[lena]
rio Amarelo (m)	Suang Kuning	[suaŋ kuniŋ]
rio Yangtzé (m)	Yangtze	[yaŋtze]
rio Mekong (m)	Mekong	[mekoŋ]
rio Ganges (m)	Gangga	[gaŋga]
rio Nilo (m)	Sungai Nil	[suŋaj nil]
rio Congo (m)	Kongo	[koŋo]
rio Cubango (m)	Okavango	[okavaŋo]
rio Zambeze (m)	Zambezi	[zambezi]
rio Limpopo (m)	Limpopo	[limpopo]
rio Mississípi (m)	Mississippi	[misisipi]

204. Floresta

floresta (f), bosque (m)	hutan	[hutan]
florestal	hutan	[hutan]
mata (f) cerrada	hutan lebat	[hutan lebat]
arvoredo (m)	hutan kecil	[hutan ketʃil]
clareira (f)	pembukaan hutan	[pembukaʔan hutan]
matagal (m)	semak belukar	[semaʔ belukar]
mato (m)	belukar	[belukar]
vereda (f)	jalan setapak	[dʒ|alan setapaʔ]
ravina (f)	parit	[parit]
árvore (f)	pohon	[pohon]

| folha (f) | daun | [daun] |
| folhagem (f) | daun-daunan | [daun-daunan] |

queda (f) das folhas	daun berguguran	[daun bərguguran]
cair (vi)	luruh	[luruh]
topo (m)	puncak	[puntʃaʔ]

ramo (m)	cabang	[tʃabaŋ]
galho (m)	dahan	[dahan]
botão, rebento (m)	tunas	[tunas]
agulha (f)	daun jarum	[daun dʒʲarum]
pinha (f)	buah pinus	[buah pinus]

buraco (m) de árvore	lubang pohon	[lubaŋ pohon]
ninho (m)	sarang	[saraŋ]
toca (f)	lubang	[lubaŋ]

tronco (m)	batang	[bataŋ]
raiz (f)	akar	[akar]
casca (f) de árvore	kulit	[kulit]
musgo (m)	lumut	[lumut]

arrancar pela raiz	mencabut	[məntʃabut]
cortar (vt)	menebang	[mənebaŋ]
desflorestar (vt)	deforestasi, penggundulan hutan	[deforestasi], [pəŋgundulan hutan]
toco, cepo (m)	tunggul	[tuŋgul]

fogueira (f)	api unggun	[api uŋgun]
incêndio (m) florestal	kebakaran hutan	[kebakaran hutan]
apagar (vt)	memadamkan	[memadamkan]

guarda-florestal (m)	penjaga hutan	[pendʒʲaga hutan]
proteção (f)	perlindungan	[pərlinduŋan]
proteger (a natureza)	melindungi	[melinduŋi]
caçador (m) furtivo	pemburu ilegal	[pemburu ilegal]
armadilha (f)	perangkap	[pəraŋkap]

| colher (cogumelos, bagas) | memetik | [memetiʔ] |
| perder-se (vr) | tersesat | [tərsesat] |

205. Recursos naturais

recursos (m pl) naturais	sumber daya alam	[sumber daja alam]
minerais (m pl)	bahan tambang	[bahan tambaŋ]
depósitos (m pl)	endapan	[endapan]
jazida (f)	ladang	[ladaŋ]

extrair (vt)	menambang	[mənambaŋ]
extração (f)	pertambangan	[pərtambaŋan]
minério (m)	bijih	[bidʒih]
mina (f)	tambang	[tambaŋ]
poço (m) de mina	sumur tambang	[sumur tambaŋ]
mineiro (m)	penambang	[penambaŋ]

gás (m)	gas	[gas]
gasoduto (m)	pipa saluran gas	[pipa saluran gas]

petróleo (m)	petroleum, minyak	[petroleum], [minja']
oleoduto (m)	pipa saluran minyak	[pipa saluran minja']
poço (m) de petróleo	sumur minyak	[sumur minja']
torre (f) petrolífera	menara bor minyak	[mənara bor minja']
petroleiro (m)	kapal tangki	[kapal taŋki]

areia (f)	pasir	[pasir]
calcário (m)	batu kapur	[batu kapur]
cascalho (m)	kerikil	[kerikil]
turfa (f)	gambut	[gambut]
argila (f)	tanah liat	[tanah liat]
carvão (m)	arang	[araŋ]

ferro (m)	besi	[besi]
ouro (m)	emas	[emas]
prata (f)	perak	[pera']
níquel (m)	nikel	[nikel]
cobre (m)	tembaga	[tembaga]

zinco (m)	seng	[seŋ]
manganês (m)	mangan	[maŋan]
mercúrio (m)	air raksa	[air raksa]
chumbo (m)	timbal	[timbal]

mineral (m)	mineral	[mineral]
cristal (m)	kristal, hablur	[kristal], [hablur]
mármore (m)	marmer	[marmer]
urânio (m)	uranium	[uranium]

A Terra. Parte 2

206. Tempo

tempo (m)	cuaca	[ʧuaʧa]
previsão (f) do tempo	prakiraan cuaca	[prakira'an ʧuaʧa]
temperatura (f)	temperatur, suhu	[temperatur], [suhu]
termómetro (m)	termometer	[tərmometər]
barómetro (m)	barometer	[barometer]
húmido	lembap	[lembap]
humidade (f)	kelembapan	[kelembapan]
calor (m)	panas, gerah	[panas], [gerah]
cálido	panas terik	[panas təri']
está muito calor	panas	[panas]
está calor	hangat	[haŋat]
quente	hangat	[haŋat]
está frio	dingin	[diŋin]
frio	dingin	[diŋin]
sol (m)	matahari	[matahari]
brilhar (vi)	bersinar	[bərsinar]
de sol, ensolarado	cerah	[ʧerah]
nascer (vi)	terbit	[terbit]
pôr-se (vr)	terbenam	[tərbenam]
nuvem (f)	awan	[awan]
nublado	berawan	[bərawan]
nuvem (f) preta	awan mendung	[awan menduŋ]
escuro, cinzento	mendung	[menduŋ]
chuva (f)	hujan	[huʤʲan]
está a chover	hujan turun	[huʤʲan turun]
chuvoso	hujan	[huʤʲan]
chuviscar (vi)	gerimis	[gerimis]
chuva (f) torrencial	hujan lebat	[huʤʲan lebat]
chuvada (f)	hujan lebat	[huʤʲan lebat]
forte (chuva)	lebat	[lebat]
poça (f)	kubangan	[kubaŋan]
molhar-se (vr)	kehujanan	[kehuʤʲanan]
nevoeiro (m)	kabut	[kabut]
de nevoeiro	berkabut	[berkabut]
neve (f)	salju	[salʤʲu]
está a nevar	turun salju	[turun salʤʲu]

207. Tempo extremo. Catástrofes naturais

trovoada (f)	hujan badai	[hudʒ¡an badaj]
relâmpago (m)	kilat	[kilat]
relampejar (vi)	berkilau	[bərkilau]
trovão (m)	petir	[petir]
trovejar (vi)	bergemuruh	[bərgemuruh]
está a trovejar	bergemuruh	[bərgemuruh]
granizo (m)	hujan es	[hudʒ¡an es]
está a cair granizo	hujan es	[hudʒ¡an es]
inundar (vt)	membanjiri	[membandʒiri]
inundação (f)	banjir	[bandʒir]
terremoto (m)	gempa bumi	[gempa bumi]
abalo, tremor (m)	gempa	[gempa]
epicentro (m)	episentrum	[episentrum]
erupção (f)	erupsi, letusan	[erupsi], [letusan]
lava (f)	lava, lahar	[lava], [lahar]
turbilhão (m)	puting beliung	[putiŋ beliuŋ]
tornado (m)	tornado	[tornado]
tufão (m)	topan	[topan]
furacão (m)	topan	[topan]
tempestade (f)	badai	[badaj]
tsunami (m)	tsunami	[tsunami]
ciclone (m)	siklon	[siklon]
mau tempo (m)	cuaca buruk	[tʃuatʃa buruʔ]
incêndio (m)	kebakaran	[kebakaran]
catástrofe (f)	bencana	[bentʃana]
meteorito (m)	meteorit	[meteorit]
avalanche (f)	longsor	[loŋsor]
deslizamento (m) de neve	salju longsor	[saldʒ¡u loŋsor]
nevasca (f)	badai salju	[badaj saldʒ¡u]
tempestade (f) de neve	badai salju	[badaj saldʒ¡u]

208. Ruídos. Sons

silêncio (m)	kesunyian	[kesunjian]
som (m)	bunyi	[bunji]
ruído, barulho (m)	bising	[bisiŋ]
fazer barulho	membuat bising	[membuat bisiŋ]
ruidoso, barulhento	bising	[bisiŋ]
alto (adv)	keras	[keras]
alto (adj)	lantang	[lantaŋ]
constante (ruído, etc.)	terus menerus	[terus menerus]

grito (m)	teriakan	[təriakan]
gritar (vi)	berteriak	[bərteria']
sussurro (m)	bisikan	[bisikan]
sussurrar (vt)	berbisik	[bərbisi']
latido (m)	salak	[sala']
latir (vi)	menyalak	[mənjala']
gemido (m)	rintihan	[rintihan]
gemer (vi)	merintih	[merintih]
tosse (f)	batuk	[batu']
tossir (vi)	batuk	[batu']
assobio (m)	siulan	[siulan]
assobiar (vi)	bersiul	[bərsiul]
batida (f)	ketukan	[ketukan]
bater (vi)	mengetuk	[məŋetu']
estalar (vi)	retak	[reta']
estalido (m)	gemeretak	[gemereta']
sirene (f)	sirene	[sirene]
apito (m)	peluit	[peluit]
apitar (vi)	membunyikan peluit	[membuɲjikan peluit]
buzina (f)	klakson	[klakson]
buzinar (vi)	membunyikan klakson	[membuɲjikan klakson]

209. Inverno

inverno (m)	musim dingin	[musim diŋin]
de inverno	musim dingin	[musim diŋin]
no inverno	pada musim dingin	[pada musim diŋin]
neve (f)	salju	[salʤʲu]
está a nevar	turun salju	[turun salʤʲu]
queda (f) de neve	hujan salju	[huʤʲan salʤʲu]
amontoado (m) de neve	timbunan salju	[timbunan salʤʲu]
floco (m) de neve	kepingan salju	[kepiŋan salʤʲu]
bola (f) de neve	bola salju	[bola salʤʲu]
boneco (m) de neve	patung salju	[patuŋ salʤʲu]
sincelo (m)	tetes air beku	[tetes air beku]
dezembro (m)	Desember	[desember]
janeiro (m)	Januari	[dʒʲanuari]
fevereiro (m)	Februari	[februari]
gelo (m)	dingin	[diŋin]
gelado, glacial	dingin	[diŋin]
abaixo de zero	di bawah nol	[di bawah nol]
geada (f)	es pertama	[es pərtama]
geada (f) branca	embun beku	[embun beku]
frio (m)	cuaca dingin	[ʧuaʧa diŋin]

está frio	dingin	[diŋin]
casaco (m) de peles	mantel bulu	[mantel bulu]
mitenes (f pl)	sarung tangan	[saruŋ taŋan]

adoecer (vi)	sakit, jatuh sakit	[sakit], [dʒʲatuh sakit]
constipação (f)	pilek, selesma	[pilek], [selesma]
constipar-se (vr)	masuk angin	[masuʔ aŋin]

gelo (m)	es	[es]
gelo (m) na estrada	es hitam	[es hitam]
congelar-se (vr)	membeku	[membeku]
bloco (m) de gelo	gumpalan es terapung	[gumpalan es tərapuŋ]

esqui (m)	ski	[ski]
esquiador (m)	pemain ski	[pemajn ski]
esquiar (vi)	bermain ski	[bərmajn ski]
patinar (vi)	berseluncur	[bərseluntʃur]

Fauna

210. Mamíferos. Predadores

predador (m)	predator, pemangsa	[predator], [pemaŋsa]
tigre (m)	harimau	[harimau]
leão (m)	singa	[siŋa]
lobo (m)	serigala	[serigala]
raposa (f)	rubah	[rubah]
jaguar (m)	jaguar	[dʒ¹aguar]
leopardo (m)	leopard, macan tutul	[leopard], [matʃan tutul]
chita (f)	cheetah	[tʃeetah]
pantera (f)	harimau kumbang	[harimau kumbaŋ]
puma (m)	singa gunung	[siŋa gunuŋ]
leopardo-das-neves (m)	harimau bintang salju	[harimau bintaŋ saldʒ¹u]
lince (m)	lynx	[links]
coiote (m)	koyote	[koyot]
chacal (m)	jakal	[dʒ¹akal]
hiena (f)	hiena	[hiena]

211. Animais selvagens

animal (m)	binatang	[binataŋ]
besta (f)	binatang buas	[binataŋ buas]
esquilo (m)	bajing	[badʒiŋ]
ouriço (m)	landak susu	[landaʔ susu]
lebre (f)	terwelu	[tərwelu]
coelho (m)	kelinci	[kelintʃi]
texugo (m)	luak	[luaʔ]
guaxinim (m)	rakun	[rakun]
hamster (m)	hamster	[hamster]
marmota (f)	marmut	[marmut]
toupeira (f)	tikus mondok	[tikus mondoʔ]
rato (m)	tikus	[tikus]
ratazana (f)	tikus besar	[tikus besar]
morcego (m)	kelelawar	[kelelawar]
arminho (m)	ermin	[ermin]
zibelina (f)	sabel	[sabel]
marta (f)	marten	[marten]
doninha (f)	musang	[musaŋ]
vison (m)	cerpelai	[tʃerpelaj]

castor (m)	beaver	[beaver]
lontra (f)	berang-berang	[bəraŋ-bəraŋ]
cavalo (m)	kuda	[kuda]
alce (m)	rusa besar	[rusa besar]
veado (m)	rusa	[rusa]
camelo (m)	unta	[unta]
bisão (m)	bison	[bison]
auroque (m)	aurochs	[oroks]
búfalo (m)	kerbau	[kerbau]
zebra (f)	kuda belang	[kuda belaŋ]
antílope (m)	antelop	[antelop]
corça (f)	kijang	[kidʒʲaŋ]
gamo (m)	rusa	[rusa]
camurça (f)	chamois	[ʃemva]
javali (m)	babi hutan jantan	[babi hutan dʒʲantan]
baleia (f)	ikan paus	[ikan paus]
foca (f)	anjing laut	[andʒiŋ laut]
morsa (f)	walrus	[walrus]
urso-marinho (m)	anjing laut berbulu	[andʒiŋ laut bərbulu]
golfinho (m)	lumba-lumba	[lumba-lumba]
urso (m)	beruang	[bəruaŋ]
urso (m) branco	beruang kutub	[bəruaŋ kutub]
panda (m)	panda	[panda]
macaco (em geral)	monyet	[monjet]
chimpanzé (m)	simpanse	[simpanse]
orangotango (m)	orang utan	[oraŋ utan]
gorila (m)	gorila	[gorila]
macaco (m)	kera	[kera]
gibão (m)	siamang, ungka	[siamaŋ], [uŋka]
elefante (m)	gajah	[gadʒʲah]
rinoceronte (m)	badak	[badaʔ]
girafa (f)	jerapah	[dʒʲerapah]
hipopótamo (m)	kuda nil	[kuda nil]
canguru (m)	kanguru	[kaŋuru]
coala (m)	koala	[koala]
mangusto (m)	garangan	[garaŋan]
chinchila (m)	chinchilla	[tʃintʃilla]
doninha-fedorenta (f)	sigung	[siguŋ]
porco-espinho (m)	landak	[landaʔ]

212. Animais domésticos

gata (f)	kucing betina	[kutʃiŋ betina]
gato (m) macho	kucing jantan	[kutʃiŋ dʒʲantan]
cão (m)	anjing	[andʒiŋ]

cavalo (m)	kuda	[kuda]
garanhão (m)	kuda jantan	[kuda dʒʲantan]
égua (f)	kuda betina	[kuda betina]

vaca (f)	sapi	[sapi]
touro (m)	sapi jantan	[sapi dʒʲantan]
boi (m)	lembu jantan	[lembu dʒʲantan]

ovelha (f)	domba	[domba]
carneiro (m)	domba jantan	[domba dʒʲantan]
cabra (f)	kambing betina	[kambiŋ betina]
bode (m)	kambing jantan	[kambiŋ dʒʲantan]

| burro (m) | keledai | [keledaj] |
| mula (f) | bagal | [bagal] |

porco (m)	babi	[babi]
leitão (m)	anak babi	[anaʔ babi]
coelho (m)	kelinci	[kelintʃi]

| galinha (f) | ayam betina | [ajam betina] |
| galo (m) | ayam jago | [ajam dʒʲago] |

pata (f)	bebek	[bebeʔ]
pato (macho)	bebek jantan	[bebeʔ dʒʲantan]
ganso (m)	angsa	[aŋsa]

| peru (m) | kalkun jantan | [kalkun dʒʲantan] |
| perua (f) | kalkun betina | [kalkun betina] |

animais (m pl) domésticos	binatang piaraan	[binataŋ piaraʔan]
domesticado	jinak	[dʒina ʔ]
domesticar (vt)	menjinakkan	[mendʒinaʔkan]
criar (vt)	membiakkan	[membiaʔkan]

quinta (f)	peternakan	[peternakan]
aves (f pl) domésticas	unggas	[uŋgas]
gado (m)	ternak	[ternaʔ]
rebanho (m), manada (f)	kawanan	[kawanan]

estábulo (m)	kandang kuda	[kandaŋ kuda]
pocilga (f)	kandang babi	[kandaŋ babi]
estábulo (m)	kandang sapi	[kandaŋ sapi]
coelheira (f)	sangkar kelinci	[saŋkar kelintʃi]
galinheiro (m)	kandang ayam	[kandaŋ ajam]

213. Cães. Raças de cães

cão (m)	anjing	[andʒiŋ]
cão pastor (m)	anjing gembala	[andʒiŋ gembala]
pastor-alemão (m)	anjing gembala jerman	[andʒiŋ gembala dʒʲerman]
caniche (m)	pudel	[pudel]
teckel (m)	anjing tekel	[andʒiŋ tekel]
buldogue (m)	buldog	[buldog]

boxer (m)	boxer	[bokser]
mastim (m)	Mastiff	[mastiff]
rottweiler (m)	Rottweiler	[rotweyler]
dobermann (m)	Doberman	[doberman]

basset (m)	Basset	[basset]
pastor inglês (m)	bobtail	[bobteyl]
dálmata (m)	Dalmatian	[dalmatian]
cocker spaniel (m)	Cocker Spaniel	[koker spaniel]

| terra-nova (m) | Newfoundland | [njufaundland] |
| são-bernardo (m) | Saint Bernard | [sen bərnar] |

husky (m)	Husky	[haski]
Chow-chow (m)	Chow Chow	[tʃau tʃau]
spitz alemão (m)	Spitz	[spits]
carlindogue (m)	Pug	[pag]

214. Sons produzidos pelos animais

latido (m)	salak	[salaʔ]
latir (vi)	menyalak	[mənjalaʔ]
miar (vi)	mengeong	[məŋeoŋ]
ronronar (vi)	mendengkur	[məndeŋkur]

mugir (vaca)	melenguh	[meleŋuh]
bramir (touro)	menguak	[meŋuaʔ]
rosnar (vi)	menggeram	[məŋgeram]

uivo (m)	auman	[auman]
uivar (vi)	mengaum	[məŋaum]
ganir (vi)	merengek	[mereŋeʔ]

balir (vi)	mengembik	[məŋembiʔ]
grunhir (porco)	menguik	[məŋuiʔ]
guinchar (vi)	memekik	[memekiʔ]

coaxar (sapo)	berdengkang	[bərdeŋkaŋ]
zumbir (inseto)	mendengung	[məndeŋuŋ]
estridular, ziziar (vi)	mencicit	[məntʃitʃit]

215. Animais jovens

cria (f), filhote (m)	anak	[anaʔ]
gatinho (m)	anak kucing	[anaʔ kutʃiŋ]
ratinho (m)	anak tikus	[anaʔ tikus]
cãozinho (m)	anak anjing	[anaʔ andʒiŋ]

filhote (m) de lebre	anak terwelu	[anaʔ tərwelu]
coelhinho (m)	anak kelinci	[anaʔ kelintʃi]
lobinho (m)	anak serigala	[anaʔ serigala]
raposinho (m)	anak rubah	[anaʔ rubah]

ursinho (m)	anak beruang	[ana' beruaŋ]
leãozinho (m)	anak singa	[ana' siŋa]
filhote (m) de tigre	anak harimau	[ana' harimau]
filhote (m) de elefante	anak gajah	[ana' gadʒ'ah]
leitão (m)	anak babi	[ana' babi]
bezerro (m)	anak sapi	[ana' sapi]
cabrito (m)	anak kambing	[ana' kambiŋ]
cordeiro (m)	anak domba	[ana' domba]
cria (f) de veado	anak rusa	[ana' rusa]
cria (f) de camelo	anak unta	[ana' unta]
filhote (m) de serpente	anak ular	[ana' ular]
cria (f) de rã	anak katak	[ana' kata']
cria (f) de ave	anak burung	[ana' buruŋ]
pinto (m)	anak ayam	[ana' ajam]
patinho (m)	anak bebek	[ana' bebe']

216. Pássaros

pássaro (m), ave (f)	burung	[buruŋ]
pombo (m)	burung dara	[buruŋ dara]
pardal (m)	burung gereja	[buruŋ geredʒ'a]
chapim-real (m)	burung tit	[buruŋ tit]
pega-rabuda (f)	burung murai	[buruŋ muraj]
corvo (m)	burung raven	[buruŋ raven]
gralha (f) cinzenta	burung gagak	[buruŋ gaga']
gralha-de-nuca-cinzenta (f)	burung gagak kecil	[buruŋ gaga' ketʃil]
gralha-calva (f)	burung rook	[buruŋ roo']
pato (m)	bebek	[bebe']
ganso (m)	angsa	[aŋsa]
faisão (m)	burung kuau	[buruŋ kuau]
águia (f)	rajawali	[radʒ'awali]
açor (m)	elang	[elaŋ]
falcão (m)	alap-alap	[alap-alap]
abutre (m)	hering	[heriŋ]
condor (m)	kondor	[kondor]
cisne (m)	angsa	[aŋsa]
grou (m)	burung jenjang	[buruŋ dʒ'endʒ'aŋ]
cegonha (f)	bangau	[baŋau]
papagaio (m)	burung nuri	[buruŋ nuri]
beija-flor (m)	burung kolibri	[buruŋ kolibri]
pavão (m)	burung merak	[buruŋ mera']
avestruz (m)	burung unta	[buruŋ unta]
garça (f)	kuntul	[kuntul]
flamingo (m)	burung flamingo	[buruŋ flamiŋo]
pelicano (m)	pelikan	[pelikan]

rouxinol (m)	burung bulbul	[buruŋ bulbul]
andorinha (f)	burung walet	[buruŋ walet]
tordo-zornal (m)	burung jalak	[buruŋ dʒʲala']
tordo-músico (m)	burung jalak suren	[buruŋ dʒʲala' suren]
melro-preto (m)	burung jalak hitam	[buruŋ dʒʲala' hitam]
andorinhão (m)	burung apus-apus	[buruŋ apus-apus]
cotovia (f)	burung lark	[buruŋ lar']
codorna (f)	burung puyuh	[buruŋ puyuh]
pica-pau (m)	burung pelatuk	[buruŋ pelatu']
cuco (m)	burung kukuk	[buruŋ kuku']
coruja (f)	burung hantu	[buruŋ hantu]
corujão, bufo (m)	burung hantu bertanduk	[buruŋ hantu bertandu']
tetraz-grande (m)	burung murai kayu	[buruŋ muraj kaju]
tetraz-lira (m)	burung belibis hitam	[buruŋ belibis hitam]
perdiz-cinzenta (f)	ayam hutan	[ajam hutan]
estorninho (m)	burung starling	[buruŋ starliŋ]
canário (m)	burung kenari	[buruŋ kenari]
galinha-do-mato (f)	ayam hutan hazel	[ajam hutan hazel]
tentilhão (m)	burung chaffinch	[buruŋ tʃaffintʃ]
dom-fafe (m)	burung bullfinch	[buruŋ bullfintʃ]
gaivota (f)	burung camar	[buruŋ tʃamar]
albatroz (m)	albatros	[albatros]
pinguim (m)	penguin	[peŋuin]

217. Pássaros. Canto e sons

cantar (vi)	menyanyi	[mənjanji]
gritar (vi)	berteriak	[bərteria']
cantar (o galo)	berkokok	[bərkoko']
cocorocó (m)	kukuruyuk	[kukuruyu']
cacarejar (vi)	berkotek	[bərkote']
crocitar (vi)	berkaok-kaok	[berkao'-kao']
grasnar (vi)	meleter	[meleter]
piar (vi)	berdecit	[bərdetʃit]
chilrear, gorjear (vi)	berkicau	[bərkitʃau]

218. Peixes. Animais marinhos

brema (f)	ikan bream	[ikan bream]
carpa (f)	ikan karper	[ikan karper]
perca (f)	ikan tilapia	[ikan tilapia]
siluro (m)	lais junggang	[lajs dʒʲuŋgaŋ]
lúcio (m)	ikan pike	[ikan paik]
salmão (m)	salmon	[salmon]
esturjão (m)	ikan sturgeon	[ikan sturdʒʲen]

arenque (m)	ikan haring	[ikan hariŋ]
salmão (m)	ikan salem	[ikan salem]
cavala, sarda (f)	ikan kembung	[ikan kembuŋ]
solha (f)	ikan sebelah	[ikan sebelah]
lúcio perca (m)	ikan seligi tenggeran	[ikan seligi teŋgeran]
bacalhau (m)	ikan kod	[ikan kod]
atum (m)	tuna	[tuna]
truta (f)	ikan forel	[ikan forel]
enguia (f)	belut	[belut]
raia elétrica (f)	ikan pari listrik	[ikan pari listri']
moreia (f)	belut moray	[belut morey]
piranha (f)	ikan piranha	[ikan piranha]
tubarão (m)	ikan hiu	[ikan hiu]
golfinho (m)	lumba-lumba	[lumba-lumba]
baleia (f)	ikan paus	[ikan paus]
caranguejo (m)	kepiting	[kepitiŋ]
medusa, alforreca (f)	ubur-ubur	[ubur-ubur]
polvo (m)	gurita	[gurita]
estrela-do-mar (f)	bintang laut	[bintaŋ laut]
ouriço-do-mar (m)	landak laut	[landa' laut]
cavalo-marinho (m)	kuda laut	[kuda laut]
ostra (f)	tiram	[tiram]
camarão (m)	udang	[udaŋ]
lavagante (m)	udang karang	[udaŋ karaŋ]
lagosta (f)	lobster berduri	[lobster berduri]

219. Amfíbios. Répteis

serpente, cobra (f)	ular	[ular]
venenoso	berbisa	[berbisa]
víbora (f)	ular viper	[ular viper]
cobra-capelo, naja (f)	kobra	[kobra]
pitão (m)	ular sanca	[ular santʃa]
jiboia (f)	ular boa	[ular boa]
cobra-de-água (f)	ular tanah	[ular tanah]
cascavel (f)	ular derik	[ular deri']
anaconda (f)	ular anakonda	[ular anakonda]
lagarto (m)	kadal	[kadal]
iguana (f)	iguana	[iguana]
varano (m)	biawak	[biawa']
salamandra (f)	salamander	[salamander]
camaleão (m)	bunglon	[buŋlon]
escorpião (m)	kalajengking	[kaladʒ'eŋkiŋ]
tartaruga (f)	kura-kura	[kura-kura]
rã (f)	katak	[kata']

sapo (m)	kodok	[kodo`ʔ`]
crocodilo (m)	buaya	[buaja]

220. Insetos

inseto (m)	serangga	[seraŋga]
borboleta (f)	kupu-kupu	[kupu-kupu]
formiga (f)	semut	[semut]
mosca (f)	lalat	[lalat]
mosquito (m)	nyamuk	[njamuʔ]
escaravelho (m)	kumbang	[kumbaŋ]

vespa (f)	tawon	[tawon]
abelha (f)	lebah	[lebah]
mamangava (f)	kumbang	[kumbaŋ]
moscardo (m)	lalat kerbau	[lalat kerbau]

aranha (f)	laba-laba	[laba-laba]
teia (f) de aranha	sarang laba-laba	[saraŋ laba-laba]

libélula (f)	capung	[ʧapuŋ]
gafanhoto-do-campo (m)	belalang	[belalaŋ]
traça (f)	ngengat	[ŋeŋat]

barata (f)	kecoa	[keʧoa]
carraça (f)	kutu	[kutu]
pulga (f)	kutu loncat	[kutu lonʧat]
borrachudo (m)	agas	[agas]

gafanhoto (m)	belalang	[belalaŋ]
caracol (m)	siput	[siput]
grilo (m)	jangkrik	[dʒʲaŋkriʔ]
pirilampo (m)	kunang-kunang	[kunaŋ-kunaŋ]
joaninha (f)	kumbang koksi	[kumbaŋ koksi]
besouro (m)	kumbang Cockchafer	[kumbaŋ kokʃafer]

sanguessuga (f)	lintah	[lintah]
lagarta (f)	ulat	[ulat]
minhoca (f)	cacing	[ʧatʃiŋ]
larva (f)	larva	[larva]

221. Animais. Partes do corpo

bico (m)	paruh	[paruh]
asas (f pl)	sayap	[sajap]
pata (f)	kaki	[kaki]
plumagem (f)	bulu-bulu	[bulu-bulu]
pena, pluma (f)	bulu	[bulu]
crista (f)	jambul	[dʒʲambul]

brânquias, guelras (f pl)	insang	[insaŋ]
ovas (f pl)	telur ikan	[telur ikan]

larva (f)	larva	[larva]
barbatana (f)	sirip	[sirip]
escama (f)	sisik	[sisiʔ]

canino (m)	taring	[tariŋ]
pata (f)	kaki	[kaki]
focinho (m)	moncong	[montʃoŋ]
boca (f)	mulut	[mulut]
cauda (f), rabo (m)	ekor	[ekor]
bigodes (m pl)	kumis	[kumis]

| casco (m) | tapak, kuku | [tapak], [kuku] |
| corno (m) | tanduk | [tanduʔ] |

carapaça (f)	cangkang	[tʃaŋkaŋ]
concha (f)	kerang	[keraŋ]
casca (f) de ovo	kulit telur	[kulit telur]

| pelo (m) | bulu | [bulu] |
| pele (f), couro (m) | kulit | [kulit] |

222. Ações dos animais

| voar (vi) | terbang | [tərbaŋ] |
| dar voltas | berputar-putar | [bərputar-putar] |

| voar (para longe) | terbang | [tərbaŋ] |
| bater as asas | mengepakkan | [məŋepaʔkan] |

| bicar (vi) | mematuk | [mematuʔ] |
| incubar (vt) | mengeram | [məŋeram] |

| sair do ovo | menetas | [mənetas] |
| fazer o ninho | membuat sarang | [membuat saraŋ] |

rastejar (vi)	merayap, merangkak	[merajap], [meraŋkaʔ]
picar (vt)	menyengat	[mənjeŋat]
morder (vt)	menggigit	[məŋgigit]

cheirar (vt)	mencium	[məntʃium]
latir (vi)	menyalak	[mənjalaʔ]
silvar (vi)	mendesis	[məndesis]

| assustar (vt) | menakuti | [mənakuti] |
| atacar (vt) | menyerang | [mənjeraŋ] |

roer (vt)	menggerogoti	[məŋgerogoti]
arranhar (vt)	mencakar	[məntʃakar]
esconder-se (vr)	bersembunyi	[bərsembunji]

brincar (vi)	bermain	[bərmajn]
caçar (vi)	berburu	[bərburu]
hibernar (vi)	hibernasi, tidur	[hibernasi], [tidur]
extinguir-se (vr)	punah	[punah]

223. Animais. Habitats

hábitat	habitat	[habitat]
migração (f)	migrasi	[migrasi]
montanha (f)	gunung	[gunuŋ]
recife (m)	terumbu	[tərumbu]
falésia (f)	tebing	[tebiŋ]
floresta (f)	hutan	[hutan]
selva (f)	rimba	[rimba]
savana (f)	sabana	[sabana]
tundra (f)	tundra	[tundra]
estepe (f)	stepa	[stepa]
deserto (m)	gurun	[gurun]
oásis (m)	oasis, oase	[oasis], [oase]
mar (m)	laut	[laut]
lago (m)	danau	[danau]
oceano (m)	samudra	[samudra]
pântano (m)	rawa	[rawa]
de água doce	air tawar	[air tawar]
lagoa (f)	kolam	[kolam]
rio (m)	sungai	[suŋaj]
toca (f) do urso	goa	[goa]
ninho (m)	sarang	[saraŋ]
buraco (m) de árvore	lubang pohon	[lubaŋ pohon]
toca (f)	lubang	[lubaŋ]
formigueiro (m)	sarang semut	[saraŋ semut]

224. Cuidados com os animais

jardim (m) zoológico	kebun binatang	[kebun binataŋ]
reserva (f) natural	cagar alam	[t͡ʃagar alam]
viveiro (m)	peternak, penangkar	[peternak], [penaŋkar]
jaula (f) de ar livre	kandang terbuka	[kandaŋ tərbuka]
jaula, gaiola (f)	sangkar	[saŋkar]
casinha (f) de cão	rumah anjing	[rumah and͡ʒiŋ]
pombal (m)	rumah burung dara	[rumah buruŋ dara]
aquário (m)	akuarium	[akuarium]
delfinário (m)	dolfinarium	[dolfinarium]
criar (vt)	mengembangbiakkan	[məŋembaŋbia'kan]
ninhada (f)	mengerami	[məŋerami]
domesticar (vt)	menjinakkan	[mənd͡ʒina'kan]
adestrar (vt)	melatih	[melatih]
ração (f)	pakan	[pakan]
alimentar (vt)	memberi pakan	[memberi pakan]

loja (f) de animais	toko binatang piaraan	[toko binataŋ piara'an]
açaime (m)	berangus	[bəraŋus]
coleira (f)	kalung anjing	[kaluŋ andʒiŋ]
nome (m)	nama	[nama]
pedigree (m)	silsilah, trah	[silsilah], [trah]

225. Animais. Diversos

alcateia (f)	kawanan	[kawanan]
bando (pássaros)	kawanan	[kawanan]
cardume (peixes)	kawanan	[kawanan]
manada (cavalos)	kawanan	[kawanan]

| macho (m) | jantan | [dʒʲantan] |
| fêmea (f) | betina | [betina] |

faminto	lapar	[lapar]
selvagem	liar	[liar]
perigoso	berbahaya	[bərbahaja]

226. Cavalos

| cavalo (m) | kuda | [kuda] |
| raça (f) | keturunan | [keturunan] |

| potro (m) | anak kuda | [ana' kuda] |
| égua (f) | kuda betina | [kuda betina] |

mustangue (m)	mustang	[mustaŋ]
pónei (m)	kuda poni	[kuda poni]
cavalo (m) de tiro	kuda penarik	[kuda penari']

| crina (f) | surai | [suraj] |
| cauda (f) | ekor | [ekor] |

casco (m)	tapak, kuku	[tapak], [kuku]
ferradura (f)	ladam	[ladam]
ferrar (vt)	memakaikan ladam	[memakajkan ladam]
ferreiro (m)	tukang besi	[tukaŋ besi]

sela (f)	pelana	[pelana]
estribo (m)	sanggurdi	[saŋgurdi]
brida (f)	kendali	[kendali]
rédeas (f pl)	tali kendali	[tali kendali]
chicote (m)	cemeti	[ʧemeti]

cavaleiro (m)	penunggang	[penuŋgaŋ]
colocar sela	memelanai	[memelanaj]
montar no cavalo	berpelana	[bərpelana]

| galope (m) | congklang | [derap] |
| galopar (vi) | mencongklang | [mənʧoŋlaŋ] |

trote (m)	**derap, drap**	[derap], [drap]
ir a trote	**menderap**	[mənderap]
cavalo (m) de corrida	**kuda pacuan**	[kuda patʃuan]
corridas (f pl)	**pacuan kuda**	[patʃuan kuda]
estábulo (m)	**kandang kuda**	[kandaŋ kuda]
alimentar (vt)	**memberi pakan**	[memberi pakan]
feno (m)	**rumput kering**	[rumput keriŋ]
dar água	**memberi minum**	[memberi minum]
limpar (vt)	**membersihkan**	[membersihkan]
carroça (f)	**pedati**	[pedati]
pastar (vi)	**bergembala**	[bərgembala]
relinchar (vi)	**meringkuk**	[meriŋkuʼ]
dar um coice	**menendang**	[mənendaŋ]

Flora

227. Árvores

árvore (f)	pohon	[pohon]
decídua	daun luruh	[daun luruh]
conífera	pohon jarum	[pohon ʤɪarum]
perene	selalu hijau	[selalu hiʤɪau]
macieira (f)	pohon apel	[pohon apel]
pereira (f)	pohon pir	[pohon pir]
cerejeira (f)	pohon ceri manis	[pohon ʧeri manis]
ginjeira (f)	pohon ceri asam	[pohon ʧeri asam]
ameixeira (f)	pohon plum	[pohon plum]
bétula (f)	pohon berk	[pohon bərʾ]
carvalho (m)	pohon eik	[pohon eiʾ]
tília (f)	pohon linden	[pohon linden]
choupo-tremedor (m)	pohon aspen	[pohon aspen]
bordo (m)	pohon mapel	[pohon mapel]
espruce-europeu (m)	pohon den	[pohon den]
pinheiro (m)	pohon pinus	[pohon pinus]
alerce, lariço (m)	pohon larch	[pohon larʧ]
abeto (m)	pohon fir	[pohon fir]
cedro (m)	pohon aras	[pohon aras]
choupo, álamo (m)	pohon poplar	[pohon poplar]
tramazeira (f)	pohon rowan	[pohon rowan]
salgueiro (m)	pohon dedalu	[pohon dedalu]
amieiro (m)	pohon alder	[pohon alder]
faia (f)	pohon nothofagus	[pohon notofagus]
ulmeiro (m)	pohon elm	[pohon elm]
freixo (m)	pohon abu	[pohon abu]
castanheiro (m)	kastanye	[kastanje]
magnólia (f)	magnolia	[magnolia]
palmeira (f)	palem	[palem]
cipreste (m)	pokok cipres	[pokoʾ sipres]
mangue (m)	bakau	[bakau]
embondeiro, baobá (m)	baobab	[baobab]
eucalipto (m)	kayu putih	[kaju putih]
sequoia (f)	sequoia	[sekuoia]

228. Arbustos

arbusto (m)	rumpun	[rumpun]
arbusto (m), moita (f)	semak	[semaʾ]

videira (f)	pohon anggur	[pohon aŋgur]
vinhedo (m)	kebun anggur	[kebun aŋgur]
framboeseira (f)	pohon frambus	[pohon frambus]
groselheira-preta (f)	pohon blackcurrant	[pohon ble'karen]
groselheira-vermelha (f)	pohon redcurrant	[pohon redkaren]
groselheira (f) espinhosa	pohon arbei hijau	[pohon arbei hidʒʲau]
acácia (f)	pohon akasia	[pohon akasia]
bérberis (f)	pohon barberis	[pohon barberis]
jasmim (m)	melati	[melati]
junípero (m)	pohon juniper	[pohon dʒʲuniper]
roseira (f)	pohon mawar	[pohon mawar]
roseira (f) brava	pohon mawar liar	[pohon mawar liar]

229. Cogumelos

cogumelo (m)	jamur	[dʒʲamur]
cogumelo (m) comestível	jamur makanan	[dʒʲamur makanan]
cogumelo (m) venenoso	jamur beracun	[dʒʲamur bəratʃun]
chapéu (m)	kepala jamur	[kepala dʒʲamur]
pé, caule (m)	batang jamur	[bataŋ dʒʲamur]
boleto (m)	jamur boletus	[dʒʲamur boletus]
boleto (m) alaranjado	jamur topi jingga	[dʒʲamur topi dʒiŋga]
míscaro (m) das bétulas	jamur boletus berk	[dʒʲamur boletus bər']
cantarela (f)	jamur chanterelle	[dʒʲamur tʃanterelle]
rússula (f)	jamur rusula	[dʒʲamur rusula]
morchella (f)	jamur morel	[dʒʲamur morel]
agário-das-moscas (m)	jamur Amanita muscaria	[dʒʲamur amanita mustʃaria]
cicuta (f) verde	jamur topi kematian	[dʒʲamur topi kematian]

230. Frutos. Bagas

fruta (f)	buah	[buah]
frutas (f pl)	buah-buahan	[buah-buahan]
maçã (f)	apel	[apel]
pera (f)	pir	[pir]
ameixa (f)	plum	[plum]
morango (m)	stroberi	[stroberi]
ginja (f)	buah ceri asam	[buah tʃeri asam]
cereja (f)	buah ceri manis	[buah tʃeri manis]
uva (f)	buah anggur	[buah aŋgur]
framboesa (f)	buah frambus	[buah frambus]
groselha (f) preta	blackcurrant	[ble'karen]
groselha (f) vermelha	redcurrant	[redkaren]
groselha (f) espinhosa	buah arbei hijau	[buah arbei hidʒʲau]

oxicoco (m)	buah kranberi	[buah kranberi]
laranja (f)	jeruk manis	[dʒʲeruʼ manis]
tangerina (f)	jeruk mandarin	[dʒʲeruʼ mandarin]
ananás (m)	nanas	[nanas]
banana (f)	pisang	[pisaŋ]
tâmara (f)	buah kurma	[buah kurma]

limão (m)	jeruk sitrun	[dʒʲeruʼ sitrun]
damasco (m)	aprikot	[aprikot]
pêssego (m)	persik	[persiʼ]
kiwi (m)	kiwi	[kiwi]
toranja (f)	jeruk Bali	[dʒʲeruʼ bali]

baga (f)	buah beri	[buah beri]
bagas (f pl)	buah-buah beri	[buah-buah beri]
arando (m) vermelho	buah cowberry	[buah kowberi]
morango-silvestre (m)	stroberi liar	[stroberi liar]
mirtilo (m)	buah bilberi	[buah bilberi]

231. Flores. Plantas

flor (f)	bunga	[buŋa]
ramo (m) de flores	buket	[buket]

rosa (f)	mawar	[mawar]
tulipa (f)	tulip	[tulip]
cravo (m)	bunga anyelir	[buŋa anjelir]
gladíolo (m)	bunga gladiol	[buŋa gladiol]

centáurea (f)	cornflower	[kornflawa]
campânula (f)	bunga lonceng biru	[buŋa lontʃeŋ biru]
dente-de-leão (m)	dandelion	[dandelion]
camomila (f)	bunga margrit	[buŋa margrit]

aloé (m)	lidah buaya	[lidah buaja]
cato (m)	kaktus	[kaktus]
fícus (m)	pohon ara	[pohon ara]

lírio (m)	bunga lili	[buŋa lili]
gerânio (m)	geranium	[geranium]
jacinto (m)	bunga bakung lembayung	[buŋa bakuŋ lembajuŋ]

mimosa (f)	putri malu	[putri malu]
narciso (m)	bunga narsis	[buŋa narsis]
capuchinha (f)	bunga nasturtium	[buŋa nasturtium]

orquídea (f)	anggrek	[aŋgreʼ]
peónia (f)	bunga peoni	[buŋa peoni]
violeta (f)	bunga violet	[buŋa violet]

amor-perfeito (m)	bunga pansy	[buŋa pansi]
não-me-esqueças (m)	bunga jangan-lupakan-daku	[buŋa dʒʲaŋan-lupakan-daku]
margarida (f)	bunga desi	[buŋa desi]

papoula (f)	bunga madat	[buŋa madat]
cânhamo (m)	rami	[rami]
hortelã (f)	mint	[min]

| lírio-do-vale (m) | lili lembah | [lili lembah] |
| campânula-branca (f) | bunga tetesan salju | [buŋa tetesan saldʒˈu] |

urtiga (f)	jelatang	[dʒˈelataŋ]
azeda (f)	daun sorrel	[daun sorrel]
nenúfar (m)	lili air	[lili air]
feto (m), samambaia (f)	pakis	[pakis]
líquen (m)	lichen	[litʃen]

estufa (f)	rumah kaca	[rumah katʃa]
relvado (m)	halaman berumput	[halaman bərumput]
canteiro (m) de flores	bedeng bunga	[bedeŋ buŋa]

planta (f)	tumbuhan	[tumbuhan]
erva (f)	rumput	[rumput]
folha (f) de erva	sehelai rumput	[sehelaj rumput]

folha (f)	daun	[daun]
pétala (f)	kelopak	[kelopaˀ]
talo (m)	batang	[bataŋ]
tubérculo (m)	ubi	[ubi]

| broto, rebento (m) | tunas | [tunas] |
| espinho (m) | duri | [duri] |

florescer (vi)	berbunga	[bərbuŋa]
murchar (vi)	layu	[laju]
cheiro (m)	bau	[bau]
cortar (flores)	memotong	[memotoŋ]
colher (uma flor)	memetik	[memetiˀ]

232. Cereais, grãos

grão (m)	biji-bijian	[bidʒi-bidʒian]
cereais (plantas)	padi-padian	[padi-padian]
espiga (f)	bulir	[bulir]

trigo (m)	gandum	[gandum]
centeio (m)	gandum hitam	[gandum hitam]
aveia (f)	oat	[oat]
milho-miúdo (m)	jawawut	[dʒˈawawut]
cevada (f)	jelai	[dʒˈelaj]

milho (m)	jagung	[dʒˈaguŋ]
arroz (m)	beras	[beras]
trigo-sarraceno (m)	buckwheat	[bakvit]

ervilha (f)	kacang polong	[katʃaŋ poloŋ]
feijão (m)	kacang buncis	[katʃaŋ buntʃis]
soja (f)	kacang kedelai	[katʃaŋ kedelaj]

| lentilha (f) | kacang lentil | [katʃaŋ lentil] |
| fava (f) | kacang-kacangan | [katʃaŋ-katʃaŋan] |

233. Vegetais. Verduras

| legumes (m pl) | sayuran | [sajuran] |
| verduras (f pl) | sayuran hijau | [sajuran hidʒiau] |

tomate (m)	tomat	[tomat]
pepino (m)	mentimun, ketimun	[məntimun], [ketimun]
cenoura (f)	wortel	[wortel]
batata (f)	kentang	[kentaŋ]
cebola (f)	bawang	[bawaŋ]
alho (m)	bawang putih	[bawaŋ putih]

couve (f)	kol	[kol]
couve-flor (f)	kembang kol	[kembaŋ kol]
couve-de-bruxelas (f)	kol Brussels	[kol brusels]
brócolos (m pl)	brokoli	[brokoli]

beterraba (f)	ubi bit merah	[ubi bit merah]
beringela (f)	terung, terong	[teruŋ], [teroŋ]
curgete (f)	labu siam	[labu siam]
abóbora (f)	labu	[labu]
nabo (m)	turnip	[turnip]

salsa (f)	peterseli	[peterseli]
funcho, endro (m)	adas sowa	[adas sowa]
alface (f)	selada	[selada]
aipo (m)	seledri	[seledri]
espargo (m)	asparagus	[asparagus]
espinafre (m)	bayam	[bajam]

ervilha (f)	kacang polong	[katʃaŋ poloŋ]
fava (f)	kacang-kacangan	[katʃaŋ-katʃaŋan]
milho (m)	jagung	[dʒiaguŋ]
feijão (m)	kacang buncis	[katʃaŋ buntʃis]

pimentão (m)	cabai	[tʃabaj]
rabanete (m)	radis	[radis]
alcachofra (f)	artisyok	[artiʃoʔ]

GEOGRAFIA REGIONAL

Países. Nacionalidades

234. Europa Ocidental

Europa (f)	Eropa	[eropa]
União (f) Europeia	Uni Eropa	[uni eropa]
europeu (m)	orang Eropa	[oraŋ eropa]
europeu	Eropa	[eropa]
Áustria (f)	Austria	[austria]
austríaco (m)	lelaki Austria	[lelaki austria]
austríaca (f)	wanita Austria	[wanita austria]
austríaco	Austria	[austria]
Grã-Bretanha (f)	Britania Raya	[britania raja]
Inglaterra (f)	Inggris	[iŋgris]
inglês (m)	lelaki Inggris	[lelaki iŋgris]
inglesa (f)	wanita Inggris	[wanita iŋgris]
inglês	Inggris	[iŋgris]
Bélgica (f)	Belgia	[belgia]
belga (m)	lelaki Belgia	[lelaki belgia]
belga (f)	wanita Belgia	[wanita belgia]
belga	Belgia	[belgia]
Alemanha (f)	Jerman	[dʒˈerman]
alemão (m)	lelaki Jerman	[lelaki dʒˈerman]
alemã (f)	wanita Jerman	[wanita dʒˈerman]
alemão	Jerman	[dʒˈerman]
Países (m pl) Baixos	Belanda	[belanda]
Holanda (f)	Belanda	[belanda]
holandês (m)	lelaki Belanda	[lelaki belanda]
holandesa (f)	wanita Belanda	[wanita belanda]
holandês	Belanda	[belanda]
Grécia (f)	Yunani	[yunani]
grego (m)	lelaki Yunani	[lelaki yunani]
grega (f)	wanita Yunani	[wanita yunani]
grego	Yunani	[yunani]
Dinamarca (f)	Denmark	[denmarˀ]
dinamarquês (m)	lelali Denmark	[lelali denmarˀ]
dinamarquesa (f)	wanita Denmark	[wanita denmarˀ]
dinamarquês	Denmark	[denmarˀ]
Irlanda (f)	Irlandia	[irlandia]
irlandês (m)	lelaki Irlandia	[lelaki irlandia]

| irlandesa (f) | wanita Irlandia | [wanita irlandia] |
| irlandês | Irlandia | [irlandia] |

Islândia (f)	Islandia	[islandia]
islandês (m)	lelaki Islandia	[lelaki islandia]
islandesa (f)	wanita Islandia	[wanita islandia]
islandês	Islandia	[islandia]

Espanha (f)	Spanyol	[spanjol]
espanhol (m)	lelaki Spanyol	[lelaki spanjol]
espanhola (f)	wanita Spanyol	[wanita spanjol]
espanhol	Spanyol	[spanjol]

Itália (f)	Italia	[italia]
italiano (m)	lelaki Italia	[lelaki italia]
italiana (f)	wanita Italia	[wanita italia]
italiano	Italia	[italia]

Chipre (m)	Siprus	[siprus]
cipriota (m)	lelaki Siprus	[lelaki siprus]
cipriota (f)	wanita Siprus	[wanita siprus]
cipriota	Siprus	[siprus]

Malta (f)	Malta	[malta]
maltês (m)	lelaki Malta	[lelaki malta]
maltesa (f)	wanita Malta	[wanita malta]
maltês	Malta	[malta]

Noruega (f)	Norwegia	[norwegia]
norueguês (m)	lelaki Norwegia	[lelaki norwegia]
norueguesa (f)	wanita Norwegia	[wanita norwegia]
norueguês	Norwegia	[norwegia]

Portugal (m)	Portugal	[portugal]
português (m)	lelaki Portugis	[lelaki portugis]
portuguesa (f)	wanita Portugis	[wanita portugis]
português	Portugis	[portugis]

Finlândia (f)	Finlandia	[finlandia]
finlandês (m)	lelaki Finlandia	[lelaki finlandia]
finlandesa (f)	wanita Finlandia	[wanita finlandia]
finlandês	Finlandia	[finlandia]

França (f)	Prancis	[prantʃis]
francês (m)	lelaki Prancis	[lelaki prantʃis]
francesa (f)	wanita Prancis	[wanita prantʃis]
francês	Prancis	[prantʃis]

Suécia (f)	Swedia	[swedia]
sueco (m)	lelaki Swedia	[lelaki swedia]
sueca (f)	wanita Swedia	[wanita swedia]
sueco	Swedia	[swedia]

Suíça (f)	Swiss	[swiss]
suíço (m)	lelaki Swiss	[lelaki swiss]
suíça (f)	wanita Swiss	[wanita swiss]

suíço	Swiss	[swiss]
Escócia (f)	Skotlandia	[skotlandia]
escocês (m)	lelaki Skotlandia	[lelaki skotlandia]
escocesa (f)	wanita Skotlandia	[wanita skotlandia]
escocês	Skotlandia	[skotlandia]
Vaticano (m)	Vatikan	[vatikan]
Liechtenstein (m)	Liechtenstein	[lajhtensteyn]
Luxemburgo (m)	Luksemburg	[luksemburg]
Mónaco (m)	Monako	[monako]

235. Europa Central e de Leste

Albânia (f)	Albania	[albania]
albanês (m)	lelaki Albania	[lelaki albania]
albanesa (f)	wanita Albania	[wanita albania]
albanês	Albania	[albania]
Bulgária (f)	Bulgaria	[bulgaria]
búlgaro (m)	lelaki Bulgaria	[lelaki bulgaria]
búlgara (f)	wanita Bulgaria	[wanita bulgaria]
búlgaro	Bulgaria	[bulgaria]
Hungria (f)	Hongaria	[honaria]
húngaro (m)	lelaki Hongaria	[lelaki honaria]
húngara (f)	wanita Hongaria	[wanita honaria]
húngaro	Hongaria	[honaria]
Letónia (f)	Latvia	[latvia]
letão (m)	lelaki Latvia	[lelaki latvia]
letã (f)	wanita Latvia	[wanita latvia]
letão	Latvia	[latvia]
Lituânia (f)	Lituania	[lituania]
lituano (m)	lelaki Lituania	[lelaki lituania]
lituana (f)	wanita Lituania	[wanita lituania]
lituano	Lituania	[lituania]
Polónia (f)	Polandia	[polandia]
polaco (m)	lelaki Polandia	[lelaki polandia]
polaca (f)	wanita Polandia	[wanita polandia]
polaco	Polandia	[polandia]
Roménia (f)	Romania	[romania]
romeno (m)	lelaki Romania	[lelaki romania]
romena (f)	wanita Romania	[wanita romania]
romeno	Romania	[romania]
Sérvia (f)	Serbia	[serbia]
sérvio (m)	lelaki Serbia	[lelaki serbia]
sérvia (f)	wanita Serbia	[wanita serbia]
sérvio	Serbia	[serbia]
Eslováquia (f)	Slowakia	[slowakia]
eslovaco (m)	lelaki Slowakia	[lelaki slowakia]

| eslovaca (f) | wanita Slowakia | [wanita slowakia] |
| eslovaco | Slowakia | [slowakia] |

Croácia (f)	Kroasia	[kroasia]
croata (m)	lelaki Kroasia	[lelaki kroasia]
croata (f)	wanita Kroasia	[wanita kroasia]
croata	Kroasia	[kroasia]

República (f) Checa	Republik Ceko	[republi? t͡ʃeko]
checo (m)	lelaki Ceko	[lelaki t͡ʃeko]
checa (f)	wanita Ceko	[wanita t͡ʃeko]
checo	Ceko	[t͡ʃeko]

Estónia (f)	Estonia	[estonia]
estónio (m)	lelaki Estonia	[lelaki estonia]
estónia (f)	wanita Estonia	[wanita estonia]
estónio	Estonia	[estonia]

Bósnia e Herzegovina (f)	Bosnia-Hercegovina	[bosnia-hersegovina]
Macedónia (f)	Makedonia	[makedonia]
Eslovénia (f)	Slovenia	[slovenia]
Montenegro (m)	Montenegro	[montenegro]

236. Países da ex-URSS

Azerbaijão (m)	Azerbaijan	[azerbajd͡ʒ'an]
azeri (m)	lelaki Azerbaijan	[lelaki azerbajd͡ʒ'an]
azeri (f)	wanita Azerbaijan	[wanita azerbajd͡ʒ'an]
azeri, azerbaijano	Azerbaijan	[azerbajd͡ʒ'an]

Arménia (f)	Armenia	[armenia]
arménio (m)	lelaki Armenia	[lelaki armenia]
arménia (f)	wanita Armenia	[wanita armenia]
arménio	Armenia	[armenia]

Bielorrússia (f)	Belarusia	[belarusia]
bielorrusso (m)	lelaki Belarusia	[lelaki belarusia]
bielorrussa (f)	wanita Belarusia	[wanita belarusia]
bielorrusso	Belarusia	[belarusia]

Geórgia (f)	Georgia	[d͡ʒord͡ʒia]
georgiano (m)	lelaki Georgia	[lelaki d͡ʒord͡ʒia]
georgiana (f)	wanita Georgia	[wanita georgia]
georgiano	Georgia	[d͡ʒord͡ʒia]

Cazaquistão (m)	Kazakistan	[kazakstan]
cazaque (m)	lelaki Kazakh	[lelaki kazah]
cazaque (f)	wanita Kazakh	[wanita kazah]
cazaque	Kazakh	[kazah]

Quirguistão (m)	Kirgizia	[kirgizia]
quirguiz (m)	lelaki Kirgiz	[lelaki kirgiz]
quirguiz (f)	wanita Kirgiz	[wanita kirgiz]
quirguiz	Kirgiz	[kirgiz]

Moldávia (f)	Moldova	[moldova]
moldavo (m)	lelaki Moldova	[lelaki moldova]
moldava (f)	wanita Moldova	[wanita moldova]
moldavo	Moldova	[moldova]

Rússia (f)	Rusia	[rusia]
russo (m)	lelaki Rusia	[lelaki rusia]
russa (f)	wanita Rusia	[wanita rusia]
russo	Rusia	[rusia]

Tajiquistão (m)	Tajikistan	[tadʒikistan]
tajique (m)	lelaki Tajik	[lelaki tadʒiˀ]
tajique (f)	wanitaTajik	[wanitatadʒiˀ]
tajique	Tajik	[tadʒiˀ]

Turquemenistão (m)	Turkmenistan	[turkmenistan]
turcomeno (m)	lelaki Turkmen	[lelaki turkmen]
turcomena (f)	wanita Turkmen	[wanita turkmen]
turcomeno	Turkmen	[turkmen]

Uzbequistão (f)	Uzbekistan	[uzbekistan]
uzbeque (m)	lelaki Uzbek	[lelaki uzbeˀ]
uzbeque (f)	wanita Uzbek	[wanita uzbeˀ]
uzbeque	Uzbek	[uzbeˀ]

Ucrânia (f)	Ukraina	[ukrajna]
ucraniano (m)	lelaki Ukraina	[lelaki ukrajna]
ucraniana (f)	wanita Ukraina	[wanita ukrajna]
ucraniano	Ukraina	[ukrajna]

237. Asia

| Ásia (f) | Asia | [asia] |
| asiático | Asia | [asia] |

Vietname (m)	Vietnam	[vjetnam]
vietnamita (m)	lelaki Vietnam	[lelaki vjetnam]
vietnamita (f)	wanita Vietnam	[wanita vjetnam]
vietnamita	Vietnam	[vjetnam]

Índia (f)	India	[india]
indiano (m)	lelaki India	[lelaki india]
indiana (f)	wanita India	[wanita india]
indiano	India	[india]

Israel (m)	Israel	[israel]
israelita (m)	lelaki Israel	[lelaki israel]
israelita (f)	wanita Israel	[wanita israel]
israelita	Israel	[israel]

judeu (m)	lelaki Yahudi	[lelaki yahudi]
judia (f)	wanita Yahudi	[wanita yahudi]
judeu	Yahudi	[yahudi]
China (f)	Tiongkok	[tjoŋkoˀ]

chinês (m)	Ielaki Tionghoa	[Ielaki tioŋhoa]
chinesa (f)	wanita Tionghoa	[wanita tioŋhoa]
chinês	Tionghua	[tjoŋhua]
coreano (m)	Ielaki Korea	[Ielaki korea]
coreana (f)	wanita Korea	[wanita korea]
coreano	Korea	[korea]
Líbano (m)	Lebanon	[lebanon]
libanês (m)	Ielaki Lebanon	[Ielaki lebanon]
libanesa (f)	wanita Lebanon	[wanita lebanon]
libanês	Lebanon	[lebanon]
Mongólia (f)	Mongolia	[moŋolia]
mongol (m)	Ielaki Mongolia	[Ielaki moŋolia]
mongol (f)	wanita Mongolia	[wanita moŋolia]
mongol	Mongolia	[moŋolia]
Malásia (f)	Malaysia	[malajsia]
malaio (m)	Ielaki Malaysia	[Ielaki malajsia]
malaia (f)	wanita Malaysia	[wanita malajsia]
malaio	Melayu	[melaju]
Paquistão (m)	Pakistan	[pakistan]
paquistanês (m)	Ielaki Pakistan	[Ielaki pakistan]
paquistanesa (f)	wanita Pakistan	[wanita pakistan]
paquistanês	Pakistan	[pakistan]
Arábia (f) Saudita	Arab Saudi	[arab saudi]
árabe (m)	Ielaki Arab	[Ielaki arab]
árabe (f)	wanita Arab	[wanita arab]
árabe	Arab	[arab]
Tailândia (f)	Thailand	[tajland]
tailandês (m)	Ielaki Thai	[Ielaki taj]
tailandesa (f)	wanita Thai	[wanita tajwan]
tailandês	Thai	[taj]
Taiwan (m)	Taiwan	[tajwan]
taiwanês (m)	Ielaki Taiwan	[Ielaki tajwan]
taiwanesa (f)	wanita Taiwan	[wanita tajwan]
taiwanês	Taiwan	[tajwan]
Turquia (f)	Turki	[turki]
turco (m)	Ielaki Turki	[Ielaki turki]
turca (f)	wanita Turki	[wanita turki]
turco	Turki	[turki]
Japão (m)	Jepang	[dʒˈepaŋ]
japonês (m)	Ielaki Jepang	[Ielaki dʒˈepaŋ]
japonesa (f)	wanita Jepang	[wanita dʒˈepaŋ]
japonês	Jepang	[dʒˈepaŋ]
Afeganistão (m)	Afghanistan	[afganistan]
Bangladesh (m)	Bangladesh	[baŋladeʃ]
Indonésia (f)	Indonesia	[indonesia]

Jordânia (f)	Yordania	[yordania]
Iraque (m)	Irak	[ira']
Irão (m)	Iran	[iran]
Camboja (f)	Kamboja	[kambodʒia]
Kuwait (m)	Kuwait	[kuweyt]

Laos (m)	Laos	[laos]
Myanmar (m), Birmânia (f)	Myanmar	[myanmar]
Nepal (m)	Nepal	[nepal]
Emirados Árabes Unidos	Uni Emirat Arab	[uni emirat arab]

Síria (f)	Suriah	[suriah]
Palestina (f)	Palestina	[palestina]
Coreia do Sul (f)	Korea Selatan	[korea selatan]
Coreia do Norte (f)	Korea Utara	[korea utara]

238. América do Norte

Estados Unidos da América	Amerika Serikat	[amerika serikat]
americano (m)	lelaki Amerika	[lelaki amerika]
americana (f)	wanita Amerika	[wanita amerika]
americano	Amerika	[amerika]

Canadá (m)	Kanada	[kanada]
canadiano (m)	lelaki Kanada	[lelaki kanada]
canadiana (f)	wanita Kanada	[wanita kanada]
canadiano	Kanada	[kanada]

México (m)	Meksiko	[meksiko]
mexicano (m)	lelaki Meksiko	[lelaki meksiko]
mexicana (f)	wanita Meksiko	[wanita meksiko]
mexicano	Meksiko	[meksiko]

239. América Central do Sul

Argentina (f)	Argentina	[argentina]
argentino (m)	lelaki Argentina	[lelaki argentina]
argentina (f)	wanita Argentina	[wanita argentina]
argentino	Argentina	[argentina]

Brasil (m)	Brasil	[brasil]
brasileiro (m)	lelaki Brasil	[lelaki brasil]
brasileira (f)	wanita Brasil	[wanita brasil]
brasileiro	Brasil	[brasil]

Colômbia (f)	Kolombia	[kolombia]
colombiano (m)	lelaki Kolombia	[lelaki kolombia]
colombiana (f)	wanita Kolombia	[wanita kolombia]
colombiano	Kolombia	[kolombia]

| Cuba (f) | Kuba | [kuba] |
| cubano (m) | lelaki Kuba | [lelaki kuba] |

cubana (f)	wanita Kuba	[wanita kuba]
cubano	Kuba	[kuba]
Chile (m)	Chili	[ʧili]
chileno (m)	lelaki Chili	[lelaki ʧili]
chilena (f)	wanita Chili	[wanita ʧili]
chileno	Chili	[ʧili]
Bolívia (f)	Bolivia	[bolivia]
Venezuela (f)	Venezuela	[venezuela]
Paraguai (m)	Paraguay	[paraguaj]
Peru (m)	Peru	[peru]
Suriname (m)	Suriname	[suriname]
Uruguai (m)	Uruguay	[uruguaj]
Equador (m)	Ekuador	[ekuador]
Bahamas (f pl)	Kepulauan Bahama	[kepulauan bahama]
Haiti (m)	Haiti	[haiti]
República (f) Dominicana	Republik Dominika	[republi’ dominika]
Panamá (m)	Panama	[panama]
Jamaica (f)	Jamaika	[dʒ'amajka]

240. Africa

Egito (m)	Mesir	[mesir]
egípcio (m)	lelaki Mesir	[lelaki mesir]
egípcia (f)	wanita Mesir	[wanita mesir]
egípcio	Mesir	[mesir]
Marrocos	Maroko	[maroko]
marroquino (m)	lelaki Maroko	[lelaki maroko]
marroquina (f)	wanita Maroko	[wanita maroko]
marroquino	Maroko	[maroko]
Tunísia (f)	Tunisia	[tunisia]
tunisino (m)	lelaki Tunisia	[lelaki tunisia]
tunisina (f)	wanita Tunisia	[wanita tunisia]
tunisino	Tunisia	[tunisia]
Gana (f)	Ghana	[gana]
Zanzibar (m)	Zanzibar	[zanzibar]
Quénia (f)	Kenya	[kenia]
Líbia (f)	Libia	[libia]
Madagáscar (m)	Madagaskar	[madagaskar]
Namíbia (f)	Namibia	[namibia]
Senegal (m)	Senegal	[senegal]
Tanzânia (f)	Tanzania	[tanzania]
África do Sul (f)	Afrika Selatan	[afrika selatan]
africano (m)	lelaki Afrika	[lelaki afrika]
africana (f)	wanita Afrika	[wanita afrika]
africano	Afrika	[afrika]

241. Austrália. Oceania

Austrália (f)	Australia	[australia]
australiano (m)	lelaki Australia	[lelaki australia]
australiana (f)	wanita Australia	[wanita australia]
australiano	Australia	[australia]

Nova Zelândia (f)	Selandia Baru	[selandia baru]
neozelandês (m)	lelaki Selandia Baru	[lelaki selandia baru]
neozelandesa (f)	wanita Selandia Baru	[wanita selandia baru]
neozelandês	Selandia Baru	[selandia baru]

| Tasmânia (f) | Tasmania | [tasmania] |
| Polinésia Francesa (f) | Polinesia Prancis | [polinesia prantʃis] |

242. Cidades

Amesterdão	Amsterdam	[amsterdam]
Ancara	Ankara	[ankara]
Atenas	Athena	[atena]

Bagdade	Bagdad	[bagdad]
Banguecoque	Bangkok	[baŋkoʔ]
Barcelona	Barcelona	[bartʃelona]
Beirute	Beirut	[beyrut]
Berlim	Berlin	[berlin]

Bombaim	Mumbai	[mumbaj]
Bona	Bonn	[bonn]
Bordéus	Bordeaux	[bordo]
Bratislava	Bratislava	[bratislava]
Bruxelas	Brussel	[brusel]
Bucareste	Bukares	[bukares]
Budapeste	Budapest	[budapest]

Cairo	Kairo	[kajro]
Calcutá	Kolkata	[kolkata]
Chicago	Chicago	[tʃikago]
Cidade do México	Meksiko	[meksiko]
Copenhaga	Kopenhagen	[kopenhagen]

Dar es Salaam	Darussalam	[darussalam]
Deli	Delhi	[delhi]
Dubai	Dubai	[dubaj]
Dublin, Dublim	Dublin	[dublin]
Düsseldorf	Düsseldorf	[dyuseldorf]
Estocolmo	Stockholm	[stokholm]

Florença	Firenze	[firenze]
Frankfurt	Frankfurt	[frankfurt]
Genebra	Jenewa	[dʒʲenewa]
Haia	Den Hague	[den hag]
Hamburgo	Hamburg	[hamburg]

| Hanói | Hanoi | [hanoi] |
| Havana | Havana | [havana] |

Helsínquia	Helsinki	[helsinki]
Hiroshima	Hiroshima	[hiroʃima]
Hong Kong	Hong Kong	[hoŋ koŋ]
Istambul	Istambul	[istambul]
Jerusalém	Yerusalem	[erusalem]
Kiev	Kiev	[kiev]
Kuala Lumpur	Kuala Lumpur	[kuala lumpur]
Lisboa	Lisbon	[lisbon]
Londres	London	[london]
Los Angeles	Los Angeles	[los enzheles]
Lion	Lyons	[lion]

Madrid	Madrid	[madrid]
Marselha	Marseille	[marseille]
Miami	Miami	[miami]
Montreal	Montréal	[montreal]
Moscovo	Moskow	[moskow]
Munique	Munich	[munitʃ]

Nairóbi	Nairobi	[najrobi]
Nápoles	Napoli	[napoli]
Nice	Nice	[nitʃe]
Nova York	New York	[nju yor']

Oslo	Oslo	[oslo]
Ottawa	Ottawa	[ottawa]
Paris	Paris	[paris]
Pequim	Beijing	[beydʒiŋ]
Praga	Praha	[praha]

Rio de Janeiro	Rio de Janeiro	[rio de dʒ¹aneyro]
Roma	Roma	[roma]
São Petersburgo	Saint Petersburg	[sajnt petersburg]
Seul	Seoul	[seoul]
Singapura	Singapura	[siŋapura]
Sydney	Sydney	[sidni]

Taipé	Taipei	[tajpey]
Tóquio	Tokyo	[tokio]
Toronto	Toronto	[toronto]
Varsóvia	Warsawa	[warsawa]
Veneza	Venesia	[venesia]
Viena	Wina	[wina]

| Washington | Washington | [waʃiŋton] |
| Xangai | Shanghai | [ʃanhaj] |

243. Política. Governo. Parte 1

| política (f) | politik | [politi'] |
| político | politis | [politis] |

político (m)	politisi, politikus	[politisi], [politikus]
estado (m)	negara	[negara]
cidadão (m)	warganegara	[warganegara]
cidadania (f)	kewarganegaraan	[kewarganegara'an]

| brasão (m) de armas | lambang negara | [lambaŋ negara] |
| hino (m) nacional | lagu kebangsaan | [lagu kebaŋsa'an] |

governo (m)	pemerintah	[pemerintah]
Chefe (m) de Estado	kepala negara	[kepala negara]
parlamento (m)	parlemen	[parlemen]
partido (m)	partai	[partaj]

| capitalismo (m) | kapitalisme | [kapitalisme] |
| capitalista | kapitalis | [kapitalis] |

| socialismo (m) | sosialisme | [sosialisme] |
| socialista | sosialis | [sosialis] |

comunismo (m)	komunisme	[komunisme]
comunista	komunis	[komunis]
comunista (m)	orang komunis	[oraŋ komunis]

democracia (f)	demokrasi	[demokrasi]
democrata (m)	demokrat	[demokrat]
democrático	demokratis	[demokratis]
Partido (m) Democrático	Partai Demokrasi	[partaj demokrasi]

liberal (m)	orang liberal	[oraŋ liberal]
liberal	liberal	[liberal]
conservador (m)	orang yang konservatif	[oraŋ yaŋ konservatif]
conservador	konservatif	[konservatif]

república (f)	republik	[republi']
republicano (m)	pendukung Partai Republik	[pendukuŋ partaj republi']
Partido (m) Republicano	Partai Republik	[partaj republi']

eleições (f pl)	pemilu	[pemilu]
eleger (vt)	memilih	[memilih]
eleitor (m)	pemilih	[pemilih]
campanha (f) eleitoral	kampanye pemilu	[kampane pemilu]

votação (f)	pemungutan suara	[pemuŋutan suara]
votar (vi)	memberikan suara	[memberikan suara]
direito (m) de voto	hak suara	[ha' suara]

candidato (m)	kandidat, calon	[kandidat], [ʧalon]
candidatar-se (vi)	mencalonkan diri	[menʧalonkan diri]
campanha (f)	kampanye	[kampanje]

| da oposição | oposisi | [oposisi] |
| oposição (f) | oposisi | [oposisi] |

visita (f)	kunjungan	[kundʒjuŋan]
visita (f) oficial	kunjungan resmi	[kundʒjuŋan resmi]
internacional	internasional	[internasional]

| negociações (f pl) | negosiasi, perundingan | [negosiasi], [pǝrundiŋan] |
| negociar (vi) | bernegosiasi | [bǝrnegosiasi] |

244. Política. Governo. Parte 2

sociedade (f)	masyarakat	[maʃarakat]
constituição (f)	Konstitusi, Undang-Undang Dasar	[konstitusi], [undaŋ-undaŋ dasar]
poder (ir para o ~)	kekuasaan	[kekuasaʔan]
corrupção (f)	korupsi	[korupsi]

| lei (f) | hukum | [hukum] |
| legal | sah | [sah] |

| justiça (f) | keadilan | [keadilan] |
| justo | adil | [adil] |

comité (m)	komite	[komite]
projeto-lei (m)	rancangan undang-undang	[rantʃaŋan undaŋ-undaŋ]
orçamento (m)	anggaran belanja	[aŋgaran belandʒia]
política (f)	kebijakan	[kebidʒiakan]
reforma (f)	reformasi	[reformasi]
radical	radikal	[radikal]

força (f)	kuasa	[kuasa]
poderoso	adikuasa, berkuasa	[adikuasa], [bǝrkuasa]
partidário (m)	pendukung	[pendukuŋ]
influência (f)	pengaruh	[peŋaruh]

regime (m)	rezim	[rezim]
conflito (m)	konflik	[konfliʔ]
conspiração (f)	komplotan	[komplotan]
provocação (f)	provokasi	[provokasi]

derrubar (vt)	menggulingkan	[mǝŋguliŋkan]
derrube (m), queda (f)	penggulingan	[peŋguliŋan]
revolução (f)	revolusi	[revolusi]

| golpe (m) de Estado | kudeta | [kudeta] |
| golpe (m) militar | kudeta militer | [kudeta militer] |

crise (f)	krisis	[krisis]
recessão (f) económica	resesi ekonomi	[resesi ekonomi]
manifestante (m)	pendemo	[pendemo]
manifestação (f)	demonstrasi	[demonstrasi]
lei (f) marcial	darurat militer	[darurat militer]
base (f) militar	pangkalan militer	[paŋkalan militer]

| estabilidade (f) | stabilitas | [stabilitas] |
| estável | stabil | [stabil] |

exploração (f)	eksploitasi	[eksploitasi]
explorar (vt)	mengeksploitasi	[mǝŋeksploitasi]
racismo (m)	rasisme	[rasisme]

racista (m)	rasis	[rasis]
fascismo (m)	fasisme	[fasisme]
fascista (m)	fasis	[fasis]

245. Países. Diversos

estrangeiro (m)	orang asing	[oraŋ asiŋ]
estrangeiro	asing	[asiŋ]
no estrangeiro	di luar negeri	[di luar negeri]

emigrante (m)	emigran	[emigran]
emigração (f)	emigrasi	[emigrasi]
emigrar (vi)	beremigrasi	[bəremigrasi]

Ocidente (m)	Barat	[barat]
Oriente (m)	Timur	[timur]
Extremo Oriente (m)	Timur Jauh	[timur dʒ'auh]
civilização (f)	peradaban	[pəradaban]
humanidade (f)	umat manusia	[umat manusia]
mundo (m)	dunia	[dunia]
paz (f)	perdamaian	[pərdamajan]
mundial	sedunia	[sedunia]

pátria (f)	tanah air	[tanah air]
povo (m)	rakyat	[rakjat]
população (f)	populasi, penduduk	[populasi], [pendudu']
gente (f)	orang-orang	[oraŋ-oraŋ]
nação (f)	bangsa	[baŋsa]
geração (f)	generasi	[generasi]
território (m)	wilayah	[wilajah]
região (f)	kawasan	[kawasan]
estado (m)	negara bagian	[negara bagian]

tradição (f)	tradisi	[tradisi]
costume (m)	adat	[adat]
ecologia (f)	ekologi	[ekologi]

índio (m)	orang Indian	[oraŋ indian]
cigano (m)	lelaki Gipsi	[lelaki gipsi]
cigana (f)	wanita Gipsi	[wanita gipsi]
cigano	Gipsi, Rom	[gipsi], [rom]

império (m)	kekaisaran	[kekajsaran]
colónia (f)	koloni, negeri jajahan	[koloni], [negeri dʒ'adʒ'ahan]
escravidão (f)	perbudakan	[pərbudakan]
invasão (f)	invasi, penyerbuan	[invasi], [penerbuan]
fome (f)	kelaparan, paceklik	[kelaparan], [patʃekli']

246. Grupos religiosos mais importantes. Confissões

religião (f)	agama	[agama]
religioso	religius	[religius]

crença (f)	keyakinan, iman	[keyakinan], [iman]
crer (vt)	percaya	[pərtʃaja]
crente (m)	penganut agama	[peŋanut agama]
ateísmo (m)	ateisme	[ateisme]
ateu (m)	ateis	[ateis]
cristianismo (m)	agama Kristen	[agama kristen]
cristão (m)	orang Kristen	[oraŋ kristen]
cristão	Kristen	[kristen]
catolicismo (m)	agama Katolik	[agama katoliʔ]
católico (m)	orang Katolik	[oraŋ katoliʔ]
católico	Katolik	[katoliʔ]
protestantismo (m)	Protestanisme	[protestanisme]
Igreja (f) Protestante	Gereja Protestan	[geredʒʲa protestan]
protestante (m)	Protestan	[protestan]
ortodoxia (f)	Kristen Ortodoks	[kristen ortodoks]
Igreja (f) Ortodoxa	Gereja Kristen Ortodoks	[geredʒʲa kristen ortodoks]
ortodoxo (m)	Ortodoks	[ortodoks]
presbiterianismo (m)	Gereja Presbiterian	[geredʒʲa presbiterian]
Igreja (f) Presbiteriana	Gereja Presbiterian	[geredʒʲa presbiterian]
presbiteriano (m)	penganut	[peŋanut
	Gereja Presbiterian	geredʒʲa presbiterian]
Igreja (f) Luterana	Gereja Lutheran	[geredʒʲa luteran]
luterano (m)	pengikut Gereja Lutheran	[peŋikut geredʒʲa luteran]
Igreja (f) Batista	Gereja Baptis	[geredʒʲa baptis]
batista (m)	penganut Gereja Baptis	[peŋanut geredʒʲa baptis]
Igreja (f) Anglicana	Gereja Anglikan	[geredʒʲa aŋlikan]
anglicano (m)	penganut Anglikanisme	[peŋanut aŋlikanisme]
mormonismo (m)	Mormonisme	[mormonisme]
mórmon (m)	Mormon	[mormon]
Judaísmo (m)	agama Yahudi	[agama yahudi]
judeu (m)	orang Yahudi	[oraŋ yahudi]
budismo (m)	agama Buddha	[agama budda]
budista (m)	penganut Buddha	[peŋanut budda]
hinduísmo (m)	agama Hindu	[agama hindu]
hindu (m)	penganut Hindu	[peŋanut hindu]
Islão (m)	Islam	[islam]
muçulmano (m)	Muslim	[muslim]
muçulmano	Muslim	[muslim]
Xiismo (m)	Syi'ah	[ʃi-a]
xiita (m)	penganut Syi'ah	[peŋanut ʃi-a]
sunismo (m)	Sunni	[sunni]
sunita (m)	ahli Sunni	[ahli sunni]

247. Religiões. Padres

padre (m)	pendeta	[pendeta]
Papa (m)	Paus	[paus]
monge (m)	biarawan, rahib	[biarawan], [rahib]
freira (f)	biarawati	[biarawati]
pastor (m)	pastor	[pastor]
abade (m)	abbas	[abbas]
vigário (m)	vikaris	[vikaris]
bispo (m)	uskup	[uskup]
cardeal (m)	kardinal	[kardinal]
pregador (m)	pengkhotbah	[peŋhotbah]
sermão (m)	khotbah	[hotbah]
paroquianos (pl)	ahli paroki	[ahli paroki]
crente (m)	penganut agama	[peŋanut agama]
ateu (m)	ateis	[ateis]

248. Fé. Cristianismo. Islão

Adão	Adam	[adam]
Eva	Hawa	[hawa]
Deus (m)	Tuhan	[tuhan]
Senhor (m)	Tuhan	[tuhan]
Todo Poderoso (m)	Yang Maha Kuasa	[yaŋ maha kuasa]
pecado (m)	dosa	[dosa]
pecar (vi)	berdosa	[bərdosa]
pecador (m)	pedosa lelaki	[pedosa lelaki]
pecadora (f)	pedosa wanita	[pedosa wanita]
inferno (m)	neraka	[neraka]
paraíso (m)	surga	[surga]
Jesus	Yesus	[yesus]
Jesus Cristo	Yesus Kristus	[yesus kristus]
Espírito (m) Santo	Roh Kudus	[roh kudus]
Salvador (m)	Juru Selamat	[dʒʲuru selamat]
Virgem Maria (f)	Perawan Maria	[pərawan maria]
Diabo (m)	Iblis	[iblis]
diabólico	setan	[setan]
Satanás (m)	setan	[setan]
satânico	setan	[setan]
anjo (m)	malaikat	[malajkat]
anjo (m) da guarda	malaikat pelindung	[malajkat pelinduŋ]
angélico	malaikat	[malajkat]

apóstolo (m)	rasul	[rasul]
arcanjo (m)	malaikat utama	[malajkat utama]
anticristo (m)	Antikristus	[antikristus]

Igreja (f)	Gereja	[geredʒʲa]
Bíblia (f)	Alkitab	[alkitab]
bíblico	Alkitab	[alkitab]

Velho Testamento (m)	Perjanjian Lama	[pərdʒʲandʒian lama]
Novo Testamento (m)	Perjanjian Baru	[pərdʒʲandʒian baru]
Evangelho (m)	Injil	[indʒil]
Sagradas Escrituras (f pl)	Kitab Suci	[kitab sutʃi]
Céu (m)	Surga	[surga]

mandamento (m)	Perintah Allah	[pərintah allah]
profeta (m)	nabi	[nabi]
profecia (f)	ramalan	[ramalan]

Alá	Allah	[alah]
Maomé	Muhammad	[muhammad]
Corão, Alcorão (m)	Al Quran	[al kurʼan]

mesquita (f)	masjid	[masdʒid]
mulá (m)	mullah	[mullah]
oração (f)	sembahyang, doa	[sembahjaŋ], [doa]
rezar, orar (vi)	bersembahyang, berdoa	[bərsembahjaŋ], [bərdoa]

peregrinação (f)	ziarah	[ziarah]
peregrino (m)	peziarah	[peziarah]
Meca (f)	Mekah	[mekah]

igreja (f)	gereja	[geredʒʲa]
templo (m)	kuil, candi	[kuil], [tʃandi]
catedral (f)	katedral	[katedral]
gótico	Gotik	[gotiʼ]
sinagoga (f)	sinagoga, kanisah	[sinagoga], [kanisah]
mesquita (f)	masjid	[masdʒid]

capela (f)	kapel	[kapel]
abadia (f)	keabbasan	[keabbasan]
convento (m)	biara	[biara]
mosteiro (m)	biara	[biara]

sino (m)	lonceng	[lontʃeŋ]
campanário (m)	menara lonceng	[mənara lontʃeŋ]
repicar (vi)	berbunyi	[bərbunji]

cruz (f)	salib	[salib]
cúpula (f)	kubah	[kubah]
ícone (m)	ikon	[ikon]

alma (f)	jiwa	[dʒiwa]
destino (m)	takdir	[takdir]
mal (m)	kejahatan	[kedʒʲahatan]
bem (m)	kebaikan	[kebajkan]
vampiro (m)	vampir	[vampir]

bruxa (f)	**tukang sihir**	[tukaŋ sihir]
demónio (m)	**iblis**	[iblis]
espírito (m)	**roh**	[roh]
redenção (f)	**penebusan**	[penebusan]
redimir (vt)	**menebus**	[mənebus]
missa (f)	**misa**	[misa]
celebrar a missa	**menyelenggarakan misa**	[mənjeleŋgarakan misa]
confissão (f)	**pengakuan dosa**	[peŋakuan dosa]
confessar-se (vr)	**mengaku dosa**	[məŋaku dosa]
santo (m)	**santo**	[santo]
sagrado	**suci, kudus**	[suʧi], [kudus]
água (f) benta	**air suci**	[air suʧi]
ritual (m)	**ritus**	[ritus]
ritual	**ritual**	[ritual]
sacrifício (m)	**pengorbangan**	[peŋorbaŋan]
superstição (f)	**takhayul**	[tahajul]
supersticioso	**bertakhayul**	[bərtahajul]
vida (f) depois da morte	**akhirat**	[ahirat]
vida (f) eterna	**hidup abadi**	[hidup abadi]

TEMAS DIVERSOS

249. Várias palavras úteis

ajuda (f)	bantuan	[bantuan]
barreira (f)	rintangan	[rintaŋan]
base (f)	basis, dasar	[basis], [dasar]
categoria (f)	kategori	[kategori]
causa (f)	sebab	[sebab]
coincidência (f)	kebetulan	[kebetulan]
coisa (f)	barang	[baraŋ]
começo (m)	permulaan	[pərmula'an]
cómodo (ex. poltrona ~a)	nyaman	[njaman]
comparação (f)	perbandingan	[pərbandiŋan]
compensação (f)	kompensasi, ganti rugi	[kompensasi], [ganti rugi]
crescimento (m)	pertumbuhan	[pərtumbuhan]
desenvolvimento (m)	perkembangan	[pərkembaŋan]
diferença (f)	perbedaan	[pərbeda'an]
efeito (m)	efek, pengaruh	[efek], [peŋaruh]
elemento (m)	unsur	[unsur]
equilíbrio (m)	keseimbangan	[keseimbaŋan]
erro (m)	kesalahan	[kesalahan]
esforço (m)	usaha	[usaha]
estilo (m)	gaya	[gaja]
exemplo (m)	contoh	[tʃontoh]
facto (m)	fakta	[fakta]
fim (m)	akhir	[ahir]
forma (f)	bentuk, rupa	[bentuk], [rupa]
frequente	kerap, sering	[kerap], [seriŋ]
fundo (ex. ~ verde)	latar belakang	[latar belakaŋ]
género (tipo)	jenis	[dʒʲenis]
grau (m)	tingkat	[tiŋkat]
ideal (m)	ideal	[ideal]
labirinto (m)	labirin	[labirin]
modo (m)	cara	[tʃara]
momento (m)	saat, waktu	[sa'at], [waktu]
objeto (m)	objek	[obdʒʲe']
obstáculo (m)	rintangan	[rintaŋan]
original (m)	orisinal, dokumen asli	[orisinal], [dokumen asli]
padrão	standar	[standar]
padrão (m)	standar	[standar]
paragem (pausa)	perhentian	[pərhentian]
parte (f)	bagian	[bagian]

partícula (f)	partikel, bagian kecil	[partikel], [bagian ketʃil]
pausa (f)	istirahat	[istirahat]
posição (f)	posisi	[posisi]
princípio (m)	prinsip	[prinsip]

problema (m)	masalah	[masalah]
processo (m)	proses	[proses]
progresso (m)	kemajuan	[kemadʒⁱuan]
propriedade (f)	sifat	[sifat]

reação (f)	reaksi	[reaksi]
risco (m)	risiko	[risiko]
ritmo (m)	tempo, laju	[tempo], [ladʒⁱu]
segredo (m)	rahasia	[rahasia]
série (f)	rangkaian	[raŋkajan]

sistema (m)	sistem	[sistem]
situação (f)	situasi	[situasi]
solução (f)	solusi, penyelesaian	[solusi], [penjelesajan]
tabela (f)	tabel	[tabel]
termo (ex. ~ técnico)	istilah	[istilah]

tipo (m)	jenis	[dʒⁱenis]
urgente	segera	[segera]
urgentemente	segera	[segera]
utilidade (f)	kegunaan	[keguna'an]

variante (f)	varian	[varian]
variedade (f)	pilihan	[pilihan]
verdade (f)	kebenaran	[kebenaran]
vez (f)	giliran	[giliran]
zona (f)	zona	[zona]

250. Modificadores. Adjetivos. Parte 1

aberto	terbuka	[tərbuka]
afiado	tajam	[tadʒⁱam]
agradável	indah	[indah]
agradecido	berterima kasih	[bərterima kasih]
alegre	riang, gembira	[riaŋ], [gembira]

alto (ex. voz ~a)	lantang	[lantaŋ]
amargo	pahit	[pahit]
amplo	lapang, luas	[lapaŋ], [luas]
antigo	kuno	[kuno]
apertado (sapatos ~s)	ketat	[ketat]

apropriado	sesuai	[sesuaj]
arriscado	riskan	[riskan]
artificial	buatan	[buatan]
azedo	masam	[masam]

| baixo (voz ~a) | lirih | [lirih] |
| barato | murah | [murah] |

| belo | cantik | [ʧantiʔ] |
| bom | baik | [bajʔ] |

bondoso	baik hati	[bajʔ hati]
bonito	cantik	[ʧantiʔ]
bronzeado	hitam terbakar matahari	[hitam terbakar matahari]
burro, estúpido	bodoh	[bodoh]
calmo	tenang	[tenaŋ]

cansado	lelah	[lelah]
cansativo	melelahkan	[melelahkan]
carinhoso	penuh perhatian	[penuh perhatian]
caro	mahal	[mahal]
cego	buta	[buta]

central	sentral	[sentral]
cerrado (ex. nevoeiro ~)	tebal	[tebal]
cheio (ex. copo ~)	penuh	[penuh]
civil	sipil	[sipil]

clandestino	rahasia, diam-diam	[rahasia], [diam-diam]
claro	muda	[muda]
claro (explicação ~a)	jelas	[dʒʲelas]
compatível	serasi, cocok	[serasi], [ʧoʧoʔ]

comum, normal	biasa	[biasa]
congelado	beku	[beku]
conjunto	bersama	[bersama]
considerável	signifikan, luar biasa	[signifikan], [luar biasa]
contente	puas	[puas]

contínuo	panjang	[pandʒʲaŋ]
contrário (ex. o efeito ~)	bertentangan	[bertentaŋan]
correto (resposta ~a)	benar	[benar]
cru (não cozinhado)	mentah	[mentah]
curto	pendek	[pendeʔ]

de curta duração	sebentar	[sebentar]
de sol, ensolarado	cerah	[ʧerah]
de trás	belakang	[belakaŋ]
denso (fumo, etc.)	pekat	[pekat]
desanuviado	tak berawan	[taʔ berawan]

descuidado	ceroboh	[ʧeroboh]
diferente	berbeda	[berbeda]
difícil	sukar, sulit	[sukar], [sulit]
difícil, complexo	rumit	[rumit]
direito	kanan	[kanan]

distante	jauh	[dʒʲauh]
diverso	berbagai	[berbagaj]
doce (açucarado)	manis	[manis]
doce (água)	tawar	[tawar]
doente	sakit	[sakit]
duro (material ~)	keras	[keras]
educado	sopan	[sopan]

encantador	baik	[baj']
enigmático	misterius	[misterius]
enorme	sangat besar	[saŋat besar]
escuro (quarto ~)	gelap	[gelap]
especial	khusus	[husus]
esquerdo	kiri	[kiri]
estrangeiro	asing	[asiŋ]
estreito	sempit	[sempit]
exato	tepat	[tepat]
excelente	sangat baik	[saŋat bai']
excessivo	berlebihan	[bərlebihan]
externo	luar	[luar]
fácil	mudah	[mudah]
faminto	lapar	[lapar]
fechado	tertutup	[tərtutup]
feliz	bahagia	[bahagia]
fértil (terreno ~)	subur	[subur]
forte (pessoa ~)	kuat	[kuat]
fraco (luz ~a)	redup	[redup]
frágil	rapuh	[rapuh]
fresco	sejuk	[sedʒ|u']
fresco (pão ~)	segar	[segar]
frio	dingin	[diŋin]
gordo	berlemak	[bərlema']
gostoso	enak	[ena']
grande	besar	[besar]
gratuito, grátis	gratis	[gratis]
grosso (camada ~a)	tebal	[tebal]
hostil	bermusuhan	[bərmusuhan]
húmido	lembap	[lembap]

251. Modificadores. Adjetivos. Parte 2

igual	sama, serupa	[sama], [serupa]
imóvel	tak bergerak	[ta' bərgera']
importante	penting	[pentiŋ]
impossível	mustahil	[mustahil]
incompreensível	tak dapat dimengerti	[ta' dapat dimeŋerti]
indigente	papa, sangat miskin	[papa], [saŋat miskin]
indispensável	tak tergantikan	[ta' tərgantikan]
inexperiente	tak berpengalaman	[ta' bərpeŋalaman]
infantil	kanak-kanak	[kana'-kana']
ininterrupto	kontinu, terus menerus	[kontinu], [tərus menerus]
insignificante	kecil	[ketʃil]
inteiro (completo)	seluruh	[seluruh]
inteligente	pandai, pintar	[pandaj], [pintar]

interno	**dalam**	[dalam]
jovem	**muda**	[muda]
largo (caminho ~)	**lebar**	[lebar]
legal	**sah**	[sah]
leve	**ringan**	[riŋan]

limitado	**terbatas**	[tərbatas]
limpo	**bersih**	[bərsih]
líquido	**cair**	[ʧair]
liso	**rata, halus**	[rata], [halus]
liso (superfície ~a)	**rata, datar**	[rata], [datar]

livre	**bebas**	[bebas]
longo (ex. cabelos ~s)	**panjang**	[pandʒ'aŋ]
maduro (ex. fruto ~)	**masak**	[masaʔ]
magro	**kurus**	[kurus]
magro (pessoa)	**ramping**	[rampiŋ]

mais próximo	**terdekat**	[tərdekat]
mais recente	**lalu**	[lalu]
mate, baço	**kusam**	[kusam]
mau	**buruk, jelek**	[buruk], [dʒ'eleʔ]
meticuloso	**cermat**	[ʧermat]

míope	**rabun jauh**	[rabun dʒ'auh]
mole	**empuk**	[empuʔ]
molhado	**basah**	[basah]
moreno	**berkulit hitam**	[bərkulit hitam]
morto	**mati**	[mati]

não difícil	**tidak sukar**	[tidaʔ sukar]
não é clara	**tidak jelas**	[tidaʔ dʒ'elas]
não muito grande	**tidak besar**	[tidaʔ besar]
natal (país ~)	**asli**	[asli]
necessário	**perlu**	[perlu]

negativo	**negatif**	[negatif]
nervoso	**gugup, grogi**	[gugup], [grogi]
normal	**normal**	[normal]
novo	**baru**	[baru]
o mais importante	**paling penting**	[paliŋ pentiŋ]

obrigatório	**wajib**	[wadʒib]
original	**orisinal, asli**	[orisinal], [asli]
passado	**lalu**	[lalu]
pequeno	**kecil**	[keʧil]
perigoso	**berbahaya**	[bərbahaja]

permanente	**tetap**	[tetap]
perto	**dekat**	[dekat]
pesado	**berat**	[berat]
pessoal	**pribadi**	[pribadi]
plano (ex. ecrã ~ a)	**datar**	[datar]

pobre	**miskin**	[miskin]
pontual	**tepat waktu**	[tepat waktu]

possível	mungkin	[muŋkin]
pouco fundo	dangkal	[daŋkal]
presente (ex. momento ~)	sekarang ini, saat ini	[sekaraŋ ini], [sa'at ini]

prévio	sebelumnya	[sebelumnja]
primeiro (principal)	utama	[utama]
principal	utama	[utama]
privado	pribadi	[pribadi]

provável	mungkin	[muŋkin]
próximo	dekat	[dekat]
público	umum	[umum]
quente (cálido)	panas	[panas]

quente (morno)	hangat	[haŋat]
rápido	cepat	[tʃepat]
raro	jarang	[dʒ'araŋ]
remoto, longínquo	jauh	[dʒ'auh]
reto	lurus	[lurus]

salgado	asin	[asin]
satisfeito	puas	[puas]
seco	kering	[keriŋ]
seguinte	depan	[depan]
seguro	aman	[aman]

similar	mirip	[mirip]
simples	mudah, sederhana	[mudah], [sederhana]
soberbo	cemerlang	[tʃemerlaŋ]
sólido	kuat, kukuh	[kuat], [kukuh]
sombrio	suram	[suram]

sujo	kotor	[kotor]
superior	tertinggi	[tərtiŋgi]
suplementar	tambahan	[tambahan]
terno, afetuoso	lembut	[lembut]

tranquilo	sunyi	[sunji]
transparente	transparan	[transparan]
triste (pessoa)	sedih	[sedih]
triste (um ar ~)	sedih	[sedih]
último	terakhir	[tərahir]

único	unik	[uni']
usado	bekas	[bekas]
vazio (meio ~)	kosong	[kosoŋ]
velho	tua	[tua]
vizinho	tetangga	[tetaŋga]

500 VERBOS PRINCIPAIS

252. Verbos A-B

aborrecer-se (vr)	bosan	[bosan]
abraçar (vt)	memeluk	[memelu']
abrir (~ a janela)	membuka	[membuka]
acalmar (vt)	menenangkan	[mənenaŋkan]
acariciar (vt)	mengusap	[məŋusap]
acenar (vt)	melambaikan	[melambajkan]
acender (~ uma fogueira)	menyalakan	[mənjalakan]
achar (vt)	yakin	[yakin]
acompanhar (vt)	menemani	[mənemani]
aconselhar (vt)	menasihati	[mənasihati]
acordar (despertar)	membangunkan	[membaŋunkan]
acrescentar (vt)	menambah	[mənambah]
acusar (vt)	menuduh	[mənuduh]
adestrar (vt)	melatih	[melatih]
adivinhar (vt)	menerka	[mənerka]
admirar (vt)	mengagumi	[məŋagumi]
advertir (vt)	memperingatkan	[memperiŋatkan]
afirmar (vt)	menegaskan	[mənegaskan]
afogar-se (pessoa)	tenggelam	[teŋgelam]
afugentar (vt)	mengusir	[məŋusir]
agir (vi)	bertindak	[bərtinda']
agitar, sacudir (objeto)	mengguncang	[məŋguntʃaŋ]
agradecer (vt)	mengucapkan terima kasih	[məŋutʃapkan tərima kasih]
ajudar (vt)	membantu	[membantu]
alcançar (objetivos)	mencapai	[məntʃapaj]
alimentar (dar comida)	memberi makan	[memberi makan]
almoçar (vi)	makan siang	[makan siaŋ]
alugar (~ o barco, etc.)	menyewa	[mənjewa]
alugar (~ um apartamento)	menyewa	[mənjewa]
amar (pessoa)	mencintai	[məntʃintaj]
amarrar (vt)	mengikat	[məŋikat]
ameaçar (vt)	mengancam	[mənantʃam]
amputar (vt)	mengamputasi	[məŋamputasi]
anotar (escrever)	mencatat	[məntʃatat]
anular, cancelar (vt)	membatalkan	[membatalkan]
apagar (com apagador, etc.)	menghapuskan	[məŋhapuskan]
apagar (um incêndio)	memadamkan	[memadamkan]
apaixonar-se de ...	jatuh cinta (dengan ...)	[dʒatuh tʃinta (deŋan ...)]

aparecer (vi)	muncul	[muntʃul]
aplaudir (vi)	bertepuk tangan	[bərtepu' taŋan]
apoiar (vt)	mendukung	[məndukuŋ]
apontar para ...	membidik	[membidi']
apresentar (alguém a alguém)	memperkenalkan	[memperkenalkan]
apresentar (Gostaria de ~)	memperkenalkan	[memperkenalkan]
apressar (vt)	menggesa-gesakan	[məŋgesa-gesakan]
apressar-se (vr)	tergesa-gesa	[tərgesa-gesa]
aproximar-se (vr)	mendekati	[məndekati]
aquecer (vt)	memanaskan	[memanaskan]
arrancar (vt)	merobek	[merobe']
arranhar (gato, etc.)	mencakar	[məntʃakar]
arrepender-se (vr)	menyesal	[mənjesal]
arriscar (vt)	merisikokan	[merisikokan]
arrumar, limpar (vt)	membereskan	[membereskan]
aspirar a ...	bercita-cita ...	[bərtʃita-tʃita ...]
assinar (vt)	menandatangani	[mənandataŋani]
assistir (vt)	membantu	[membantu]
atacar (vt)	menyerang	[mənjeraŋ]
atar (vt)	mengikat ke ...	[məŋikat ke ...]
atirar (vi)	menembak	[mənemba']
atracar (vi)	merapat	[merapat]
aumentar (vi)	bertambah	[bərtambah]
aumentar (vt)	menambah	[mənambah]
avançar (sb. trabalhos, etc.)	maju	[madʒʲu]
avistar (vt)	memperhatikan	[memperhatikan]
baixar (guindaste)	menurunkan	[mənurunkan]
barbear-se (vr)	bercukur	[bərtʃukur]
basear-se em ...	berdasarkan ...	[bərdasarkan ...]
bastar (vi)	cukup	[tʃukup]
bater (espancar)	memukul	[memukul]
bater (vi)	mengetuk	[məŋetu']
bater-se (vr)	berkelahi	[bərkelahi]
beber, tomar (vt)	minum	[minum]
brilhar (vi)	bersinar	[bərsinar]
brincar, jogar (crianças)	bermain	[bərmajn]
buscar (vt)	mencari ...	[məntʃari ...]

253. Verbos C-D

caçar (vi)	berburu	[bərburu]
calar-se (parar de falar)	berhenti berbicara	[bərhenti bərbitʃara]
calcular (vt)	menghitung	[məŋhituŋ]
carregar (o caminhão)	memuat	[memuat]
carregar (uma arma)	mengisi	[məŋisi]

casar-se (vr)	**menikah, beristri**	[mənikah], [bəristri]
causar (vt)	**menyebabkan ...**	[mənebabkan ...]
cavar (vt)	**menggali**	[məŋgali]
ceder (não resistir)	**mengalah**	[məŋalah]
cegar, ofuscar (vt)	**menyilaukan**	[mənjilaukan]
censurar (vt)	**menegur**	[mənegur]
cessar (vt)	**menghentikan**	[mənhentikan]
chamar (~ por socorro)	**memanggil**	[memaŋgil]
chamar (dizer em voz alta o nome)	**memanggil**	[memaŋgil]
chegar (a algum lugar)	**mencapai**	[məntʃapaj]
chegar (sb. comboio, etc.)	**datang**	[dataŋ]
cheirar (tem o cheiro)	**berbau**	[berbau]
cheirar (uma flor)	**mencium**	[məntʃium]
chorar (vi)	**menangis**	[mənaŋis]
citar (vt)	**mengutip**	[məŋutip]
colher (flores)	**memetik**	[memetiʔ]
colocar (vt)	**meletakkan**	[meletaʔkan]
combater (vi, vt)	**bertempur**	[bərtempur]
começar (vt)	**memulai**	[memulaj]
comer (vt)	**makan**	[makan]
comparar (vt)	**membandingkan**	[membandiŋkan]
compensar (vt)	**mengganti rugi**	[məŋganti rugi]
competir (vi)	**bersaing**	[bərsajŋ]
complicar (vt)	**memperumit**	[memperumit]
compor (vt)	**menggubah**	[məŋgubah]
comportar-se (vr)	**berkelakuan**	[bərkelakuan]
comprar (vt)	**membeli**	[membeli]
compreender (vt)	**mengerti**	[məŋerti]
comprometer (vt)	**mencemarkan**	[məntʃemarkan]
concentrar-se (vr)	**berkonsentrasi**	[bərkonsentrasi]
concordar (dizer "sim")	**setuju**	[setudʒʲu]
condecorar (dar medalha)	**menganugerahi**	[mənanugerahi]
conduzir (~ o carro)	**menyetir mobil**	[mənjetir mobil]
confessar-se (criminoso)	**mengaku salah**	[mənaku salah]
confiar (vt)	**mempercayai**	[mempertʃajaj]
confundir (equivocar-se)	**bingung membedakan**	[biŋuŋ membedakan]
conhecer (vt)	**kenal**	[kenal]
conhecer-se (vr)	**berkenalan**	[bərkenalan]
consertar (vt)	**membereskan**	[membereskan]
consultar ...	**berkonsultasi dengan**	[bərkonsultasi deŋan]
contagiar-se com ...	**terinfeksi, tertular ...**	[tərinfeksi], [tərtular ...]
contar (vt)	**menceritakan**	[məntʃeritakan]
contar com ...	**mengharapkan ...**	[mənharapkan ...]
continuar (vt)	**meneruskan**	[məneruskan]
contratar (vt)	**mempekerjakan**	[mempekerdʒʲakan]

controlar (vt)	mengontrol	[məŋontrol]
convencer (vt)	meyakinkan	[meyakinkan]
convidar (vt)	mengundang	[məŋundaŋ]
cooperar (vi)	bekerja sama	[bekerdʒⁱa sama]
coordenar (vt)	mengoordinasikan	[məŋoordinasikan]
corar (vi)	tersipu	[tərsipu]
correr (vi)	berlari	[bərlari]
corrigir (vt)	mengoreksi	[məŋoreksi]
cortar (com um machado)	memotong	[memotoŋ]
cortar (vt)	memotong	[memotoŋ]
cozinhar (vt)	memasak	[memasaʔ]
crer (pensar)	percaya	[pərtʃaja]
criar (vt)	menciptakan	[məntʃiptakan]
cultivar (vt)	menanam	[mənanam]
cuspir (vi)	meludah	[meludah]
custar (vt)	berharga	[bərharga]
dar (vt)	memberi	[memberi]
dar banho, lavar (vt)	memandikan	[memandikan]
datar (vi)	berasal dari tahun ...	[bərasal dari tahun ...]
decidir (vt)	memutuskan	[memutuskan]
decorar (enfeitar)	menghiasi	[məŋhiasi]
dedicar (vt)	mendedikasikan	[məndedikasikan]
defender (vt)	membela	[membela]
defender-se (vr)	membela diri	[membela diri]
deixar (~ a mulher)	meninggalkan	[meniŋgalkan]
deixar (esquecer)	meninggalkan	[məniŋgalkan]
deixar (permitir)	membenarkan	[membenarkan]
deixar cair (vt)	menjatuhkan	[məndʒⁱatuhkan]
denominar (vt)	menamakan	[mənamakan]
denunciar (vt)	mengadukan	[məŋadukan]
depender de ... (vi)	tergantung pada ...	[tərgantuŋ pada ...]
derramar (vt)	menumpahkan	[mənumpahkan]
derramar-se (vr)	tercecer	[tərtʃetʃer]
desaparecer (vi)	menghilang	[məŋhilaŋ]
desatar (vt)	membuka ikatan	[membuka ikatan]
desatracar (vi)	bertolak	[bərtolaʔ]
descansar (um pouco)	beristirahat	[beristirahat]
descer (para baixo)	turun	[turun]
descobrir (novas terras)	menemukan	[mənemukan]
descolar (avião)	lepas landas	[lepas landas]
desculpar (vt)	memaafkan	[memaʔafkan]
desculpar-se (vr)	meminta maaf	[meminta maʔaf]
desejar (vt)	menghendaki	[məŋhendaki]
desempenhar (vt)	berperan	[bərperan]
desligar (vt)	mematikan	[mematikan]
desprezar (vt)	benci, membenci	[bentʃi], [membentʃi]

destruir (documentos, etc.)	menghancurkan	[məŋhantʃurkan]
dever (vi)	harus	[harus]
devolver (vt)	mengirim kembali	[məŋirim kembali]

direcionar (vt)	mengarahkan	[məŋarahkan]
dirigir (~ uma empresa)	memimpin	[memimpin]
dirigir-se	memanggil	[memaŋgil]
(a um auditório, etc.)		
discutir (notícias, etc.)	membicarakan	[membitʃarakan]

distribuir (folhetos, etc.)	mengedarkan	[məŋedarkan]
distribuir (vt)	membagi-bagikan	[membagi-bagikan]
divertir (vt)	menghibur	[məŋhibur]
divertir-se (vr)	bersukaria	[bərsukaria]

dividir (mat.)	membagi	[membagi]
dizer (vt)	berkata	[bərkata]
dobrar (vt)	menggandakan	[məŋgandakan]
duvidar (vt)	ragu-ragu	[ragu-ragu]

254. Verbos E-J

elaborar (uma lista)	menyusun	[mənyusun]
elevar-se acima de …	mejulang tinggi …	[medʒʲulaŋ tiŋgi …]
eliminar (um obstáculo)	menyingkirkan	[mənjiŋkirkan]
embrulhar (com papel)	membungkus	[membuŋkus]

emergir (submarino)	timbul ke permukaan air	[timbul ke pərmuka'an air]
emitir (vt)	memancarkan	[memantʃarkan]
empreender (vt)	mengusahakan	[məŋusahakan]
empurrar (vt)	mendorong	[məndoroŋ]

encabeçar (vt)	memimpin	[memimpin]
encher (~ a garrafa, etc.)	memenuhi	[memenuhi]
encontrar (achar)	menemukan	[mənemukan]
enganar (vt)	menipu	[mənipu]

ensinar (vt)	mengajar	[məŋadʒʲar]
entrar (na sala, etc.)	masuk, memasuki	[masuk], [memasuki]
enviar (uma carta)	mengirim	[məŋirim]
equipar (vt)	memperlengkapi	[memperleŋkapi]

errar (vi)	salah	[salah]
escolher (vt)	memilih	[memilih]
esconder (vt)	menyembunyikan	[mənjembunjikan]
escrever (vt)	menulis	[mənulis]

escutar (vt)	mendengarkan	[məndeŋarkan]
escutar atrás da porta	mencuri dengar	[mentʃuri deŋar]
esmagar (um inseto, etc.)	menghancurkan	[məŋhantʃurkan]
esperar (contar com)	mengharapkan	[məŋharapkan]

| esperar (o autocarro, etc.) | menunggu | [mənuŋgu] |
| esperar (ter esperança) | berharap | [bərharap] |

espreitar (vi)	mencuri lihat	[mənt͡ʃuri lihat]
esquecer (vt)	melupakan	[melupakan]
estar	terletak	[tərleta]

estar (vi)	sedang	[sedaŋ]
estar convencido	yakin	[yakin]
estar deitado	berbaring	[bərbariŋ]
estar perplexo	bingung	[biŋuŋ]

estar sentado	duduk	[dudu]
estremecer (vi)	tersentak	[tərsenta]
estudar (vt)	mempelajari	[mempeladʒ͡ari]
evitar (vt)	mengelak	[məŋela]

examinar (vt)	mempertimbangkan	[mempertimbaŋkan]
exigir (vt)	menuntut	[mənuntut]
existir (vi)	ada	[ada]
explicar (vt)	menjelaskan	[məndʒ͡elaskan]

expressar (vt)	mengungkapkan	[məŋuŋkapkan]
expulsar (vt)	memecat	[memet͡ʃat]
facilitar (vt)	meringankan	[meriŋankan]
falar com ...	bebicara dengan ...	[bebit͡ʃara deŋan ...]

faltar a ...	absen	[absen]
fascinar (vt)	memesona	[memesona]
fatigar (vt)	melelahkan	[melelahkan]
fazer (vt)	membuat	[membuat]

fazer lembrar	mengingatkan ...	[məŋiŋatkan ...]
fazer piadas	bergurau	[bərgurau]
fazer uma tentativa	mencoba	[mənt͡ʃoba]
fechar (vt)	menutup	[mənutup]
felicitar (dar os parabéns)	mengucapkan selamat	[məŋut͡ʃapkan selamat]

ficar cansado	lelah	[lelah]
ficar em silêncio	diam	[diam]
ficar pensativo	termenung	[tərmenuŋ]
forçar (vt)	memaksa	[memaksa]
formar (vt)	membentuk	[membentu]

fotografar (vt)	memotret	[memotret]
gabar-se (vr)	membual	[membual]
garantir (vt)	menjamin	[məndʒ͡amin]
gostar (apreciar)	suka	[suka]

gostar (vt)	suka	[suka]
gritar (vi)	berteriak	[bərteria]
guardar (cartas, etc.)	menyimpan	[mənjimpan]
guardar (no armário, etc.)	membenahi	[membenahi]
guerrear (vt)	berperang	[bərperaŋ]

herdar (vt)	mewarisi	[mewarisi]
iluminar (vt)	menyinari	[mənjinari]
imaginar (vt)	membayangkan	[membajaŋkan]
imitar (vt)	meniru	[məniru]

implorar (vt)	memohon	[memohon]
importar (vt)	mengimpor	[məŋimpor]
indicar (orientar)	menunjuk	[mənundʒⁱuʔ]
indignar-se (vr)	marah	[marah]
infetar, contagiar (vt)	menulari	[mənulari]
influenciar (vt)	memengaruhi	[memeŋaruhi]
informar (fazer saber)	memberi tahu	[memberi tahu]
informar (vt)	menginformasikan	[məŋinformasikan]
informar-se (~ sobre)	menanyakan	[mənanjakan]
inscrever (na lista)	mendaftarkan	[məndaftarkan]
inserir (vt)	menyisipkan	[mənjisipkan]
insinuar (vt)	mengisyaratkan	[məniʃaratkan]
insistir (vi)	mendesak	[məndesaʔ]
inspirar (vt)	mengilhami	[məŋilhami]
instruir (vt)	mengajari	[mənadʒⁱari]
insultar (vt)	menghina	[məŋhina]
interessar (vt)	menimbulkan minat	[mənimbulkan minat]
interessar-se (vr)	menaruh minat pada ...	[mənaruh minat pada ...]
intervir (vi)	campur tangan	[tʃampur taŋan]
invejar (vt)	iri	[iri]
inventar (vt)	menemukan	[mənemukan]
ir (a pé)	berjalan	[bərdʒⁱalan]
ir (de carro, etc.)	naik	[naiʔ]
ir nadar	berenang	[bərenaŋ]
ir para a cama	tidur	[tidur]
irritar (vt)	menjengkelkan	[məndʒⁱeŋkelkan]
irritar-se (vr)	jengkel	[dʒⁱeŋkel]
isolar (vt)	mengisolasi	[məŋisolasi]
jantar (vi)	makan malam	[makan malam]
jogar, atirar (vt)	melemparkan	[melemparkan]
juntar, unir (vt)	menyatukan	[mənjatukan]
juntar-se a ...	ikut, bergabung	[ikut], [bərgabuŋ]

255. Verbos L-P

lançar (novo projeto)	meluncurkan	[meluntʃurkan]
lavar (vt)	mencuci	[məntʃutʃi]
lavar a roupa	mencuci	[məntʃutʃi]
lavar-se (vr)	mandi	[mandi]
lembrar (vt)	ingat	[iŋat]
ler (vt)	membaca	[membatʃa]
levantar-se (vr)	bangun	[baŋun]
levar (ex. leva isso daqui)	membawa pulang	[membawa pulaŋ]
libertar (cidade, etc.)	membebaskan	[membebaskan]
ligar (o radio, etc.)	menyalakan	[mənjalakan]

limitar (vt)	membatasi	[membatasi]
limpar (eliminar sujeira)	membersihkan	[membersihkan]
limpar (vt)	membersihkan	[membersihkan]
lisonjear (vt)	menyanjung	[mənjandʒʲuŋ]
livrar-se de ...	terhindar dari ...	[tərhindar dari ...]
lutar (combater)	berjuang	[bərdʒʲuaŋ]
lutar (desp.)	bergulat	[bərgulat]
marcar (com lápis, etc.)	menandai	[mənandaj]
matar (vt)	membunuh	[membunuh]
memorizar (vt)	menghafalkan	[məŋhafalkan]
mencionar (vt)	menyebut	[mənjebut]
mentir (vi)	berbohong	[bərbohoŋ]
merecer (vt)	patut	[patut]
mergulhar (vi)	menyelam	[mənjelam]
misturar (combinar)	mencampur	[mənʧampur]
morar (vt)	tinggal	[tiŋgal]
mostrar (vt)	menunjukkan	[mənundʒʲuʔkan]
mover (arredar)	memindahkan	[memindahkan]
mudar (modificar)	mengubah	[məŋubah]
multiplicar (vt)	mengalikan	[məŋalikan]
nadar (vi)	berenang	[bərenaŋ]
negar (vt)	memungkiri	[memuŋkiri]
negociar (vi)	bernegosiasi	[bərnegosiasi]
nomear (função)	melantik	[melantiʔ]
obedecer (vt)	mematuhi	[mematuhi]
objetar (vt)	berkeberatan	[bərkeberatan]
observar (vt)	mengamati	[məŋamati]
ofender (vt)	menyinggung	[mənjiŋguŋ]
olhar (vt)	melihat	[melihat]
omitir (vt)	menghilangkan	[məniŋgalkan]
ordenar (mil.)	memerintahkan	[memerintahkan]
organizar (evento, etc.)	mengatur	[məŋatur]
ousar (vt)	berani	[bərani]
ouvir (vt)	mendengar	[məndeŋar]
pagar (vt)	membayar	[membajar]
parar (para descansar)	berhenti	[bərhenti]
parecer-se (vr)	menyerupai, mirip	[mənerupaj], [mirip]
participar (vi)	turut serta	[turut serta]
partir (~ para o estrangeiro)	pergi	[pergi]
passar (vt)	melewati	[melewati]
passar a ferro	menyeterika	[mənjeterika]
pecar (vi)	berdosa	[bərdosa]
pedir (comida)	memesan	[memesan]
pedir (um favor, etc.)	meminta	[meminta]
pegar (tomar com a mão)	menangkap	[mənaŋkap]
pegar (tomar)	mengambil	[məŋambil]

pendurar (cortinas, etc.)	menggantungkan	[məŋgantuŋkan]
penetrar (vt)	menyusup	[mənyusup]
pensar (vt)	berpikir	[bərpikir]
pentear-se (vr)	bersisir, menyisir	[bərsisir], [menjisir]
perceber (ver)	memperhatikan	[memperhatikan]
perder (o guarda-chuva, etc.)	kehilangan	[kehilaŋan]
perdoar (vt)	memaafkan	[mema'afkan]
permitir (vt)	mengizinkan	[məŋizinkan]
pertencer a ...	kepunyaan ...	[kepunja'an ...]
perturbar (vt)	mengganggu	[məŋgaŋgu]
pesar (ter o peso)	berbobot	[bərbobot]
pescar (vt)	memancing	[memantʃiŋ]
planear (vt)	merencanakan	[merentʃanakan]
poder (vi)	bisa	[bisa]
pôr (posicionar)	menempatkan	[menempatkan]
possuir (vt)	memiliki	[memiliki]
predominar (vi, vt)	mendominasi	[mendominasi]
preferir (vt)	lebih suka	[lebih suka]
preocupar (vt)	membuat khawatir	[membuat hawatir]
preocupar-se (vr)	khawatir	[hawatir]
preocupar-se (vr)	khawatir	[hawatir]
preparar (vt)	menyiapkan	[mənjiapkan]
preservar (ex. ~ a paz)	melestarikan	[melestarikan]
prever (vt)	menduga	[menduga]
privar (vt)	merampas	[merampas]
proibir (vt)	melarang	[melaraŋ]
projetar, criar (vt)	mendesain	[mendesajn]
prometer (vt)	berjanji	[bərdʒ'andʒi]
pronunciar (vt)	melafalkan	[melafalkan]
propor (vt)	mengusulkan	[mənusulkan]
proteger (a natureza)	melindungi	[melinduŋi]
protestar (vi)	memprotes	[memprotes]
provar (~ a teoria, etc.)	membuktikan	[membuktikan]
provocar (vt)	memicu	[memitʃu]
publicitar (vt)	mengiklankan	[mənįklankan]
punir, castigar (vt)	menghukum	[mənhukum]
puxar (vt)	menarik	[mənari']

256. Verbos Q-Z

quebrar (vt)	memecahkan	[memetʃahkan]
queimar (vt)	membakar	[membakar]
queixar-se (vr)	mengeluh	[meneluh]
querer (desejar)	mau, ingin	[mau], [iŋin]
rachar-se (vr)	retak	[reta']
realizar (vt)	melaksanakan	[melaksanakan]

| recomendar (vt) | merekomendasi | [merekomendasi] |
| reconhecer (identificar) | mengenali | [məŋenali] |

reconhecer (o erro)	mengakui	[məŋakui]
recordar, lembrar (vt)	mengingat	[məŋiŋat]
recuperar-se (vr)	sembuh	[sembuh]
recusar (vt)	menolak	[mənolaʔ]

reduzir (vt)	mengurangi	[məŋuraŋi]
refazer (vt)	mengulangi	[məŋulaŋi]
reforçar (vt)	mengukuhkan	[məŋukuhkan]
refrear (vt)	menahan	[mənahan]

regar (plantas)	menyiram	[mənjiram]
remover (~ uma mancha)	menghapuskan	[mənhapuskan]
reparar (vt)	memperbaiki	[memperbajki]
repetir (dizer outra vez)	mengulangi	[məŋulaŋi]

reportar (vt)	melaporkan	[melaporkan]
repreender (vt)	memarahi, menegur	[memarahi], [menegur]
reservar (~ um quarto)	memesan	[memesan]
resolver (o conflito)	menyelesaikan	[mənjelesajkan]
resolver (um problema)	menyelesaikan	[mənjelesajkan]

respirar (vi)	bernapas	[bərnapas]
responder (vt)	menjawab	[məndʒawab]
rezar, orar (vi)	bersembahyang, berdoa	[bərsembahjaŋ], [bərdoa]
rir (vi)	tertawa	[tərtawa]

romper-se (corda, etc.)	putus	[putus]
roubar (vt)	mencuri	[məntʃuri]
saber (vt)	tahu	[tahu]
sair (~ de casa)	keluar	[keluar]

sair (livro)	terbit	[terbit]
salvar (vt)	menyelamatkan	[mənjelamatkan]
satisfazer (vt)	memuaskan	[memuaskan]
saudar (vt)	menyambut	[mənjambut]
secar (vt)	mengeringkan	[məŋeriŋkan]

seguir ...	mengikuti ...	[məŋikuti ...]
selecionar (vt)	memilih	[memilih]
semear (vt)	menanam	[mənanam]
sentar-se (vr)	duduk	[duduʔ]

sentenciar (vt)	menjatuhkan hukuman	[məndʒatuhkan hukuman]
sentir (~ perigo)	merasa	[merasa]
ser (vi)	ialah, adalah	[ialah], [adalah]
ser diferente	berbeza	[bərbeza]

ser indispensável	dibutuhkan	[dibutuhkan]
ser necessário	dibutuhkan	[dibutuhkan]
ser preservado	diawetkan	[diawetkan]

| servir (restaurant, etc.) | melayani | [melajani] |
| servir (roupa) | pas, cocok | [pas], [tʃotʃoʔ] |

significar (palavra, etc.)	berarti	[bərarti]
significar (vt)	berarti	[bərarti]
simplificar (vt)	menyederhanakan	[mənjederhanakan]
sobrestimar (vt)	menilai terlalu tinggi	[mənilaj tərlalu tiŋgi]
sofrer (vt)	menderita	[mənderita]
sonhar (vi)	bermimpi	[bərmimpi]
sonhar (vt)	bermimpi	[bərmimpi]
soprar (vi)	meniup	[məniup]
sorrir (vi)	tersenyum	[tərsenyum]
subestimar (vt)	meremehkan	[meremehkan]
sublinhar (vt)	menggaris bawahi	[məŋgaris bawahi]
sujar-se (vr)	kena kotor	[kena kotor]
supor (vt)	menduga	[mənduga]
suportar (as dores)	menahan	[mənahan]
surpreender (vt)	mengherankan	[məŋherankan]
surpreender-se (vr)	heran	[heran]
suspeitar (vt)	mencurigai	[məntʃurigaj]
suspirar (vi)	mendesah	[məndesah]
tentar (vt)	mencoba	[məntʃoba]
ter (vt)	mempunyai	[mempunjaj]
ter medo	takut	[takut]
terminar (vt)	mengakhiri	[məŋahiri]
tirar (vt)	mengangkat	[məŋaŋkat]
tirar cópias	memperbanyak	[memperbanjaʔ]
tirar uma conclusão	menarik kesimpulan	[mənariʔ kesimpulan]
tocar (com as mãos)	menyentuh	[mənjentuh]
tomar emprestado	meminjam	[memindʒˈam]
tomar nota	mencatat	[məntʃatat]
tomar o pequeno-almoço	sarapan	[sarapan]
tornar-se (ex. ~ conhecido)	menjadi	[məndʒˈadi]
trabalhar (vi)	bekerja	[bekerdʒˈa]
traduzir (vt)	menerjemahkan	[mənerdʒˈemahkan]
transformar (vt)	mengubah	[məŋubah]
tratar (a doença)	merawat	[merawat]
trazer (vt)	membawa	[membawa]
treinar (pessoa)	melatih	[melatih]
treinar-se (vr)	berlatih	[bərlatih]
tremer (de frio)	menggigil	[məŋgigil]
trocar (vt)	bertukar	[bərtukar]
trocar, mudar (vt)	menukar	[mənukar]
usar (uma palavra, etc.)	memakai	[memakaj]
utilizar (vt)	menggunakan ...	[məŋgunakan ...]
vacinar (vt)	memvaksinasi	[memvaksinasi]
vender (vt)	menjual	[məndʒˈual]
verter (encher)	menuangkan	[mənuaŋkan]
vingar (vt)	membalas dendam	[membalas dendam]

virar (ex. ~ à direita)	**membelok, berbelok**	[membelok], [bərbelo⁊]
virar (pedra, etc.)	**membalikkan**	[membaliʔkan]
virar as costas	**berpaling**	[bərpaliŋ]
viver (vi)	**hidup**	[hidup]
voar (vi)	**terbang**	[tərbaŋ]
voltar (vi)	**kembali**	[kembali]
votar (vi)	**memberikan suara**	[memberikan suara]
zangar (vt)	**membuat marah**	[membuat marah]
zangar-se com ...	**marah (dengan ...)**	[marah (deŋan ...)]
zombar (vt)	**mencemooh**	[məntʃemooh]

www.ingramcontent.com/pod-product-compliance
Lightning Source LLC
Chambersburg PA
CBHW071333090426

42738CB00012B/2880